Psycho

De la figure au musée imaginaire

Martin Lefebvre
Psycho – De la figure au musée imaginaire
Théorie et pratique de l'acte de spectature

Diffusion Europe, Asie et Afrique:
L'Harmattan
5-7, rue de l'École Polytechnique
75005 Paris
FRANCE
33.01.40.46.79.10

Diffusion Amériques:
Harmattan Inc.
55, rue St-Jacques
Montréal
CANADA
H2Y 1K9
1 (514) 286-9048

Photo de la couverture: *Watermelon with Knife*

Couverture: Olivier Lasser

ISBN: 2-89489-035-4

Bibliothèque nationale du Québec
Bibliothèque nationale du Canada

1 2 3 4 5 01 00 99 98 97

Martin Lefebvre

Psycho

De la figure au musée imaginaire

Théorie et pratique de l'acte de spectature

Collection Champs Visuels

Harmattan inc.
55, rue St-Jacques Montréal
Canada H2Y 1K9

L'Harmattan
5-7, rue de l'École Polytechnique
75005 Paris France

Remerciements

De nombreuses personnes ont participé à l'élaboration de ce livre. J'aimerais profiter de l'occasion qui s'offre ici pour les remercier publiquement. Je tiens d'abord à remercier Gilles Thérien qui, il y a maintenant plus de dix ans, m'a invité à le suivre dans une aventure intellectuelle qui se poursuit encore. Il a été, par son enseignement et sa rigueur au travail, par la force de ses convictions et la justesse de ses commentaires, par sa grande générosité et par son amitié, une source continuelle d'inspiration. Je tiens également à remercier Daniel Vaillancourt qui, au fil d'épiques et innombrables entretiens, a grandement contribué à ma réflexion. Parmi les amis et collègues qui, au cours des années, m'ont aidé, soutenu, encouragé par des gestes et des propos, je remercie très vivement Kathryn Fraser, Bill Beard, Anne-Marie Trudeau, Ratiba Hadj-Moussa et, très spécialement, Claire Dutil dont la présence à mes côtés est une source sans cesse renouvelée de joie. Je remercie également Elaine Bégin qui a patiemment travaillé à la mise en page du manuscrit, de même que la Fondation Robert Mapplethorpe pour m'avoir accordé les droits de reproduction de *Watermelon with Knife*. Enfin, je tiens à remercier tout particulièrement Marthe et Lionel Lefebvre qui m'ont donné, entre autres, l'amour du cinéma.

Table des matières

A Marthe et Lionel

Introduction

Alors que je préparais cet essai, une amie, à qui je mentionnais en passant — lors d'un dîner — que je travaillais sur *Psycho*, me lança, avant même que je lui explique la direction que prenait mon travail, que c'était après avoir vu ce film, plusieurs années auparavant, qu'elle avait décidé de devenir végétarienne. Or, bien que je ne partage pas les convictions culinaires de mon amie (j'apprécie toujours un bon steak !), je fus frappé par la *justesse*, voire la *cohérence*, de son propos. Nous avions tous les deux *vu* la même chose dans *Psycho* ou, du moins, un aspect de la même chose. Mais de quelle « chose » s'agit-il au juste ?

Cette « chose » est ce que j'appelle ici une *figure*. C'est le nom que je donne à ce que le spectateur conserve d'un film ou d'un fragment filmique qui l'a impressionné. La figure n'est pas la propriété d'un film. Ce n'est pas quelque chose qu'on peut découvrir en examinant ses photogrammes ou en exécutant sur lui un arrêt sur l'image à l'aide d'un magnétoscope. La figure est un objet mental, une représentation intérieure, qui appartient au spectateur et dont l'émergence repose sur la façon dont ce dernier se laisse impressionner par un film, se l'approprie et l'intègre à sa vie imaginaire et à l'ensemble des systèmes de signes grâce auxquels il interagit avec le monde. La source de cet objet est l'acte de *spectature*. Ce dernier est constitué d'un ensemble de processus — perceptif, cognitif, argumentatif, affectif et symbolique — qui règlent l'interaction entre un spectateur et un film et assurent la construction de l'objet filmique en tant que texte. La figure, qui est l'une des multiples dimensions de ce texte, fait foi de la rencontre entre le film et l'imaginaire du spectateur et, à travers lui, l'imaginaire de la culture à laquelle il appartient.

Regarder un film est un acte très complexe, dont la théorie du cinéma s'est encore peu préoccupé. De façon générale, les approches narratologiques et psychanalytiques, les esthétiques de la réception, persistent toujours à chercher le spectateur *dans* le film en décrivant comment ce dernier programme son spectateur, comment son signifiant fournit des plaisirs universaux, etc. Chez les sociologues du cinéma, on examine parfois les traces de l'acte de spectature (on documente comment un film a été accueilli par tel ou tel type de public, par la critique, etc.), mais on n'étudie pas les processus qui actualisent l'acte de spectature en soi. Au contraire, le parti pris théorique et méthodologique que j'adopte ici vise à mettre en valeur l'acte de spectature. Il ne s'agit pas toutefois d'envisager cet acte dans sa totalité, mais plutôt de mettre en scène trois processus qui lui appartiennent (les processus cognitif, argumentatif et symbolique) et de vérifier à partir d'eux certaines conditions d'appropriation et de *sémiotisation* de l'objet filmique par le spectateur. Dit autrement, ce qui est examiné ici est la façon dont un film est *mis en signe* par son spectateur, à travers l'acte de spectature et certains de ses processus.

Trois concepts seront dégagés de l'acte de spectature pour rendre compte de la mise en signe : l'*endo-forme*, la *forme* et la *figure*. Ce sont là trois aspects du texte filmique, tel que ce dernier constitue l'objet (au sens donné à ce terme par la théorie sémiotique de C. S. Peirce) de la spectature. L'*endo-forme* concerne l'environnement cognitif mis en jeu par la rencontre du spectateur et du film. Ce dernier s'offre au spectateur comme un continuum extrêmement complexe de stimuli visuels et sonores qu'il faut segmenter en unités d'information. Alors qu'il regarde un film, le spectateur produit un découpage : il met au jour des *segments d'information*. Ce découpage n'a rien à voir avec le découpage par plans du cinéaste. Les informations en question ne sont pas des données immanentes au film, mais des unités de compréhension qui relèvent de la situation cognitive dans laquelle se trouve le spectateur. Elles résultent d'une sémiosis dont les interprétants sont à la fois personnels et culturels, et sont soumises à l'histoire d'un individu et de sa culture : le spectateur segmente le divers filmique perçu à partir de ce qu'il connaît du monde ; ce qui revient à dire qu'il n'amorce pas sa spectature sous le mode d'une *tabula rasa*. Le spectateur doit prélever du continuum filmique ce qui lui paraît pertinent pour la construction d'une forme, d'un argument. Les processus cognitif et argumentatif sont des processus fortement interreliés : la forme se construit par l'enchaînement des segments d'information et la mise au jour de ces derniers repose partiellement sur les attentes formelles du spectateur. La *forme* est l'argument du film tel que le spectateur le construit. On peut envisager différents types de formes : arguments scientifiques, arguments esthétiques, arguments narratifs, etc., qui reposent sur la façon dont le spectateur relie les segments d'information mis au jour par le processus cognitif. Selon le type de forme qu'il construit, le spectateur émet des hypothèses qui se confirment ou s'infirment alors que progresse la spectature du film. Afin de construire la forme, le spectateur peut utiliser différentes schématisations qu'il infléchit ensuite à sa manière afin d'élaborer l'argument singulier du film. Dans le cas de l'argument narratif, on verra — pour emprunter une expression de Paul Ricoeur — comment le spectateur peut mettre à profit son « intelligence narrative [1] », laquelle constitue alors un cadre pour l'élaboration formelle ou argumentative du film. Enfin, la figure marque l'intégration imaginaire des segments et des formes qui impressionnent le spectateur. Son émergence suppose le travail conjoint de l'imagination et de la mémoire dans le but de construire une *memoria* de ce qui impressionne. Ne possédons-nous pas tous, en effet, un petit cinéma intérieur, une sorte de *musée imaginaire du cinéma*, où l'on projette, au rythme de notre vie intime, ce que nous avons retenu, ce qui nous a marqué ou impressionné du cinéma ? La *figure* est l'artefact d'un tel musée. C'est la représentation imaginaire et mémorielle du segment ou de la forme qui nous a impressionné. L'imagination, qui est la faculté de produire des images mentales, fournit le contenu de la figure lorsqu'elle interprète la forme du film et la traduit dans son système de signes. Son travail est régulé par ce que contient déjà la mémoire du spectateur.

En somme, on peut dire que le trajet proposé ici est celui de l'*appropriation spectatorielle d'un film*. En cela, il faut bien souligner que le propos se distingue à la fois des approches immanentiste et structuraliste du film et de l'herméneutique. En effet, tandis que la sémiologie du cinéma cherche encore à décrire la dimension langagière ou expressive des structures cinématographiques et que l'herméneutique vise la découverte de significations latentes ou cachées dans un film, c'est la sémiotisation d'un film par son spectateur qui est envisagée ici. Cette perspective m'est suggérée par l'adoption de certains principes fondamentaux de la sémiotique peircéenne.

Peirce, c'est bien connu, a élaboré une théorie générale des signes et de la représentation fondée non pas sur la description d'une forme immanente — comme la langue chez Saussure —, mais sur des principes logiques et dans une perspective phénoménologique (ou phanéroscopique [2]). Suivant cette dernière, il est possible de concevoir le signe comme un phénomène dont la spécificité est de tenir lieu ou de représenter quelque chose d'autre. En d'autres mots, *tout ce qui est, de quelque façon que ce soit, présent à l'esprit et qui représente quelque chose est un signe* [3]. Peirce nomme « tiercéité [4] » cette présence à l'esprit sous le mode de la représentation. Ce point de vue est essentiel pour comprendre ce que j'entends ici par le terme « sémiotisation ». Ainsi, à la différence de la sémiologie structuraliste, qui conçoit le film comme un objet langagier, comme une forme d'expression codifiée [5], la démarche que j'adopte ici cherche plutôt à comprendre comment le spectateur utilise des signes pour interagir avec le film et se le représenter à lui-même. Au lieu de chercher le signe dans l'objet-film, je cherche par conséquent à comprendre comment le spectateur met en signe ce dernier. Or, parce que l'approche structuraliste a tendance quelques fois à réifier le signe et, surtout, à cantonner l'étude du film à une épistémologie de l'expression et de la communication, elle ne peut pas prendre en considération le travail du spectateur ; c'est pourquoi elle renvoie toujours soit au texte (comme immanence), soit à la source de l'expression (c'est l'auteur ou le cinéaste déguisé souvent en narrateur, en monstrateur, ou en Grand Imagier, etc.), et donc à des principes d'encodage et ce, même lorsqu'il est question de la spectature (cette dernière est alors conçue comme une activité de décodage). Au contraire, l'adoption du cadre phénoménologique de la sémiotique peircéenne me permet d'abandonner la métaphore communicationnelle (on ne communique pas avec un film !) et de considérer la relation du spectateur au film, c'est-à-dire l'acte de spectature, sous l'angle d'une sémiosis (ou d'une suite indéfinie de sémiosis). En ce sens, *segment*, *forme* et *figure* constituent précisément trois amalgames sémiosiques ; c'est-à-dire que chacun se construit à partir d'une suite de mises en signes qui définit différents aspects de cet objet singulier, complexe et indéfinissable qu'est un film, et dont ils sont autant de représentations. Enfin, ce qui distingue surtout cette approche de l'herméneutique textuelle, c'est de ne pas chercher à découvrir ou à dévoiler un sens caché, dissimulé dans le film et qu'il faudrait déchiffrer.

C'est à partir d'un film unique et d'un de ses épisodes, *Psycho* et le célèbre meurtre sous la douche (Hitchcock, 1960), que sont examinés ici les résultats de l'acte de spectature. Pourquoi ce choix ? Tout simplement parce que l'épisode en question a laissé sur moi une pronfonde impression et a fait émerger la figure qui sera décrite lors du chapitre III. Cela dit, je tiens à souligner comment la figure s'est d'abord imposée à moi suite à une réflexion sur l'intertextualité. A l'origine, j'envisageais étudier, dans une perspective intertextuelle, ce que le cinéma a conservé des films d'Alfred Hitchcock. Je commençai mon enquête avec *Psycho* et le meurtre sous la douche, dont j'avais déjà, comme bon nombre de cinéphiles, repéré plusieurs *remakes*. Comme il n'existe aucun répertoire en études cinématographiques, je dus me fier à ma mémoire pour élaborer mon corpus intertextuel. Deux observations furent alors déterminantes pour l'argument qui sera développé dans les chapitres qui suivent. Premièrement, je fus bien forcé de reconnaître le rôle de la mémoire dans l'acte de spectature, de même que l'existence, chez moi, d'une mémoire filmique. Or, il m'est rapidement apparu que la mémoire n'est pas le vaste contenant à quoi on la réduit souvent et n'a rien d'une mémoire informatique. Il faut souligner en effet que la mémoire informatique ne représente pas : elle *re-présente* ou *reproduit* des données sans rien transformer. La mémoire humaine, au contraire, a la possibilité de représenter, c'est-à-dire de *traduire* une information dans un système sémiotique et, par le fait même, de la transformer ou de la complexifier. En d'autres mots, elle a la possibilité d'élaborer une *memoria*. Vue sous cet angle, la mémoire n'est plus duplication mais *amplification*, *enrichissement*, *complexification*. Deuxièmement, je réalisai que ma mémoire me conduisait parfois vers certains films qui, de toute évidence, n'entretiennent pas de liens intertextuels « objectifs » avec le meurtre sous la douche de *Psycho* [6]. Face au doute (s'agissait-il simplement d'une déficience de ma mémoire ?), je pouvais alors faire comme plusieurs théoriciens de l'intertextualité et reléguer ces rapprochements aux oubliettes de la théorie en invoquant à leur sujet un phénomène d'intertextualité aléatoire et subjectif ou, au contraire, chercher à comprendre comment fonctionnent ces raprochements. Le parti pris de la spectature adopté ici me poussa à m'engager dans la deuxième voie, laquelle me conduisit vers cette construction mémorielle et imaginaire qu'est la figure : c'était elle que je reconnaissais là où la notion d'intertextualité était impuissante à expliquer la nature du rapprochement filmique que j'avais effectué. Non seulement ma mémoire n'était pas déficiente, elle était très bonne ! Il s'agissait simplement de considérer — comme l'avaient fait avant moi les penseurs de l'Antiquité et du Moyen-Âge — que la mémoire des êtres humains est une faculté qui met en jeu l'imagination. Cependant, à y regarder de plus près, je réalisai aussi que la figure pouvait émerger lorsque le rapprochement avec le meurtre sous la douche de *Psycho* s'effectuait selon une homologie formelle (laquelle pouvait être mise au compte de l'intertextualité). Dès lors, deux conséquences s'imposèrent. D'une part, je compris que la spectature est *sérielle*. J'entends par là que l'expérience qu'on a du cinéma se présente toujours, d'un point de vue concret, comme une suite de films vus. Est apparue alors l'idée que la série — qui constitue ici une sorte de musée imaginaire du cinéma — peut être organisée autour d'une figure. D'autre part, j'adoptai la notion de « film fondateur » pour rendre compte du processus de sériation. En effet, dans la mesure où la série figurale repose sur la réémergence de la figure chez le spectateur, une première émergence doit être postulée à partir d'un acte de spectature « fondateur » dont l'objet constitue le « film fondateur » de la série. Ce rôle est tenu ici par *Psycho* et son célèbre meurtre sous la douche.

Pour l'essentiel, les chapitres qui suivent se répartissent le trajet spectatoriel qui conduit de la construction de l'endo-forme et de la segmentation du meurtre sous la douche à sa mise en place comme objet fondateur d'une série figurale. Le chapitre I brosse le cadre général à partir duquel s'élabore ma réflexion, en décrivant les différents processus qui règlent le déroulement de l'acte de spectature et la sémiotisation du film. Une attention particulière est accordée au processus symbolique afin de saisir la spécificité du concept de figure, qu'il faut distinguer d'autres types de représentations du contenu d'un film, comme le concept d'image chez Eisenstein ou le thème. Il sera également question de la figure comme interprétation au sens sémiotique du terme. Le chapitre II présente les processus cognitif et argumentatif et met au jour l'endo-forme et la forme narrative du meurtre sous la douche. L'argument de *Psycho* prenant chez moi la forme d'un argument narratif (c'est l'histoire que raconte le film qui m'intéresse d'abord comme spectateur), c'est à partir d'une segmentation fondée sur ma précompréhension de l'action que s'élabore l'endo-forme. Emerge alors la forme narrative du film et de l'épisode de la douche, ce dernier étant au centre de ce que j'appelle le *péri-classicisme* de *Psycho*, où s'enchevêtrent au moins trois trames argumentatives : argument mélodramatique, argument policier, argument d'horreur. Le chapitre III décrit la *figure du meurtre sous la douche*. C'est elle qui fera sens de l'anecdote rapportée au début de cette Introduction (et de la photo de Robert Mapplethorpe reproduite sur la couverture !). La figure y est présentée comme un principe de cohérence qui rassemble — sur la base du travail de l'imagination — des traits disparates pour construire un objet complexe et ouvert. Enfin, le chapitre IV examine la valeur de la figure du meurtre sous la douche dans l'organisation d'une série. La série en question regroupe plusieurs films qui composent ici un corpus « type », mais non fini. En outre, la série est envisagée comme un musée imaginaire où s'expose et s'élabore une culture filmique.

Le lecteur est convié ici à suivre un cheminement personnel : c'est bien de *mon* acte de spectature, de *mon* appropriation de *Psycho* et du meurtre sous la douche dont il est question ici. Comment pourrait-il en être autrement ? La spectature, si elle s'effectue souvent en public, dans de (moins en moins) grandes salles de cinéma, n'en demeure pas moins un acte personnel, intime et privé à la fois. Mais cela, il faut bien le dire, ne nous condamne pas pour autant au solipsisme. Je ne suis pas tout seul à m'être laissé impressionner par le meurtre sous la douche. De surcroît, les savoirs qui sont mis en jeu ici par la figure sont des savoirs « publics ». Mais, de façon plus importante encore, il faut garder à l'esprit que l'imaginaire du spectateur — en l'occurrence, mon imaginaire — et que ses interprétances sont sujet à partage : ils ne sont que des variations, des colorations d'un vaste trésor collectif.

NOTES

1. Paul Ricoeur, *Temps et récit*, tomes I, II et III, Paris, Seuil, 1983, 1984, 1985.

2. Après 1904, Peirce aura tendance à remplacer le terme « phénoménologie » par celui de « phanéroscopie ».

3. Peirce écrit : « Phaneroscopy is the description of the *phaneron* ; and by the *phaneron* I mean the collective total of all that is in any way or in any sense present to the mind, quite regardless of whether it corresponds to any real thing or not » (1.284). La notation entre parenthèses renvoie aux *Collected Papers* de Peirce. Le premier chiffre réfère au volume et les chiffres qui suivent le point renvoient au paragraphe cité. Charles Sanders Peirce, *Collected Papers*, 8 vols., Cambridge, Harvard University Press, 1931-1958.

4. Selon Peirce, il y a trois catégories ou modes d'être des choses à l'esprit : la priméité qui est le mode d'être de quelque chose comme pur possible ; la secondéité qui est le mode d'être de quelque chose comme manifestation, comme actualité ; et la tiercéité qui est le mode d'être de quelque chose comme représentation.

5. Je fais référence, bien entendu, à la voie d'analyse inaugurée durant les années soixante par les travaux de Christian Metz, Umberto Eco, Gianfranco Bettetini et poursuivie par plusieurs autres aujourd'hui.

6. La question de l'« objectivité » des relations intertextuelles sera traitée au chapitre IV.

I

Le parti pris de la spectature

It's true that I don't take showers. If there's no other way to bathe, then I make sure all of the doors and windows in the house are locked, and I leave the bathroom door open and the shower curtain or stall door open so I have a perfect, clear view. I face the door no matter where the showerhead is. [...] Prior to Psycho I was a relatively normal bather, but after it was a different story. It wasn't the shooting of the scene that caused the damage, it was seeing the film in its entirety later.

Janet Leigh [1]

Le meurtre sous la douche de *Psycho* est sans aucun doute le plus célèbre morceau de cinéma tourné par Alfred Hitchcock. C'est également, il me semble, le fragment de film le plus connu de toute l'histoire du septième art. Aussi n'est-il pas rare de rencontrer aujourd'hui, trente-sept ans après la parution du film, des jeunes gens qui, bien qu'ils ne fussent pas nés à l'époque, ont connaissance de cet événement filmique et ce, même s'ils n'ont jamais vu le film. Les sources de ce savoir sont multiples : ces gens auront peut-être visité le parc thématique des *Universal Studios* en Californie, où le plateau de tournage de la fameuse salle de bains a été reproduit ; ils auront peut-être regardé la télévision en 1992 alors qu'on annonçait au bulletin d'information le décès d'Anthony Perkins et qu'on montrait, en hommage, un extrait du meurtre sous la douche (sans se douter bien entendu que Perkins, doublé, n'y apparaît pas !) ; ou bien ils se seront fait expliquer l'événement par quelqu'un qui en a été impressionné et qui jugeait ce savoir digne d'être transmis, ne serait-ce que pour comprendre certains épisodes de séries télévisuelles comme *The Simpsons*, *Married With Children*, ou des films comme *The Funhouse*, *The Prowler*, *Fade to Black* ou *Blow Out*, pour ne citer que quelques exemples ; à moins que ce ne soit pour comprendre la signification d'un nouveau rideau de douche mis en vente récemment à New York, sur lequel on a imprimé un photogramme tiré du meurtre sous la douche ; ou encore pour saisir la signification de certaines publicités d'accessoires de salle de bains qui parodient cet épisode de *Psycho*. Ce que montrent ces exemples, c'est la prégnance de ce fragment filmique dans l'aire culturelle nord-américaine. Dit autrement, une fois qu'on a identifié le meurtre sous la douche, on risque de le rencontrer un peu partout dans les productions culturelles, dans les monologues des *stand-up comics*, à la télévision, au cinéma, sur des cartes de souhait et des cartes postales, sur des jaquettes de livres consacrés au cinéma d'Hitchcock, etc.

Cette prégnance culturelle est l'indice d'une profonde impression laissée sur le spectateur de *Psycho* — comme en témoignent les propos de Janet Leigh, cités en exergue. En fait, dès la parution de *Psycho* au printemps de 1960, le meurtre sous la douche est directement lié à l'important succès financier du film. Comme le rapporte le *New York Times* de l'époque : « any number of teenagers have gone to see this movie several times over and the word is apparently out around the suburbs that 'the blood in the bathtub scene' is hot stuff [2] ». Grâce en bonne partie au meurtre sous la douche, le film, on le sait, prendra rapidement l'allure d'un petit phénomène social : on rapporte, par exemple, que certains spectateurs perdent connaissance pendant la projection, d'autres sont révulsés et sortent tout simplement de la salle, tandis que d'autres encore reviennent voir le film à plusieurs reprises [3]. Si d'autres films américains de la même époque connaissent également d'importants succès au *box office*, éclipsant même *Psycho* à cet égard — *Samson and Delilah* (DeMille, 1950), *Quo Vadis* (LeRoy, 1951), *The Greatest Show on Earth* (DeMille, 1952), *The Robe* (Koster, 1953), *White Christmas* (Curtiz, 1954), *The Ten Commandments* (DeMille, 1957), *The Bridge on the River Kwai* (Lean, 1957), *Ben Hur* (Wyler, 1959), *Spartacus* (Kubrick, 1960), *Mary Poppins* (Stevenson, 1964) — peu d'entre eux suscitent le même genre d'engouement, de réactions et de controverses de la part du public [4]. *Psycho* — le meurtre sous la douche — aura laissé sur plusieurs spectateurs une impression plus profonde que tous ces autres films, ce qui explique, aujourd'hui encore, sa rémanence culturelle.

Comme je l'indiquais dans l'introduction, c'est la tâche de cet essai d'examiner ce qui se produit lorsqu'un film laisse une telle impression sur son spectateur. D'entrée de jeu, je tiens à souligner que la notion d'*impression*, telle qu'utilisée ici, renvoie tout simplement à ce qu'un spectateur et, par extension, à ce qu'une culture, conserve d'un film. En effet, aux questions « que reste-t-il d'un film ? » ou « qu'en conservons-nous à notre sortie de la salle de cinéma, six mois ou quelques années plus tard ? », on pourrait répondre qu'il en reste ce qui nous a *impressionné*.

Empiriquement, nous savons que ce résidu peut être composé d'objets très différents : fragments d'images qui existent en soi, ou qui se rattachent encore à la forme narrative du film, laquelle risque elle-même d'exister de façon plus ou moins fragmentaire dans la mémoire, jeu d'acteur, couleurs, atmosphère, quelques thèmes, appartenance à un genre, etc. Par ailleurs, plus on s'éloigne de la projection, plus ce reste est susceptible de se généraliser et d'apparaître vague. Rares sont les films où il ne reste absolument rien chez le spectateur, bien que cela puisse arriver quelques fois, la mémoire ayant alors effacé les légères impressions laissées lors du visionnement ; ce sont des films oubliables et la critique, confondant pour une qualité essentielle de l'objet ce qui relève en fait du spectateur, dira souvent à leur sujet qu'ils sont banals, bourrés de clichés, voire sans imagination. En ce sens, le film « banal » c'est celui qui ne fait pas rêver son spectateur, celui qui ne réussit pas à l'impressionner. *Au contraire, comme nous allons le voir, dès que la mémoire conserve quelque chose, c'est bien parce que le film offre au spectateur quelque chose de mémorable, quelque chose qui touche ne serait-ce que légèrement son imagination*. Cela dit, ce qui est mémorable n'est pas nécessairement « meilleur » et il faut faire attention de ne pas confondre le travail de la mémoire et de l'imagination avec l'évaluation esthétique/critique. Aussi n'est-il pas du tout impossible, et cela arrive même assez souvent, qu'un film plaise sans pour autant laisser de vives impressions chez le spectateur ; de même, un film qui ne plaît pas — c'est-à-dire un « mauvais » film — peut laisser une vive impression imaginale sur la mémoire.

Lorsque ces impressions laissées sur la mémoire trouvent un sens, elles constituent ce que j'appelle une *figure*. La figure est le résultat d'un travail — celui de l'imagination — sur ce qui, dans un film, laisse son impression sur la mémoire du spectateur. La figure relève donc de ce qui est mémorable, mais tout ce qui impressionne n'est pas forcément figure. On pourrait dire, plutôt, que tout ce qui impressionne est matière de figure ou amorce de figure. C'est que l'expérience de la figure suppose une totalité organisée existant de façon non fragmentaire dans la mémoire. Or bien des fragments qui subsistent après le visionnement d'un film ne trouvent jamais à se consteller dans un réseau, ils continuent d'exister de leur existence fragmentaire au sein de la mémoire sans jamais réussir véritablement à prendre un sens en regard de la vie imaginaire du spectateur — ce sont des souvenirs. En fait, ce n'est qu'au prix d'un effort considérable qu'on arrivera, dans certains cas, à découvrir la figure mise en jeu par un souvenir. Pour bien comprendre ce phénomène il convient de s'interroger d'abord sur le fonctionnement de ce que j'appellerai ici l'*acte de spectature*, lequel a pour tâche de régler l'interaction entre le spectateur et le film.

Acte de spectature et figure

La question du spectateur a fait couler beaucoup d'encre ces dernières années, bien qu'elle n'ait pas eu, on peut le dire, le même impact pour les études cinématographiques que la question du lecteur dans le domaine littéraire. Il est vrai que chez les littéraires et ce, ne serait-ce que depuis « La mort de l'auteur » de Barthes [5], le lecteur s'opposait pour plusieurs au grand mythe romantique et bourgeois de l'auteur, ce qui n'allait pas de soi ; et il est vrai aussi que la critique de cinéma n'aura réussi à s'approprier ce mythe que sur le tard. Cela dit, il faut bien reconnaître qu'il existe une réflexion sur le spectateur dès la « naissance » d'une « théorie » du cinéma : Münsterberg, Eisenstein, Arnheim, pour ne citer que ces trois grands noms de la période dite « classique » de la théorie du cinéma, ont tous fait une place importante au spectateur dans leurs écrits sur l'expérience filmique. Chez les contemporains, le spectateur a fait surface chez des auteurs aussi divers que Christian Metz, David Bordwell, Laura Mulvey, Francesco Casetti, Janet Staiger, François Jost, Kaja Silverman, Roger Odin et plusieurs autres qui adoptent des points de vue psychanalytique, narratologique, sociologique, féministe, cognitif, sémio-pragmatique, etc. Toutefois, et au risque de caricaturer légèrement, on peut déceler, il me semble, trois grandes perspectives qui étaient encore dominantes jusqu'à récemment eu égard à la question du spectateur : il y a d'une part ces auteurs qui, comme Metz, s'engagent à saisir la part du spectateur dans le dispositif cinématographique. C'est le parti pris adopté dans *Le Signifiant imaginaire* [6], où Metz cherche à expliquer, d'un point de vue psychanalytique, la spécificité du plaisir que provoque l'expérience du signifiant cinématographique, plaisir sur lequel se fonde l'industrie, voire l'institution entière, du cinéma. Le dispositif cinématographique est également au coeur des travaux de Jean-Louis Baudry publiés pendant les années soixante-dix, où il est question, entre autres, des effets idéologiques produits sur le spectateur par l'appareil cinéma : servir l'idéologie dominante, assurer la constitution ou la fantasmatisation d'un sujet originaire et transcendantal, maintenir l'idéalisme [7].

D'autre part, on trouve des auteurs qui, forts des travaux de Metz et de Baudry sur la machine cinéma, se sont engagés cette fois à étudier les effets idéologiques de certaines pratiques filmiques sur le spectateur. A cet égard, de nombreux auteurs — dont plusieurs américains — influencés par l'émergence de l'analyse textuelle ainsi que par le marxisme et la psychanalyse, ont pris le parti d'étudier la façon dont certains films, certains genres de films, certains modes de discours filmique, s'adressent au spectateur et construisent pour lui une place — au sein du film et de la société — déterminée par l'idéologie dominante. C'est ainsi qu'on assiste, durant les années soixante-dix et au début des années quatre-vingts, à la mise en place d'un consensus — fort contesté depuis — selon lequel le cinéma hollywoodien « classique » (narratif, réaliste, industriel) utiliserait différentes stratégies (montage invisible, raccord sur le regard, champ/contre-champ, etc.) pour construire un spectateur plutôt passif, soumis aux « codes » de la représentation, un simple consommateur acceptant sans le savoir et de façon inconditionnelle les diktats de l'idéologie dominante et/ou patriarcale. A l'inverse, le cinéma d'un Godard ou d'une Ackerman, le cinéma expérimental, construiraient un spectateur « critique » [8].

Enfin, une autre tendance, plus européenne et d'inspiration tantôt linguistique, tantôt narratologique, a cherché à comprendre la place du spectateur au sein de la « communication » filmique. Le film, et *a fortiori* le récit filmique, s'adressant à un spectateur, certains auteurs se sont efforcés de mettre au jour les différentes façons dont le spectateur est mis en cause ou impliqué par lui, soit en tant qu'énonciataire soit en tant que narrataire (réel, idéal, fictif, implicite, etc.). C'est ainsi que Francesco Casetti, à la manière d'Umberto Eco, parle du spectateur comme d'un interlocuteur idéal déjà conçu par et inclus dans le film. Selon Casetti, le film signalerait la présence du spectateur, lui assignerait une place et lui ferait accomplir un parcours [9]. De son côté, François Jost a aménagé une place pour le spectateur au sein d'une narratologie filmique d'inspiration genettienne grâce à la notion de focalisation spectatorielle, laquelle a pour fonction de rendre compte des situations où le spectateur jouit d'un avantage cognitif sur le personnage (il en sait plus que lui) [10].

Je n'ai présenté ici que quelques exemples, mais ils laissent voir que mis à part la perspective plus ou moins commune des travaux de Metz et de Baudry, perspective générale qui concerne le cinéma (ou le cinématographique) plutôt que le film (ou le filmique) [11], *c'est habituellement du film dont il est question et non pas de l'acte de spectature proprement dit.* On cherche à savoir comment le film construit son spectateur ou comment il l'inclut dans ses stratégies rhétoriques, narratives ou énonciatrices. Curieusement, donc, c'est du côté du film et de son étude que l'intérêt pour la spectature semble trouver sa justification. Ainsi, chez les narratologues et les sémiologues de la communication, il est clair que l'intérêt pour le spectateur n'a en rien changé l'épistémologie structuraliste qui fonde ce discours critique. Le spectateur participe peut-être à l'édifice du sens, mais il n'y arrive qu'à force de se trouver déjà inscrit dans le film, lequel demeure un objet immanent. Chez les marxistes, le spectateur n'existe que pour être manipulé par le film ou que pour résister à cette manipulation. Chez les cognitivistes-narratologues, comme Bordwell [12] et Branigan [13], la description de l'acte de spectature se limite aux opérations psychologiques qu'un spectateur idéal est tenu — par le film — d'effectuer afin de comprendre le récit filmique. Conséquemment, tout ce qui concerne l'acte de spectature mais qui tombe au-delà de la pure compréhension narrative — comme ce qui relève de l'affect, par exemple — est tout simplement évacué. C'est pourtant un fait que les spectateurs, spécialisés ou pas, développent un rapport affectif avec les films qu'ils regardent, rapport qui se traduit minimalement par un commentaire du type : « j'ai aimé ou j'ai détesté ce film ». Le problème, diront de concert les cognitivistes-narratologues, c'est que ce type de rapport est trop « subjectif », trop soumis aux idiosyncrasies de tel ou tel spectateur, pour faire l'objet d'un véritable savoir « scientifique ». A cet égard, nous verrons plus loin comment cette notion du savoir scientifique se trouve remise en cause par l'étude de l'acte de spectature. Enfin, si quelques sociologues et historiens se sont penchés sur la notion de « réception filmique » en examinant comment réagissent les spectateurs d'une époque à l'autre, d'un pays à l'autre, ceux-ci étudient soit les spectateurs, soit les résultats de l'acte de spectature, mais non l'acte de spectature en tant que tel. Aussi, il appert que l'étude de la spectature, si elle ne cède pas sa place à l'étude du film en se soumettant au principe toujours en vogue de l'immanence textuelle, demeure trop souvent l'objet d'un savoir parcellaire ou partiel dont les différentes composantes apparaissent la plupart du temps irréconciliables. Au contraire, si l'on cherche à faire de l'acte de spectature l'objet de notre enquête, il convient alors d'élaborer un point de vue nouveau, émancipé des théories de la communication et de l'immanentisme textuel d'une part et, d'autre part, assez large pour inclure les différents aspects de cette rencontre entre le spectateur et le film, que ce dernier soit projeté sur l'écran d'une salle obscure ou reproduit électroniquement sur un poste de télévision.

Il importe à ce stade de fixer le cadre conceptuel à partir duquel on élaborera par la suite les notions de forme, de figure et, plus loin, de série. C'est là une opération dont on ne saurait se soustraire sans courir le risque de ne pas savoir de quoi on parle. Qu'est-ce donc que la spectature ? *C'est une activité, un acte, à travers quoi un individu qui assiste à la présentation d'un film — le spectateur — met à jour des informations filmiques, les organise, les assimile et les intègre à l'ensemble des savoirs, des imaginaires, des systèmes de signes qui le définissent à la fois comme individu et comme membre d'un groupe social, culturel.* C'est, pour reprendre l'expression de Gilles Thérien, la mise en place d'une *interface* entre un sujet-spectateur et un film-objet-du-monde [14]. On peut dire, en ce sens, que la spectature — tout comme la lecture — n'est qu'une partie de la vaste entreprise sémiosique qui concerne cet aspect de la relation de l'être au monde qui s'effectue à travers l'usage de signes. La spectature s'offre donc comme un espace sémiosique : c'est là que le spectateur utilise des signes pour se représenter à lui-même le film qu'il regarde, c'est-à-dire pour le saisir, le comprendre et se l'approprier. La spectature est, pour le spectateur, le lieu d'une *mise en signe* du film.

Le parti pris de la spectature est donc, d'entrée de jeu, un parti pris sémiotique. J'entends par là qu'elle constitue un objet d'étude pour la sémiotique, conçue ici, après les travaux de Charles S. Peirce, comme « the doctrine of the essential nature and fundamental varieties of possible semiosis » (5.488). Or, par sémiosis il faut entendre l'action du signe conçu comme un *processus* triadique grâce à quoi quelque chose tient lieu de quelque chose d'autre pour quelqu'un. Peirce, à cet égard, écrit :

> A sign, or *representamen*, is something which stands to somebody for something in some respect or capacity. It addresses somebody, that is,

> creates in the mind of that person an equivalent sign, or perhaps a more developed sign. That sign which it creates I call the *interpretant* of the first sign. The sign stands for something, its *object*. It stands for that object, not in all respects, but in reference to a sort of idea, which I have sometimes called the *ground* of the representamen (2.228).

Mais dire que la spectature est ce qui règle le rapport sémiosique qui s'installe entre l'individu spectateur et le film-objet-du-monde c'est dire, somme toute, bien peu de choses. Encore faut-il spécifier le rapport en question. En effet, le technicien dont le travail consiste à réparer des projecteurs et qui est appelé, pendant son boulot, à visiter une salle de cinéma, verra peut-être l'image projetée sur l'écran comme le signe que le projecteur qu'il a réparé la semaine précédente fonctionne toujours ! Quoi qu'il en soit, il ne fait aucun doute ici que le technicien *met en signe* — ou donne un statut de signe à — l'image projetée [15]. Toutefois, cela ne suffit pas pour faire de cette activité sémiosique un acte de spectature. Les images et les sons filmiques, comme toutes les choses du monde, peuvent être mis en signes dans divers contextes, c'est-à-dire qu'ils peuvent tenir lieu de différents objets et ce, de façon tout à fait indéfinie. C'est pourquoi il importe de définir le cadre à l'intérieur duquel le rapport sémiosique qui lie le spectateur et le film constitue un acte de spectature. A cet égard, on peut dire que *l'acte de spectature est l'activité sémiosique qui fait exister le film comme « texte » et dont l'objet est « filmique »* (au sens où l'on dit que l'objet de la lecture littéraire est un objet littéraire). C'est donc à la fois du côté des processus mis en jeu par l'acte de spectature et du côté de l'objet textuel-filmique qu'ils servent à représenter que se situe la spécificité de l'acte de spectature. Cet objet correspond à ce que Peirce, dans sa division des trois composantes de la sémiosis en representamen, objet et interprétant, appelle l'*objet immédiat* ou l'objet vu de l'intérieur de la perspective sémiosique. Il s'oppose en cela à l'objet-du-monde qui constitue plutôt un *objet dynamique*, objet total, plein, extérieur à la sémiosis et qui demeure toujours insaisissable en soi, dans sa plénitude. Aussi, avant de décrire plus précisément l'objet textuel-filmique de la spectature, on dira de lui qu'il constitue un objet immédiat, et plus spécialement, qu'il correspond au film tel que vu (ou conçu) dans un contexte particulier. En ce sens, l'objet de la spectature *est* et *n'est pas* le film : il est le film, non pas dans sa totalité, non sous tous ses rapports, mais selon ce que Peirce appelle une sorte d'idée. Il correspond à une saisie fragmentaire, partielle de l'objet dynamique. *Il est le film tel que je le vois, tel que je le conçois, tel que je me le représente à moi-même, tel que je le mets en signe*. C'est-à-dire qu'il ne saurait être un objet absolu, total, immanent. A ce titre, la différence entre l'objet immédiat de la spectature (objet immédiat=le texte filmique, ou, si l'on préfère, le sens du film) et celui qui se manifeste chez le réparateur de projecteurs dans l'exemple cité ci-dessus (objet immédiat=le projecteur qui fonctionne) résulte des différents processus mis en jeu par différentes attitudes face au film projeté. *Il n'y a pas de signes hors contexte, il n'y a pas de signes qui seraient des signes en soi, a priori*.

Voir l'acte de spectature comme un ensemble de processus, c'est reconnaître la dimension ouverte et indéfinie de son objet. Cela dit, c'est peut-être ici qu'il faut se distinguer de Peirce, qui demeure malgré tout un penseur de son siècle intéressé principalement par les mathématiques et les sciences « dures ». Ce dernier, c'est connu, conçoit la sémiosis comme un processus à la fois continu et indéfini, lequel *tend* néanmoins vers la régularité. Peirce, à qui l'on doit une modélisation logique du processus de l'enquête scientifique qui conduit de l'hypothèse (ou abduction), à l'induction et, en définitive, à la déduction, conçoit sa sémiotique en fonction d'une conviction quant à l'aboutissement éventuel de la sémiosis, à partir du moment où l'objet-du-monde se voit corrélé avec un interprétant ultime et final, et où l'objet dynamique et l'objet immédiat se rencontrent. Peirce écrit :

> [...] all the followers of science are animated by a cheerful hope that the process of investigation, if only pushed far enough, will give one certain solution to each question to which they apply it. One man may investigate the velocity of light by studying the transits of Venus and the aberration of the stars ; another by the opposition of Mars and the eclipses of Jupiter's satellites ; a third by the method of Fizeau ; a fourth by that of Foucault ; a fifth by the motions and curves of Lissajoux ; a sixth, a seventh, an eighth, a ninth, may follow the different methods of comparing the measures of statical and dynamical electricity. They may at first obtain different results, but, as each perfects his method and his process, the results are found to move steadily together toward a destined center. So with all scientific research. Different minds may set out with the most antagonistic views, but the progress of investigation carries them by a force outside of themselves to one and the same conclusion. This activity of thought by which we are carried, not where we wish, but to a fore-ordained goal, is like the operation of destiny. No modification of the point of view taken, no selection of other facts for study, no natural bent of the mind even, can enable a man to escape the predestinate opinion. This great hope is embodied in the conception of truth and reality. The opinion which is fated to be ultimately agreed to by all who investigate, is what we mean by the truth, and the object representated in this opinion is the real. That is the way I would explain reality (5.407).

Dans les faits, il nous est souvent impossible de savoir si nous avons atteint cette vérité. Le pragmatisme de Peirce le pousse à écrire, au paragraphe suivant :

> But it may be said that this view is directly opposed to the abstract definition which we have given of reality, inasmuch as it makes the characters of the real depend on what is ultimately thought about them. But the answer to this is that, on the one hand, reality is independent, not necessarily of thought in general, but only of what you or I or any finite number of men may think about it ; and that, on the other hand, though the object of the final opinion depends on what that opinion is, yet what that opinion is does not depend on what you or I or any man thinks. Our perversity and that of others may indefinitely postpone the settlement of opinion ; it might even conceivably cause an arbitrary proposition to be universally accepted as long as the human race should last. Yet even that would not change the nature of the belief, which alone could be the result of investigation carried sufficiently far ; and if, after the extinction of our race, another should arise with faculties and disposition for investigation, that true opinion must be the one they would ultimately come to. 'Truth crushed to earth shall rise again', and the opinion which would finally result from investigation does not depend on how anybody may actually think. But the reality of that which is real does depend on the real fact that investigation is destined to lead, at last, if continued long enough, to a belief in it (5.408).

Pour Peirce, donc, la sémiosis tend ultimement vers l'acquisition d'un savoir vrai, d'une vérité au sens scientifique du terme (c'est-à-dire une proposition susceptible de s'exprimer dans un syllogisme de type déductif), que cette vérité soit acquise ou non de notre vivant ou du vivant de notre espèce. Cette conception de la réalité, de la vérité, et de la sémiosis — si elle n'est pas sans problèmes et sans contradictions [16] — reflète une croyance, un espoir, dit Peirce, à la faveur duquel il faut reconnaître qu'il existe bien peu de preuves... Aussi suis-je en accord avec Gilles Thérien, pour qui la « position [adoptée par Peirce] dépend [...] de la perspective que l'on pouvait se faire à la fin du dix-neuvième siècle et au début du vingtième du progrès scientifique [17] ». Aujourd'hui, l'épistémologie des sciences « dures » commence à changer et fait la vie difficile à la notion de vérité « finale ». Mais ce qu'il faut retenir ici c'est que l'acte de spectature, en tant que sémiosis, ne tend pas vers une vérité transcendantale. En fait, la spectature n'a rien d'une enquête scientifique : c'est tout simplement ce que fait le spectateur alors qu'il regarde un film. Cela dit, comme toute sémiosis, la spectature est théoriquement ouverte et indéfinie. Nous verrons plus loin comment l'objet de la spectature, le texte filmique, est sujet à toutes sortes de complexifications alors que le spectateur fait travailler sa mémoire et son imagination. En pratique néanmoins, ces complexifications tendent la plupart du temps à se stabiliser, voire même à s'arrêter — provisoirement ou non — soit par épuisement, soit par désintérêt et ce, généralement autour d'une hypothèse ou d'une induction. Le spectateur en vient ainsi à interrompre un processus qui peut malgré tout se remettre en marche à n'importe quel moment, de sorte que l'objet de la spectature demeure toujours virtuellement ouvert et sujet à complexification ou amplification. L'objet, en ce sens, n'est jamais entièrement définitif, jamais complet et il s'agit de revoir un film qu'on a vu il y a longtemps pour s'en assurer ! A cet égard, la spectature fait partie de ce qu'on pourrait appeler les « pratiques sémiosiques du quotidien », lesquelles, contrairement aux enquêtes scientifiques, se contentent aisément d'hypothèses ou d'inductions pour se fixer ne serait-ce que momentanément.

Nous pouvons maintenant aborder la question des processus qui définissent l'acte de spectature et qui président à la construction de son objet. Ces processus, qui sont au nombre de cinq — j'adopte en cela et j'adapte pour l'acte de spectature les processus décrits par Gilles Thérien en regard de l'acte de lecture [18] — tracent les frontières de l'activité spectatorielle proprement dite, c'est-à-dire de la rencontre du spectateur et du film. Ce sont les processus perceptif, cognitif, argumentatif, affectif et symbolique. Ces processus ne sont pas réglés d'avance, ils ne donnent pas des résultats fixes et stables d'un individu à l'autre. Au contraire, c'est à travers eux que s'exprime la singularité, l'intimité de l'acte de spectature. Ce dernier toutefois n'en demeure pas moins un acte social, par lequel l'individu s'ouvre sur le monde, comme le savent bien tous ceux qui, en compagnie d'autres spectateurs, ont ri, versé des larmes ou tremblé d'effroi devant l'écran de cinéma. L'acte de spectature, s'il est subjectif, privé et intime, n'est pas solipsiste : les processus sont soumis à des réglages à la fois physiologiques, sociaux et culturels, qui rendent possible le partage de l'expérience de la spectature et assurent même dans plusieurs cas une homogénéité partielle quant à la construction du texte filmique. Enfin, au sein même de l'acte de spectature, les processus sont tous interreliés et oeuvrent, comme l'explique Thérien, de façon concomitante et parallèle :

> Les processus de lecture [ou de spectature] peuvent être regroupés sous cinq différents points de vue interreliés *sans qu'il n'y ait au cours de la lecture* [ou spectature] *une nécessaire et inévitable hiérarchie entre eux* [...] [19].

Les processus sont, pourrait-on dire, les cinq dynamiques de l'acte de spectature, toujours présentes, bien qu'à des degrés divers, dès qu'un individu s'engage dans cette activité. Cela dit, aucun processus ne précède l'autre, le spectateur privilégiant l'un ou l'autre d'entre eux selon la façon dont interagissent ses besoins, ses intérêts, et la facture du film. Ainsi, la spectature d'un film pourra, dans son ensemble, privilégier un processus donné mais mettre à contribution et privilégier un ou plusieurs autres processus dans le traitement spectatoriel de certains passages. La mise à contribution des processus détermine le contenu (c'est-à-dire l'objet textuel-filmique) de l'acte de spectature et laisse entrevoir sa très grande richesse : d'un spectateur à l'autre, les mêmes processus ne sont pas nécessairement privilégiés au même moment pendant la spectature ; d'un visionnement à l'autre, un spectateur ne privilégie pas nécessairement les mêmes processus, etc. A chaque fois, pour chaque variation au sein de l'acte de spectature, un nouveau contenu, un nouvel objet textuel-filmique risque de se construire. C'est en ce sens qu'on peut dire du texte filmique qu'il est « ouvert ». Cette ouverture repose non pas sur sa prétendue immanence mais sur des variations dans la façon dont des spectateurs exécutent l'acte de spectature, qu'il s'agisse tantôt de variations entre les spectateurs, tantôt de variations dans la façon dont un même individu exécute, à divers moments, l'acte de spectature. Ainsi, certains films que j'ai vus à l'âge de dix ans et que je revois aujourd'hui n'ont plus le même texte filmique. Bien entendu, il existe, je le mentionnais ci-dessus, des réglages — notamment des réglages sociaux et culturels — qui participent de l'interaction entre, d'une part, les besoins et les intérêts du spectateur et, d'autre part, la facture du film et assurent une certaine homogénéité quant à l'activation des processus : les spectateurs des premiers temps, si l'on se fie aux premiers comptes rendus des spectacles cinématographiques, avaient tendance à privilégier le processus perceptif : on y vante le frémissement des feuilles au vent, le mouvement des vagues qui se brisent sur les plages, etc. Aujourd'hui, c'est souvent le processus argumentatif — la construction du récit — qui tend à être privilégié (ce qui n'empêche aucunement, je le répète, l'activation des autres processus). De son côté, la critique tend souvent à privilégier, de concert avec le processus argumentatif, les processus affectif et symbolique.

Voyons maintenant plus en détail les différents processus, selon l'ordre énuméré ci-dessus :

1. *Le processus perceptif*. Il permet au spectateur de percevoir et de reconnaître des motifs visuels (configurations de lignes et de couleurs, etc.), et sonores, ainsi que d'éprouver l'illusion du

mouvement et de la profondeur. Il nécessite le concours des organes de la vue et de l'ouïe et des fonctions cérébrales qu'ils entraînent dans les différentes régions du cerveau. On sait, par exemple, que la perception du mouvement au cinéma est le produit d'une propriété du cerveau, l'effet phi, qui repose essentiellement sur une déficience physiologique de l'organe de la vue [20].

Ce processus est évidemment très important en regard de la construction du texte filmique. Il accompagne en cela chacun des autres processus et assure la perception de tout ce qui sera éventuellement mis en signe par le spectateur. De surcroît, dès que l'on reconnaît la voix et le corps d'un acteur, ou qu'on identifie le style visuel d'un metteur en scène, d'une époque, d'un studio, on privilégie, ne serait-ce que provisoirement, le processus perceptif. Enfin, on peut souligner que la spectature de plusieurs films expérimentaux (je pense à certains films de Richter, Kubelka, Frampton, McLaren, et plusieurs autres) privilégie souvent le processus perceptif, tandis que les films jouent sur des variations de textures, de couleurs, de mouvement, etc.

2. *Le processus cognitif.* Alors que le processus perceptif assure les mécanismes de perception audio-visuelle et met au jour un continuum de stimuli, un processus différent, le processus cognitif, assigne une signification « en contexte » et une valeur d'information aux images et aux sons perçus. Pour « comprendre » un film le spectateur doit en effet assimiler, classer, hiérarchiser, segmenter le flux audio-visuel de façon à en extraire des unités d'information jugées pertinentes. Ces unités d'information peuvent apparaître à travers un plan, un ensemble de plans, un bruit, ou une série de bruits. Il faut souligner toutefois que *le segment cognitif n'est pas une unité de filmage ou de montage — comme le sont le plan et la séquence — mais une unité de compréhension susceptible de faire avancer un argument* (narratif, scientifique, esthétique, etc.). Dans un long métrage de fiction, par exemple, tout dialogue, bruit, geste, série de gestes, décor ou objet susceptible de s'intégrer éventuellement au sein d'une forme à l'étage du processus argumentatif peut constituer un segment et ce, quel que soit son mode de présentation filmique : plan unique, montage, mouvement d'appareil, bruits, carton, etc. A ce titre, le processus cognitif permet au spectateur de regrouper ce que le montage ou le cadrage ont disjoint et d'assurer la synthèse cohérente des unités d'information.

La segmentation d'un long métrage de fiction suppose l'usage de savoirs préalables sur le monde : le spectateur ne peut segmenter et identifier ce qu'il ne connaît pas. Dit autrement, le spectateur doit pré-comprendre le domaine qu'il découpe. Or, en ce qui a trait à la construction d'un récit, cette pré-compréhension porte essentiellement sur le domaine de l'agir humain. Comme nous le verrons au chapitre suivant, le spectateur — en tant qu'acteur agissant dans le monde — possède des connaissances générales sur l'agir et sur les façons dont un individu peut s'y prendre pour atteindre un but, connaissances qui sont mises à contribution lors du traitement cognitif de la trame filmique. A cet égard, le terme « cognitif » recouvre ici une acception similaire à celle qu'il trouve du côté des sciences cognitives et de l'intelligence artificielle, où l'on conçoit la cognition — qu'elle soit naturelle ou simulée par l'ordinateur — comme fondée sur des savoirs préalables. Le processus cognitif, enfin, voit à l'élaboration d'une *endo-forme*, qui correspond aux segments qui participent, à l'étage du processus argumentatif, à la construction éventuelle d'une forme.

Une conséquence importante de cette conception de la segmentation est la reconnaissance de sa dimension subjective : différents spectateurs sont susceptibles de segmenter un film de façons différentes. Le segment filmique n'apparaît donc plus comme une entité immanente au film, comme c'est le cas avec les notions traditionnelles de plan ou de séquence.

3. *Le processus argumentatif.* C'est ici que le spectateur organise les résultats du processus cognitif, l'endo-forme, dans une *forme*, un argument. Ce dernier correspond à un principe de cohérence supra-segmental qui prend en compte le défilement de l'information filmique et donne aux divers segments cognitifs une fonction par rapport à un tout dont la nature peut être esthétique, scientifique, narrative, etc.

Dans le cas de la forme narrative, les informations que le spectateur synthétise lors du processus cognitif, jouxtées au savoir qu'il possède déjà sur ce genre de forme, l'encouragent à émettre des hypothèses quant au sujet et au déroulement éventuel de ce qu'il regarde. Ces hypothèses sont ensuite confirmées ou infirmées au fur et à mesure que défilent, dans l'ordre, les segments du film.

Plusieurs commentateurs considèrent cette étape comme l'étape définitive ou, du moins, comme l'étape la plus déterminante de l'acte de spectature puisque c'est à ce moment que le film prend forme et que le spectateur saisit son à-propos, qu'il s'agisse d'une histoire, d'une démonstration scientifique, ou d'un agencement déterminé par des critères purement esthétiques (comme c'est le cas avec certains films expérimentaux, par exemple). Je dirai pour ma part que cette étape assure l'aboutissement de la *compréhension filmique : comprendre un film, en ce sens, c'est pouvoir se le représenter dans une forme*. Il importe d'insister que c'est au spectateur que revient de construire l'argument du film, et que ce dernier, quel qu'il soit, ne saurait être entendu comme donné d'avance.

Comme on peut voir, segmentation et mise en forme relèvent de deux processus spécialement interreliés. En fait, les attentes du spectateur quant à la forme d'un film — attentes qui peuvent se manifester *avant même* que débute la projection — peuvent servir à aiguiller le processus cognitif en aidant le spectateur dans la recherche d'un certain type d'information. Dit autrement, le spectateur qui s'attend à suivre un récit (parce qu'il a vu la bande annonce, parce qu'il a lu un compte rendu dans le journal, parce qu'il connaît le genre de film produit par le cinéma de grande consommation, etc.) sait déjà, avant même que commence le film, le genre d'information qu'il lui faudra recueillir. La situation est différente lorsqu'il s'agit d'un film qui résiste d'une façon ou d'une autre à la mise en forme narrative. Le spectateur doit alors constamment réévaluer la pertinence des unités qu'il juge importantes : c'est le plaisir formel qu'offrent certains films expérimentaux ou d'avant-garde (je pense ici aux films de Maya Deren ou au célèbre *Chien andalou* de Buñuel) du moment où les processus cognitif et argumentatif deviennent en quelque sorte « sensibles ». En effet, tant que tout « baigne dans l'huile », c'est-à-dire tant que le spectateur comprend sans problème l'à-propos filmique, l'usage de schémas de connaissance et la production d'un argument demeurent des activités relativement gommées : quoi de plus simple, dira le spectateur, que de comprendre un film !

Enfin, comme elle repose sur une construction subjective (c'est-à-dire l'endo-forme), la forme est également de nature subjective. Il faut admettre, par conséquent, que tous les spectateurs d'un même film ne construisent pas *nécessairement* la même forme, le même récit.

4. *Le processus affectif*. Ce processus concerne l'évaluation affective de ce qui a été perçu et/ou organisé par le spectateur à titre d'endo-forme ou de forme. Tout acte de spectature nous engage émotivement selon notre propre histoire et notre propre profil psychologique. Le processus affectif, en ce sens, implique une participation potentiellement plus individualisée encore que les processus précédents. Il s'agit, par ailleurs, d'un processus fort complexe : une couleur ou une composition visuelle qui provoquent une expérience esthétique, une réplique qui fait rire, un monstre qui effraie, une poursuite haletante, relèvent tous du

processus affectif. Un énoncé comme « j'ai vu *Love Story* (Hiller, 1970) et j'ai pleuré » est donc lié aux résultats du processus affectif ; c'est-à-dire à l'intégration d'une forme (récit mélodramatique) dans le réseau d'affectivités qui constitue un individu. En fait, l'efficacité d'un film joue souvent sur la façon dont le processus affectif s'active dans la construction du texte filmique. On verra plus loin comment Sergei Eisenstein, qui était bien sûr un grand cinéaste mais également un grand théoricien du cinéma, reconnaissait l'importance des « significations affectives » dans des textes écrits à la fin des années trente sur la composition de l'image, le jeu de l'acteur et le montage image-musique, où il élabore, à partir de réflexions sur la littérature, le théâtre et la peinture, la notion d'« imaginicité » (*obraznost*).

Enfin, le processus affectif règle également notre appréciation d'un film. Les constats évaluatifs du genre « j'aime beaucoup ce film », « ce film m'a déplu » relèvent d'une construction du texte filmique sur le plan du processus affectif.

5. *Le processus symbolique*. C'est ici que les résultats partiels ou globaux de la spectature prennent un sens plus vaste et qu'ils s'intègrent aux différents savoirs théoriques ou pratiques, aux idéologies, aux imaginaires des spectateurs. Dit autrement, c'est ici que la spectature construit le texte filmique en l'intégrant aux autres systèmes de signes qu'utilise déjà le spectateur et qui forment l'ensemble de ses présupposés de spectature. Ces derniers se voient alors reconduits ou compromis, renforcés ou ébranlés par le texte filmique : par exemple, un film peut miner une théorie ou stopper une pratique ou, au contraire, consolider et confirmer une croyance (sur le cinéma, la vie, le capitalisme, l'inconscient, etc.). Le processus symbolique rend compte du fait que l'acte de spectature n'est pas un acte isolé et clos et qu'à travers lui un film ou un fragment filmique est susceptible de trouver un sens plus vaste en s'intégrant à la vie symbolique ou imaginaire du spectateur et d'une culture. Par exemple, voir *La Chinoise* (Godard, 1967) ou *Week-End* (Godard, 1967) comme « l'expression d'une certaine modernité fondée sur une critique du capitalisme et de la raison instrumentalisante », c'est relier les résultats de l'acte de spectature à un savoir et à des valeurs — à des systèmes de signes — qui participent de la construction du texte filmique et de son intégration dans un cadre plus grand. Interpréter un film, au sens usuel du terme, c'est souvent réussir à l'intégrer à un système de signes plus vaste.

Or, c'est ici également qu'émerge la figure. Cette dernière résulte plus spécifiquement d'une interaction entre le film, la mémoire et l'imagination du spectateur. Elle constitue une dimension de l'appropriation du film par le spectateur. Nous possédons tous un petit *musée imaginaire du cinéma* où nous conservons les films ou les fragments de films qui nous ont profondément marqués, impressionnés. Dans certains cas, ils ont changé nos vies, changé notre façon de penser ou d'agir, comme en témoigne à sa manière le commentaire de Janet Leigh cité en exergue... D'autres fois, ils servent à donner un « corps » — une *figure* — à un aspect de notre imaginaire. Bons ou mauvais, films de qualité ou films médiocres, ils « résonnent » en nous et nous hantent. C'est cette dimension du processus symbolique qui est responsable de notre mémoire filmique et qui, on verra plus loin, est du fait même responsable de la « culture filmique ».

Pour bien saisir l'émergence de la figure, il importe de comprendre le rôle qu'y jouent la mémoire et l'imagination. Telle qu'entendue ici, la mémoire n'est pas un simple procédé de duplication et de reproduction. Bien au contraire, elle suppose l'intervention de l'imagination. Cette dernière fournit des images intérieures qui seront ensuite thésaurisées par la mémoire au sein de son architecture. Pour qu'émerge une figure, il faut d'abord qu'une donnée filmique — un segment, une forme — touche ou impressionne le spectateur. Ce dernier s'approprie et intègre la donnée filmique, laquelle évoque, avec l'aide de ce que contient déjà la mémoire, des images mentales qui enrichissent et complexifient le segment ou la forme en formant un réseau imaginaire. Une fois formé, ce réseau s'inscrit dans la mémoire. La mémoire sert ici de cadre au travail de l'imagination qui, dès lors, n'a plus rien de la « folle du logis ».

Une telle conception de la mémoire et de l'imagination trouve ses racines dans la pensée des philosophes et rhétoriciens de l'Antiquité pour qui les deux facultés sont intimement liées. En fait, le récit fondateur de l'*ars memoriae*, tel que raconté par Cicéron, met bien en évidence le rôle de l'imagination et des images mentales en ce qui concerne la mémoire. L'histoire que raconte Cicéron se déroule pendant un banquet et a pour personnage principal le poète Simonide. Alors qu'il compose une ode en l'honneur de son hôte, un riche et noble Thessalien du nom de Scopas, Simonide en profite pour chanter, dans un passage, les louanges de Castor et Pollux. Un fois le poème terminé, Scopas indique qu'il entend n'offrir au poète que la moitié de la somme convenue, lui proposant de réclamer l'autre moitié à Castor et Pollux qui avaient également eu droit à un éloge. Peu de temps après, on prie Simonide de sortir :

deux jeunes hommes souhaitent le rencontrer à l'extérieur. Le poète sort, mais ne trouve personne. Au même moment, la salle où se déroule le banquet s'effondre et tous les convives sont tués. Ceux-ci sont si mutilés que les parents des victimes, désireux d'ensevelir leurs morts, sont incapables d'identifier les cadavres. Seul Simonide, sauvé par les Dioscures, réussira à les identifier, ayant mémorisé la place occupée par chacun d'entre eux pendant le repas. Le poète venait d'inventer l'art de la mémoire ; un art fondé, comme le note Cicéron, sur les notions d'image et de lieu :

> Instruit par cet événement, il s'aperçut que l'ordre est ce qui peut le mieux guider et éclairer la mémoire. Aussi, pour exercer cette faculté du cerveau, doit-on, selon le conseil de Simonide, choisir en pensée des emplacements distincts, se former les images des choses qu'on veut retenir, puis ranger ces images dans les divers emplacements. Alors l'ordre des lieux conserve l'ordre des choses ; les images rappellent les choses elles-mêmes. Les lieux sont les tablettes de cire sur lesquelles on écrit ; les images sont les lettres qu'on y trace [21].

Or, comme le souligne l'auteur de la *Rhétorique à Herenius*, les images de la mémoire sont « des formes, des symboles, des représentations de ce que nous voulons retenir [22] ». Ce sont des *signes* créés par l'imagination de l'orateur qui tiennent lieu des différentes choses qu'il cherche à mémoriser. Un exemple assez saisissant du travail de l'imagination dans la construction d'une image est d'ailleurs offert lors d'un passage de la *Rhétorique à Herenius*. Il s'agit d'un exemple qui concerne la mémoire des « choses » (*memoria rerum*) [23]. L'auteur nous place dans la situation d'un avocat qui cherche à défendre un accusé :

> [...] l'accusateur a dit que le prévenu avait empoisonné quelqu'un ; il l'a accusé d'avoir commis ce crime pour s'emparer d'un héritage et il a prétendu que nombreux étaient les témoins et les gens au courant. Si nous voulons, pour mener facilement la défense, retenir ce premier point, nous organiserons dans le premier emplacement une scène avec tous les faits : nous imaginerons la victime dont il s'agit, malade, étendue sur un lit (si du moins nous la connaissons, sinon il faudra prendre une autre personne, mais qui ne soit pas d'un rang modeste, pour qu'elle se présente immédiatement à l'esprit) ; nous placerons, à côté du lit du malade, l'accusé, avec à la main droite une coupe, dans la main gauche des tablettes et à l'annulaire des testicules de bélier. Nous pourrons ainsi nous rappeler les témoins, l'héritage et l'empoisonnement de la victime [24].

L'image que produit l'imagination représente le poison au moyen de la coupe, l'héritage grâce au testament sous la forme des tablettes, et les témoins par la voie des testicules de bélier (en latin « *testes* » signifie également « témoin »). La victime est représentée par son image — si on la connaît —, ou par l'image d'une autre personne qui lui ressemble sous quelque rapport [25]. L'image — ici un véritable tableau — est située dans un lieu, un emplacement, un *locus* ou *topos*. Les rhétoriciens suggèrent en général l'usage d'une architecture, réelle ou imaginée. Voici à cet égard ce qu'écrit Quintilien :

> On choisit des lieux aussi spacieux que possible, caractérisés par une grande variété, par exemple, une maison vaste et divisée en un grand nombre de pièces. Tout ce qui s'y trouve de notable est fixé avec soin dans l'esprit, afin que, sans hésitation ni retard, la pensée puisse en parcourir toutes les parties. Et le premier problème est de ne pas rester en suspens, lorsqu'on les aborde : en effet, un souvenir, qui prête son appui à un autre, doit être plus qu'une certitude. Le suivant est de marquer ce que l'on a écrit ou préparé mentalement d'un signe particulier qui serve à orienter ; ce signe peut se référer, soit à un sujet considéré dans son ensemble, comme la navigation, le service militaire, ou un mot donné ; car, même en cas d'oubli d'une idée, un seul mot suffit à la remettre en mémoire. Pour la navigation, le signe pourrait être par exemple une ancre, pour l'art militaire une arme quelconque. Voici comment on procède : la première idée, on l'attache, pour ainsi dire, au vestibule, la seconde (mettons), à l'atrium, d'autres autour des bassins intérieurs, et la série des autres dans l'ordre aux chambres à coucher, aux exèdres, et même aux statues et aux objets de même genre.
>
> Cela fait, lorsque l'on doit invoquer la mémoire, on commence à passer ces lieux en revue en partant du premier, et l'on redemande à chacun ce qu'on lui a confié, à mesure que la vue oriente le souvenir. Par suite, si nombreux que soient les objets qu'il faut se rappeler, ils sont liés les uns les autres en une sorte de choeur de danse, et l'on ne se trompe pas, lorsque l'on rattache ce qui suit à ce qui précède en se fondant sur le seul travail de la mémoire.
>
> Ce que j'ai dit d'une maison, on peut le dire aussi d'édifices publics, et d'une longue route, et du périmètre d'une ville, et de tableaux. On peut même imaginer de toutes pièces pour soi-même ces images.
>
> Il faut donc des emplacements, imaginaires ou réels, et des images ou des signes, qui sont toujours forgés [26].

Grâce au travail de l'imagination, l'orateur construit une *memoria* du discours ou des notions qu'il cherche à retenir. Or, la *memoria* est distincte du souvenir que garde la mémoire naturelle. Elle n'est pas le produit d'une simple transposition ou encore d'une duplication des « choses » ou des « mots », lesquels viendraient alors s'inscrire tels quels dans l'esprit ; elle résulte plutôt d'un processus d'appropriation et d'intégration à la fois symbolique et imaginaire. A ce titre, les images produites puis situées dans un emplacement mémoriel prennent naissance chez l'orateur, de sorte qu'elles proviennent de ce qu'il sait (il sait qu'un poison peut être contenu dans une coupe, par exemple) et des associations qu'il peut réaliser (la représentation des témoins par les testicules de bélier, par exemple) au contact des « choses » et des « mots » qu'il veut mémoriser.

Si je me suis étendu quelque peu sur l'art de la mémoire tel qu'enseigné par la rhétorique ancienne, c'est que la spectature, à travers le processus symbolique, fait appel, de façon analogue, aux mêmes facultés. Ce n'est pas que le spectateur cherche à mémoriser ce qu'il voit ou ce qu'il entend, seulement, certaines images, certains sons, peuvent l'impressionner et faire émerger en lui de nouvelles images qui viendront s'organiser, former un réseau, dans les lieux de sa mémoire : c'est la figure. Cela nous permet donc de mieux comprendre ce qu'on entend par figure : une *memoria* filmique. C'est ce qu'on conserve d'un film, tel que ce résidu se manifeste par un ensemble de signes ouverts sur l'imaginaire.

Enfin, l'intérêt de la figure est qu'elle permet de considérer le texte filmique sous l'angle de la complexité. En effet, celui qui — sur le plan du processus symbolique — rend compte d'un acte de spectature et de son objet a deux choix : soit il réduit l'objet à des catégories toutes faites, soit, au contraire, il l'examine du point de vue de sa singularité, en considérant comment *ce* film l'impressionne. Dans le premier cas, l'acte de spectature débouche sur une sorte d'exercice scolaire ; la construction du texte filmique est soumise aux diktats de l'institution cinématographique : on regarde un film pour le situer par rapport à un genre, une période, un style, un thème, une problématique, etc. Si je parle ici d'exercice scolaire c'est parce que c'est de cette façon qu'on enseigne la plupart du temps les études cinématographiques : l'étudiant est amené à appliquer des schèmes interprétatifs déjà construits : marxisme, psychanalyse, modèles génériques ou historiques, etc. Dans le deuxième cas, en revanche, rendre compte d'un acte de spectature signifie faire état de la façon dont un film s'enrichit, se complexifie, grâce à l'imagination de son spectateur. La complexité n'est pas ici une propriété matérielle du film (montage rapide, angles recherchés, etc.), mais appartient au texte tel que celui-ci est construit par le spectateur qui s'approprie le film. Les différents savoirs que possède ce dernier, savoirs théoriques (marxisme, psychanalyse, narratologie, histoire du cinéma et des genres filmiques, etc.) ou pratiques, sont utilisés non plus pour contraindre et restreindre la portée du texte filmique, mais participent à son enrichissement, à sa complexification [27].

La description des processus de l'acte de spectature fixe donc le cadre conceptuel à partir duquel on examinera, dès le prochain chapitre, la rencontre d'un film (*Psycho* et son meurtre sous la douche) et d'un spectateur. Pour l'instant, toutefois, on reviendra plus en détail sur le problème de la figure, sur ses rapports avec le thème, avec l'interprétation et la sémiotique. Au préalable, cependant, j'en profiterai pour souligner l'existence d'importants points de contact entre la notion de figure telle qu'élaborée ici et la notion d'*image généralisée* propre à la doctrine de l'imaginicité chez Eisenstein, les deux perspectives se recoupant à plusieurs égards.

De l'imaginicité à la figure

Il faut rappeler, pour commencer, que l'ensemble de la réflexion eisensteinienne présuppose d'emblée la susceptibilité du spectateur à être impressionné [28]. Le spectateur, écrit Eisenstein à propos du dispositif théâtral, est en soi « le matériau essentiel du théâtre [29] ». Toute la théorie eisensteinienne reconnaît plus ou moins implicitement ce que j'appelle ici le processus symbolique, notamment cette capacité du spectateur à faire des associations, à se faire un véritable cinéma intérieur. Cette idée, en fait, justifie empiriquement la recherche continue d'Eisenstein, véritable quête du Graal, pour trouver des principes permettant de réguler et de prédire les associations mentales du spectateur. Dit autrement, on ne saurait chercher à « labourer le psychisme du spectateur » comme aimait à dire le maître de Riga, sans lui imputer au départ les facultés requises !

Ce présupposé fondamental, Eisenstein ne cessera de l'exploiter à travers les différentes conceptualisations qui ponctuent le raffinement de sa réflexion. On le trouve d'abord dans l'idée d'*attraction*, dont l'origine tient à l'intérêt du jeune metteur en scène pour le cirque — spectacle non-narratif qui présente en même temps une série de numéros plus ou moins distincts répartis sous le chapiteau. L'attraction, pour Eisenstein, c'est ce qui marque le spectacle et se démarque à la fois ; c'est un événement, un moment privilégié — voire le clou (il peut y en avoir plusieurs) du spectacle. La première caractéristique de l'attraction au théâtre, puis au cinéma, c'est donc d'être une sorte de numéro (*atraktsia*) relativement autonome, un moment fort du spectacle. A ce titre, l'attraction doit *attirer* l'attention du spectateur, elle doit l'impressionner en quelque sorte. Eisenstein emploie souvent un vocabulaire riche en images pour exprimer cette nécessité du cinéma d'impressionner le spectateur. Ainsi cette fameuse remarque de « Journées d'exaltation » : « Le cinéma a pour devoir de saisir par les cheveux le spectateur abasourdi et, d'un geste impérieux, de le mettre face aux problèmes actuels [30] ». Liée à cette démarche agressive (celle de l'*agit*) qui caractérise le modernisme du jeune Eisenstein, l'attraction apparaît dans ses premiers travaux théoriques comme l'outil d'un processus de conscientisation. Moment autonome, agressif, impressionnant, qui suppose, comme le remarque Jacques Aumont, « une existence visuelle frappante [31] », l'attraction doit produire chez le spectateur une émotion et une association d'idées, d'où elle tire son efficacité idéologique. Eisenstein entretient alors le phantasme de prédire le processus associatif du spectateur, c'est-à-dire de prévoir le mouvement de son imagination et, corrélativement, de calculer son efficacité idéologique. Pour ce faire, il adopte d'abord une perspective réflexologique où l'attraction sert de stimuli :

> Est attraction (du point de vue du théâtre) tout moment agressif du théâtre, c'est-à-dire tout élément de celui-ci soumettant le spectateur à une action sensorielle ou psychique vérifiée au moyen de l'expérience et calculée mathématiquement pour produire chez le spectateur certains chocs émotionnels qui, à leur tour, une fois réunis, conditionnent seuls la possibilité de percevoir l'aspect idéologique du spectacle montré, sa conclusion idéologique finale [32].

D'attractions en attractions, le spectateur enchaîne des associations qui finissent, selon Eisenstein, par constituer le réseau conceptuel, thématico-idéologique du film. De façon générale, donc, l'attraction semble être mise au service d'un point de vue figural fondé sur l'imagination du spectateur ainsi que sur sa susceptibilité à être impressionné. Cela dit, elle néglige le plein potentiel imaginatif du spectateur, puisqu'il s'agit dans la pratique de trouver des façons pour contrôler le processus associatif en question. Dès le départ, donc, ce que j'appelle ici le figural constitue chez Eisenstein un domaine — celui des associations mentales — restreint à la problématique de l'*efficience* [33].

Eisenstein délaissera assez rapidement le terme « attraction » — soit dès la production du *Cuirassé Potemkine* en 1925 [34]. Il abandonnera également le cadre strictement réflexologique, voire biomécanique, de la théorie des attractions. De l'attraction, Eisenstein conserve néanmoins deux des composantes essentielles, soit l'associationisme et l'exigence d'efficience idéologique et psychologique. Mais il envisage maintenant de mener ses recherches dans un cadre à la fois plus anthropologique et psychologique. C'est avec la doctrine de l'imaginicité, développée surtout pendant les années trente, que la pensée d'Eisenstein se rapproche le plus de la figure telle que je l'entends ici.

Selon la doctrine de l'imaginicité les images matérielles d'un film sont susceptibles — soit en vertu de leur composition, soit en vertu de leurs relations avec un groupe d'images qui précèdent et/ou qui suivent — de susciter des associations mentales organisables au sein d'un concept ou d'une émotion, ce qu'Eisenstein appelle tantôt *image généralisée* tantôt *image globale*. Cette dernière doit donc être distinguée de l'image matérielle dont elle est le résultat dialectique et le pendant mental[35]. Elle s'apparente sans équivoque à la figure, comme en témoigne la description qui suit, qui est tirée d'un texte intitulé « Montage 1938 » et qui montre bien comment l'image généralisée nécessite le travail conjoint de l'imagination (formation d'une image intérieure) et de la mémoire. Vu son importance, je me permets de citer le passage au complet :

> In New York the majority of streets do not have names ; instead, they are indicated by numbers : 5th Avenue, 42nd Street and so on. For visitors this method of designated streets can at first make it difficult to remember them. We are used to streets having names, and this makes life much easier for us, because a name instantly evokes an image of the street, i.e. merely by pronouncing the appropriate name a specific cluster of perceptions arises along with the image.
>
> I found it very difficult to remember *images* of the streets of New York and consequently to know these streets. Streets given such neutral designations as '42nd Street'or '45th Street' simply did not evoke in me any images adding up to a perception of what they looked like. To help me in this, I had to memorise a set of objects which would come into my mind in response to the signal '42nd' as distinct from the signal '45th'. In my memory I accumulated theatres, cinemas, shops, buildings, etc., that were characteristic of each of the streets I needed to remember. This memorising process proceeded by distinct stages, of which I can single out two ; in the first of them, my memory responded to the verbal designation '42nd Street' by recalling *with great difficulty* the entire sequence of features which characterized that street ; but this did not evoke a real perception of the street, because the separate elements had not yet merged into a single image.
>
> Only at the second stage did all these elements begin to fuse into a single, emerging image : at the mention of the street's number there arose *a whole swarm of separate elements of that street, though not as a chain but as a whole*, as a complete picture of the street, *as its total image*.
>
> Not until that moment could it be said that I really *remembered* the street. The image of that street came to life in my mind and senses in exactly the way that in the course of experiencing a work of art its elements gradually coalesce into a single, unforgettable total image.
>
> In both cases — be it the process of recollection or the process of appreciating a work of art — it remains true that a unified experience enters our mind and emotions through the whole, and the whole does

> through the image. This image enters our consciousness and through its *totality* every detail of it is also preserved in our memory *inseparably from the whole*. This may be an image in sound : some kind of rythmic and melodic sound picture ; or it may be a three-dimensional image, to which separate elements of the mnemonic series have contributed pictorially.
>
> By one route or another, a set of ideas enters our mind, forming a complete image composed of the separate elements.
>
> We have seen that in the process of remembering there are two essential stages ; the first is that of the *formation* of an image ; the second is the *result* of that first stage and its significance for memorisation. At the same time it is important for our memory to give as little attention as possible to the first stage and, bypassing the process of *formation* to arrive at the *result* as quickly as possible. This is what happens in real life, unlike the process that occurs in art ; for in the proceeding from life into the realm of art we observe a distinct shifting of the stress. In arriving at the *result*, a work of art directs all the subtelty of its method toward the *process*.
>
> A work of art, understood dynamically, is also a process of forming images in the mind of the spectator. Herein lies the peculiar quality of every genuinely vital work of art, which distinguishes it from a lifeless piece of work in which the spectator is presented with a depiction of the *results* of a certain past creative process instead of being drawn into a permantly occuring process [36].

Ce qui me frappe d'abord dans ce passage c'est évidemment le renvoi à peine voilé que fait Eisenstein aux *ars memoriae* de la tradition antique et scolastique. A cet égard, le choix de la métaphore architecturale apparaît tout à fait motivé. Cela dit, c'est surtout l'application à l'oeuvre d'art du principe de formation d'une image intérieure qui me confirme dans l'idée qu'il y a un sens à parler de figure. Comme moi, Eisenstein s'intéresse aux images intérieures, aux représentations mentales qui accompagnent la spectature et qui relèvent de façon conjointe de la mémoire et de l'imagination. Aussi, ce qu'il décrit, qu'il s'agisse tantôt de l'image qu'il se donne des rues de New York ou de l'émergence d'une image intérieure chez le spectateur d'une oeuvre d'art, appartient sans équivoque au domaine de la figure. Cette dernière étant conçue chez lui comme le résultat d'une force synthétisante (l'imagination) qui réunit (ou *monte*) en un tout (l'image généralisée) au sein de la mémoire ce qui apparaît autrement comme des éléments plus ou moins disparates.

Mais c'est dans un texte de 1934, intitulé « Torito », où Eisenstein traite — entre autres choses — d'une composition tirée de *Que Viva Mexico !*, qu'on trouve chez lui la démonstration la plus développée de l'*expérience figurale*. Le cadre en question est analysé afin de mettre au jour le jeu des associations ayant présidé à sa construction et assuré son succès. La tâche de l'essai, explique Eisenstein, consiste à « démêler l'écheveau des associations accessoires, des impressions premières et des données de l'expérience antérieure [37] » ayant inspiré la composition et déterminé l'assemblage d'une série d'éléments précis : le « *peón* » avec son chapeau de paille et son « *sarape* » blanc, le « *torito* » et, en arrière-plan, l'arcade d'une hacienda où l'on trouve des cuves remplies de « *pulque* ». Les associations, impressions et données de l'expérience mentionnées par Eisenstein appartiennent à différents moments de sa biographie et trouvent à se fusionner dans le cadre : des images d'enfance de Venise (le Palais des Doges, le lion de St-Marc) que Mikhaïl Ossipovitch Eisenstein avait rapportées de voyage pour son jeune fils, des oeuvres de Chirico vues à Paris en 1930, un montage surréaliste de Max Ernst aperçu dans un livre ouvert à travers la vitrine d'une librairie du boulevard Montparnasse, la couverture d'une lecture de jeunesse (*Nat Pinkerton*), l'opéra *La Khovanchtchina*, une page de dictionnaire vue par hasard où Eisenstein trouve l'étymologie du mot « candidat », une rêverie d'enfance liée à l'Affaire Dreyfus. « Quoi qu'il en soit, remarque Eisenstein, ces associations compositionnelles excessivement éloignées quant à la forme et au contenu, ont fusionné de façon tout à fait organique avec les éléments mexicains eux-mêmes [38] ». En un sens, cet exemple complète celui des rues de New York en développant une perspective différente et complémentaire : cette fois-ci, en effet, Eisenstein souligne comment l'image généralisée réunit et reconfigure des éléments apparemment épars qui appartiennent *déjà* à la mémoire, cette dernière ayant pour rôle d'encadrer le travail de l'imagination.

Comme on peut voir, l'image généralisée regroupe plusieurs des caractères essentiels de la figure. D'abord, comme la figure, il s'agit d'une image intérieure formée par l'imagination à partir du contenu de la mémoire. A ce titre, elle doit être distinguée de l'image matérielle dépeinte par le film (ce qu'Eisenstein appelle *izobrazhenie*), laquelle lui sert de support. La figure et l'image généralisée sont l'une et l'autre une représentation intérieure d'un contenu filmique. Enfin, tant l'image généralisée que la figure sont ressenties comme des totalités, apparaissant toutes les deux comme un tout à celui qui en fait l'expérience et qui en est impressionné. Mais malgré cette évidente parenté entre l'image généralisée d'Eisenstein et la figure, il faut insister sur une divergence fondamentale à la suite de quoi découle un important écart conceptuel entre les deux notions.

La notion de figure, nous l'avons vu, est élaborée du point de vue de l'acte de spectature. Chez Eisenstein, au contraire, l'image généralisée participe d'abord d'une réflexion sur la mise en scène et le travail du cinéaste. Eisenstein, en effet, est convaincu qu'il appartient au cinéaste de diriger l'imagination du spectateur en transposant à l'écran ses propres images et associations mentales :

> Moving [...] to the definition of the process, we shall see that the process occurs in the following manner : a certain image hovers in front of the author's inward eye, an image which for him is an emotional embodiment of the theme of this work. He is then faced with the task of turning that image into two or three partial depictions, which in combination and juxtaposition will evoke in the mind and emotions of their perceiver precisely that initial generalised image which the author saw in his mind's eye [39].

Le cinéaste crée des images matérielles pour exprimer l'image d'ensemble qu'il a en tête, et le spectateur retrouve cette image à partir des images matérielles du film. Cela dit, il n'est pas toujours aisé de suivre la pensée d'Eisenstein, pleine de nuances ici quant au rapport qui se tisse entre le cinéaste et le spectateur. Voyons avec deux passages :

> The strength of montage lies in the fact that it involves the spectator's emotions and reason. The spectator is forced to allow the same creative path the author followed when creating the image. The spectator does not only see the depicted elements of the work ; he also experiences the dynamic process of the emergence and formation of the image in the same way that the author experienced it. This is obviously as close as it is possible to get to conveying visually the fullness of the author's thought and intention, to conveying them 'with the same force of physical perception' with which they faced the author in his moment of creative vision. [...]
>
> The strength of the montage method lies also in the fact that the spectator is drawn into the creative act of a kind in which his individual nature is not enslaved to the individuality of the author but is deployed to the full by a fusion with the author's purpose, in the way that the individual nature of a great actor is fused with the individuality of a great playwright in the creation of a classic stage interpretation. In fact, every spectator, in his own way — from his past experience ; from the depth of his imagination ; from the web of his mental associations ; from the given precondition of his character, temperament and social origin — creates an image according to those precisely chosen depictions suggested to him by the experiencing of the theme of the work. This is the same image that has been conceived by the author, but that image has been simultaneously brought into being by a creative act on the part of the spectator [40].

Un peu plus loin, il poursuit à propos d'un passage tiré d'un récit de Maupassant [41] :

> Maupassant offers each reader the same montage-like construct in his account of the clocks striking. He knows that what this structuring will evoke in people's perceptions is *not* information about the time of night but an awarness of the emotional meaning of that particular midnight. Each reader/spectator hears the same striking of the clocks ; but each will create his own image, his own conception of that midnight and its significance. All these conceptions are, as images, individual and different, yet at the same time they are thematically identical. And each reader's/spectator's image of that midnight is simultaneously the author's image and — equally — *his own* image, which is alive and 'intimate' [42].

Les deux derniers passages laissent évidemment voir une attitude plus souple, moins dirigiste ou purement mécaniciste que le modèle réflexologique qui accompagne la théorie des attractions. Le spectateur n'est pas soumis, explique Eisenstein, à l'individualité du cinéaste. Malgré tout, la théorie de l'imaginicité implique une sorte d'osmose entre le spectateur et le cinéaste, ce que ne suppose pas la figure. De surcroît, chez Eisenstein, le cinéaste demeure clairement l'agent privilégié et ce, même si le travail du spectateur est partiellement reconnu. Fidèle à lui-même en regard de l'exigence d'efficience qui guide sa réflexion, on ne saurait s'étonner de voir l'auteur du *Cuirassé Potemkine* adopter ici un « point de vue » de cinéaste selon lequel c'est l'auteur/cinéaste qui assume d'abord la responsabilité de l'image généralisée. Cela dit, on comprend mal comment autant d'images différentes — celles des différents lecteurs/spectateurs de *Bel-ami*, par exemple — peuvent être identiques à l'image globale de l'auteur.

Mais s'il est difficile de juger ici les écrits d'Eisenstein, en raison, entre autres, du climat politique et idéologique qui règne alors dans l'U.R.S.S. de Staline [43], je me contenterai de revendiquer pour le spectateur un processus d'associations mentales qui, bien qu'analogue, demeure néanmoins indépendant des associations du cinéaste et ne relève pas, par conséquent, d'une problématique de l'efficience. Dit autrement, je revendique pour le spectateur ce qu'Eisenstein s'octroie à lui-même en tant que cinéaste. Et quel est l'objet de cette revendication ? Il s'agit du pouvoir de donner libre cours à son imagination, le pouvoir d'inventer des images intérieures, des figures, pouvoir que donne sans conteste Eisenstein au cinéaste. Aussi, tout comme le touriste qui reconfigure mentalement les impressions laissées sur sa mémoire par les rues de New York, le spectateur, il me semble, est libre de reconfigurer les impressions laissées par un film et ce, sans qu'il soit nécessaire d'octroyer à un cinéaste la responsabilité première des ces images intérieures. J'en profiterai toutefois pour souligner qu'il n'est pas rare de voir

Eisenstein adopter lui-même, ne serait-ce qu'accessoirement, une posture de spectateur. C'est le cas notamment dans l'exemple du mexicain tiré de « Torito », où il adopte, il me semble, une démarche qui procède par « après-coup », l'étude de l'image généralisée profitant de toute évidence de la suite d'un contact spectatoriel avec le cadre en question. Ainsi, toujours à propos de cette image tirée de *Que Viva Mexico !*, Eisenstein écrit :

> Les connaisseurs du Mexique reconnaissent que c'est une évocation photographique des plus réussies, qui a saisi avec une profondeur particulière la « physiognomonie » du Mexique. *Ce sont sans doute ces compliments qui m'ont aussitôt poussé à essayer de débrouiller ce qui constituait la trame de cette photo si typique du Mexique, qui avait saisi avec bonheur son style, son esprit et son caractère* [44].

Bien qu'il s'agisse d'examiner les déterminations de la composition, on peut aisément, en prenant ce passage au pied de la lettre, détourner sa finalité — ainsi que celle de l'essai en entier — et inverser son parcours en imaginant Eisenstein non plus comme cinéaste, mais comme spectateur. Ce dernier aurait été d'abord impressionné par l'image du *peón* et de l'hacienda, grâce à quoi il aurait fait l'expérience d'une figure réunissant les composantes du cadre avec des images de jeunesse et différentes impressions mémorisées, l'ensemble formant une nouvelle configuration mentale organisée selon des emplacements mnémoniques tels le Mexique, l'exotisme latin, et la mort [45].

Il reste à effectuer une dernière mise au point en ce qui a trait au rapprochement de l'image généralisée et de la figure, mise au point qui permettra un peu plus d'en préciser la nature. Pour Eisenstein, l'image généralisée correspond à la fois à l'expression d'un affect et d'un thème. Peut-on en dire autant de la figure ? J'ai mentionné déjà que la figure émerge à partir de ce qui impressionne le spectateur. Cela suppose d'emblée, il faut le souligner, la participation du processus affectif : être impressionné par quelque chose c'est aussi être touché, affecté, d'une manière ou d'une autre, par cette chose. Toute la réflexion d'Eisenstein, on l'a vu, repose sur la susceptibilité du spectateur à être impressionné. Cela dit, la figure *n'est pas* l'affect : c'est le sens que prend en moi un affect (mais aussi une forme, un segment ou un percept) grâce au processus symbolique. Comme je l'ai mentionné plus tôt, le processus affectif est la dimension la plus *individuelle*, la plus *intime* et *personnelle*, de l'acte de spectature. Or, la figure constitue une inscription des résultats partiels ou globaux de la spectature — dont l'affect — dans et à travers le *social* grâce à l'intervention de présupposés, lesquels sont sujets à partage d'un individu à l'autre. L'imaginaire mis en jeu dans l'expérience figurale, bien que *subjectif*, est également un imaginaire *social* : le sujet qui imagine n'est pas seul au monde, son savoir ne s'est pas constitué en vase clos. La figure, en ce sens, n'est pas tant l'expression d'un affect — au sens où l'entend Eisenstein — que sa « traduction » ou son « retentissement » dans un imaginaire à la fois privé et partagé, intime et social.

La question des rapports entre le thème et la figure est plus difficile à résoudre. C'est pourquoi je vais y consacrer la prochaine section.

Figure et thème

Puisque la figure participe du processus qui consiste à donner du sens au « contenu » d'un film ou d'un fragment filmique, il est légitime de s'interroger sur ses affinités avec la notion de thème. Or, le premier problème qu'il faut affronter c'est que le thème ne renvoie pas à un champ notionnel ou méthodologique uniforme et qu'il est sujet à des usages fort différents. Voici par exemple ce qu'écrit Norman Friedman :

> *Thème* est l'un de ces termes cruciaux mais changeants de la critique contemporaine, lequel, pour un critique vieux jeu, veut dire sens global ou forme. Il peut aussi désigner diversement le problème du sujet, ou la question de base que l'oeuvre incarne (le rapport de l'individu à la société, par exemple) ; toute récurrence dans l'oeuvre, comme dans « motif » ou « leitmotif » (le thème de la pluie dans *A Farewell to Arms*, par exemple) ; tout élément ou facteur dominant (le thème de l'infection dans *Bleak House*) ; toute matière significative ou tout type de personnage important (le thème de l'amour, par exemple, ou le thème de la femme) ; tout aspect du contenu (le thème de la religion ou du voyage) ; ou, comme pour Northrop Frye, le « sens », le « contenu conceptuel », l'« idée », ou le « point » de l'oeuvre [46].

L'imprécision du thème ne simplifie pas la tâche qui consiste à le distinguer de la figure : il est toujours plus difficile de tirer sur une cible mouvante ! En outre, je puis dire que, telle que je l'entends, la figure est à la fois proche et très lointaine du thème : cela dépend simplement de la définition que l'on donne de ce dernier. Voyons d'abord où nous conduisent certaines idées reçues sur le thème, nous verrons ensuite comment différents courants critiques ont utilisé la notion. Nous serons alors dans une meilleure posture pour évaluer le rapport thème/figure.

La notion de thème n'est spécifique à aucun domaine discursif ou artistique : on l'utilise en musique, en peinture, en littérature, au cinéma, etc. De surcroît et ce, quel que soit le domaine, son utilisation est susceptible de renvoyer à des pratiques critiques passablement différentes. Par exemple, en études littéraires, où il a fait l'objet de nombreuses réflexions, le thème appartient à des traditions aussi distinctes que la thématologie ou *Stoffgeschichte* des comparatistes et la thématique de la « nouvelle critique ». Dans le domaine des études cinématographiques, la situation est particulièrement anarchique et l'on n'a pas cru bon élaborer une « théorie » du thème filmique spécifiquement cinématographique : les auteurs s'en remettent généralement à différents usages littéraires, selon les besoins du moment. Conséquemment, le thème est souvent utilisé comme une catégorie fourre-tout qu'on mobilise dès qu'on cherche à discuter en termes conceptuels le contenu d'une oeuvre de façon à transcender les données de l'intrigue : le thème apparaît dès qu'on s'engage à donner une signification à la forme narrative d'un film ou à ses segments constitutifs. En ce sens, Jacques Aumont et Michel Marie ont raison lorsqu'ils remarquent que « sous sa forme la plus triviale, l'analyse thématique est la plus répandue des approches du film [47] ». On dira alors de tel film qu'il traite du thème de l'amour, de tel autre du thème de la mort, ou encore du thème de la création artistique, etc. Il s'agit ici d'universaux sémantiques que chaque film ou groupe de films est susceptible de particulariser à sa manière ; par exemple, on s'accordera pour dire que le thème de la mort est traité différemment chez Bergman, chez Tarkovski et chez Hitchcock.

Cette façon d'utiliser la notion de thème l'éloigne considérablement de la figure. En effet, le thème renvoie ici soit à l'auteur (la mort ou la culpabilité chez Hitchcock), soit au film (la mort ou la culpabilité comme propriété sémantique de tel ou tel film). Dans le premier cas, il relance les études d'auteur, lesquelles peuvent mener jusqu'au biographisme ; dans le deuxième cas, l'étude thématique renvoie à une sémantique du récit : il s'agit alors d'interpréter les situations, les actions et gestes des personnages et d'en extraire certaines généralités — les thèmes — qui composent l'univers sémantique du corpus étudié. La finalité de ce genre d'études thématiques étant de rendre compte en entier de cet univers, le thème n'est pas une fin en soi et sa valeur pour l'analyse tient en grande partie à son importance ou à sa pertinence au sein d'un film, grâce, entre autres, à sa récurrence à travers une série de motifs. On a beaucoup parlé, par exemple, du thème du regard (ou du voyeurisme) dans des films comme *Rear Window* (Hitchcock, 1954) ou *Psycho* ; c'est un thème qui se manifeste par la récurrence d'un ensemble motifémique qui lui appartient comme les traits d'un classème : fenêtres, miroirs, points de vue subjectifs, scoptophilie des personnages, appareil photo, gros plans d'yeux, etc. Selon cette approche, le thème — sa pertinence — constitue un effet de sommation. Enfin, une fois identifié, le thème peut ensuite être pris en charge par un ou plusieurs champs sémantiques. On dira alors que le « sujet » de ces films est le regard du spectateur [48], ou la relation entre voir et être vu [49], ou encore l'assujettissement des femmes par le regard masculin [50], etc. Or, tel qu'entendu ici, le thème renvoie habituellement à une donnée textuelle, c'est-à-dire à une *propriété du film* et non de la spectature. Le thème existe alors dans un environnement épistémologique incompatible avec celui que nécessite la notion de figure.

Bien entendu, il ne fait aucun doute à mon esprit que cette « version » du thème est, *dans les faits*, produite dans l'acte de spectature grâce au processus symbolique. Mais il s'agit là d'un point de vue « méta » dont l'adoption n'assure pas pour autant l'identité du thème et de la figure. S'engageant, avec plusieurs autres chercheurs [51], à réexaminer et réévaluer la notion de thème, Gerald Prince a choisi de relativiser sa dimension immanente. C'est le critique qui « thématise » et qui devient alors un « thématiseur » : « Thématiser un texte, écrit Prince, dépend non seulement du 'texte même' mais aussi (et peut-être davantage) du thématiseur, du cadre adopté, des unités choisies, des opérations accomplies pour les harmoniser, des résumés et des paraphrases effectués [52] » . Le thématiseur choisit ou construit un cadre thématique selon son savoir, ses intérêts, ses buts, et relie des unités textuelles en fonction de ce cadre pour former un tout. C'est dire, en somme, que le thème — comme la figure à cet égard — résulte de l'intégration des résultats de la spectature (ou de la lecture) aux présupposés du spectateur. Ce que montre l'article de Prince c'est que le thème peut être considéré du point de vue de l'acte de lecture. Cela n'assure en rien, toutefois, la conformité du thème et de la figure. D'une part, le thème conserve ici encore le statut (de cadre) conceptuel qu'on lui trouve dans les approches lexicographiques et dans les sémantiques (structuralistes) du récit. C'est là, je tiens à le souligner, une différence fondamentale entre le thème et la figure. Prince explique que le thématiseur peut soit *choisir*, soit *construire* le cadre conceptuel à partir duquel il thématise. Or, le fait de *choisir* un thème implique, il me semble, que l'on renvoie — dans un geste à la fois *universalisant* et *réducteur* — l'oeuvre considérée à une *catégorie toute faite* et, par conséquent, *fermée*. C'est-à-dire, en d'autres mots, à une sorte d'Idée au sens platonicien. A cet égard, le changement de perspective chez Prince — du texte ou de l'auteur au lecteur/spectateur — a peu d'impact sur la nature du thème et, ajouterais-je, sur son statut logique (ou sémiotique) : il hérite pleinement du caractère intensionnel du concept et apparaît alors sous l'angle des *topoï* réifiés de la poétique médiévale [53]. La figure, au contraire, est toujours ouverte et susceptible de se complexifier davantage. Elle possède, pourrait-on dire, un statut extensionnel et ne saurait, par conséquent, se confondre avec le concept. Dit autrement, elle est toujours « théoriquement » en construction. D'un point de vue sémiotique, on verra plus loin que la figure ne repose pas sur une sémantique en forme de dictionnaire, mais sur une encyclopédie : c'est le rôle joué par la mémoire. D'autre part, la finalité du thème et de l'étude thématique reste incompatible avec la description figurale. Sa visée, en effet, demeure l'interprétation de l'oeuvre (au sens herméneutique de la *découverte* du sens) et l'explication de texte. C'est en ce sens qu'il faut comprendre cette remarque qui vient à la fin de l'article de Prince pour cautionner le renvoi au rôle du lecteur :

> [...] s'il y a une différence entre l'attribution d'un thème à un texte et la découverte du thème de ce texte, elle pourrait peut-être se formuler comme suit : je découvre le thème lorsque, au lieu d'employer n'importe quels cadres, unités, ou opérations, j'emploie ceux que l'auteur lui-même a employés en composant son texte (ceux que le texte signale peut-être explicitement) [54].

Or, en décrivant la figure du meurtre sous la douche au chapitre III, je ne cherche aucunement à interpréter *Psycho* ou à découvrir des significations cachées dans le célèbre épisode. Je cherche plutôt à voir comment cet épisode qui m'a impressionné résonne ou retentit et trouve sens en moi. Ce sens n'appartient ni au cinéaste (en tant que destinateur), ni au film, mais au spectateur que je suis, marqué par le passage filmique en question.

Pour ces raisons, on pourrait être tenté de rapprocher la figure du thème au sens cette fois de la critique thématique de certains littéraires — je pense à Jean-Pierre Richard, Jean Starobinski, Serge Doubrovsky, Georges Poulet, et plusieurs autres — laquelle est plus réceptive aux questions de l'imagination que ne l'est la *Stoffgeschichte* des comparatistes ou la sémantique du récit des structuralistes. En fait, durant les années soixante, ces critiques adoptent une attitude si différente par rapport au thème qu'on « est en droit de se demander, remarque le thématologue Raymond Trousson, si les rénovateurs des études de thèmes — pour bienvenus qu'ils soient — parlent toujours de la même réalité [55] ». Se bousculent et se recoupent alors différentes définitions et différentes approches — phénoménologique, psychocritique, et sociocritique surtout — du thème. Dans l'Introduction de son ouvrage sur l'imaginaire mallarméen, Jean-Pierre Richard se donne d'entrée de jeu la tâche de définir la notion de thème, sur laquelle repose l'entreprise du critique :

> Qu'est-ce qu'un thème ? Rien, semble-t-il, de plus fuyant et de plus vague... Comment en fixer les contours ? Comment en dégager l'essence ? [...] un thème serait [...] un principe concret d'organisation, un schème ou un objet fixe autour duquel aurait tendance à se constituer et à se déployer un monde [56] .

Dans un esprit voisin, Serge Doubrovsky écrit :

> Le thème, notion clé de la critique moderne, n'est rien d'autre que la coloration affective de toute expérience humaine, au niveau où elle met en jeu les relations fondamentales de l'existence, c'est-à-dire la façon particulière dont chaque homme vit son rapport au monde, aux autres et à Dieu. Le thème est donc ce choix d'être ce qui est au centre de toute « vision du monde » : son affirmation et son développement constituent à la fois le support et l'armature de toute oeuvre littéraire ou, si l'on veut, son architectonique [57].

On remarquera chez les deux critiques une perspective commune qui fait du thème un seuil ouvrant sur un monde imaginaire ou symbolique. Le thème ne se limite plus au récit et à sa cohérence sémantique, mais intéresse plutôt, comme la figure, le déploiement d'un univers imaginaire. C'est pourquoi, chez les littéraires, c'est sans doute du côté de la critique thématique et encore plus peut-être chez son précurseur, Gaston Bachelard, qu'on se rapproche le plus de la figure grâce à des lectures qui témoignent de son existence et de sa force imaginale. Ce qu'on trouve chez les thématistes, en ce sens, ce n'est pas tant une théorie de la figure — théorie qu'on ne se donne pas les moyens de construire — que la trace occasionnelle de l'*expérience figurale* dans la livraison des résultats de la lecture. Cette trace est assurément le produit d'une attitude de lecture d'abord tournée vers l'imagination. Comme l'explique Jean-Pierre Richard : « ce type de lecture implique une adhésion sensuelle et imaginante que l'on apporte à chaque élément textuel interrogé, afin d'en faire retentir, ou d'en opérer en soi la teneur, la charge existentielle [58] ».

Il est important toutefois de bien distinguer entre les traces laissées par la figure dans les lectures thématiques et le thème. Pour la critique thématique, le thème constitue en quelque sorte l'outil permettant au critique d'accéder, par la lecture du texte, au monde imaginaire de l'écrivain, à la « coloration affective » de son expérience. Cette dernière se traduit souvent par l'attitude langagière qu'un auteur adopte par rapport au monde sensible, aux « essences concrètes », de façon à créer un « paysage » imaginaire [59]. Le critique conçoit son travail comme une tentative pour « faire coïncider sa conscience avec la conscience d'autrui [celle de l'écrivain] [...] [60] » grâce à la mise au jour des thèmes d'une oeuvre. C'est en suivant pas à pas les traces laissées par le thème dans un langage littéraire donné, au fil des images répétées qui témoignent des obsessions d'un auteur — Proust, Mallarmé, ou Racine — que le critique découvre le principe organisateur d'un univers imaginaire. Comme le souligne Jean-Pierre Richard :

> Les thèmes majeurs d'une oeuvre, ceux qui en forment l'invisible architecture, et qui doivent pouvoir nous livrer la clef de son organisation, sont ceux qui s'y trouvent développés le plus souvent, qui s'y rencontrent avec une fréquence visible, exceptionnelle. La répétition, ici comme ailleurs, signale l'obsession [61].

Cet examen du monde imaginaire d'une oeuvre, d'un auteur, aura tendance par ailleurs à s'orienter vers la psychanalyse et ce, tout particulièrement dans les travaux plus récents de Jean Starobinski et de Jean-Pierre Richard, où cohabitent phénoménologie et psychanalyse comme « deux logiques rivales et complémentaires [logique pré-consciente des qualités sensibles et logique inconsciente d'un investissement libidinal], qui [...] se recoupent sur certains points et divergent sur d'autres [62] ». Le thème se situe alors à l'intersection même de cette rencontre, tant dans sa conceptualité (un réseau d'obsessions) que dans sa signification au sein du texte (suite au principe tropique qui règle, selon Freud, le fonctionnement inconscient du langage).

En somme, si la figure n'est pas un thème c'est parce que : a) il s'agit d'une structuration ouverte et mobile d'un contenu filmique impressionnant et mémorable ; b) elle n'est pas une propriété filmique ; c) elle n'implique pas l'identification du spectateur avec le cinéaste ; d) sa finalité n'est pas d'expliquer le film ; e) elle n'est pas un concept.

Figure, interprétation, sémiotique

Pour qu'émerge la figure, le spectateur doit *interpréter* le film qu'il regarde et, plus spécifiquement, interpréter ce qui, du film, l'impressionne. Mais pour comprendre cette remarque il importe d'abord de s'entendre sur le sens à donner au concept d'interprétation.

Depuis plusieurs années maintenant, la question de l'interprétation et, corrélativement, celle du sens font l'objet de débats orageux au sein des différentes disciplines qui composent les sciences humaines. On pense tout particulièrement aux études littéraires et aux disciplines qui gravitent autour et qui s'en inspirent, où ces questions resurgissent, nourries aujourd'hui par des courants critiques comme la déconstruction ou le *reader-response criticism*. Les études cinématographiques n'ont donc pas été exemptes de ces questionnements, comme en témoigne l'ouvrage récent de David Bordwell, *Making Meaning* [63], véritable charge à l'endroit de l'herméneutique marxiste et psychanalytique qui prévaut toujours du côté de la critique cinématographique américaine. La sémiotique s'est également jointe au débat. Umberto Eco, notamment dans *Les Limites de l'interprétation* et dans une petite plaquette intitulée *Interpretation and Overinterpreation* [64], émet de sérieuses réserves quant aux « dérives » sémantiques que sanctionnent certaines pratiques interprétatives. Comme plusieurs remarques faites par Eco me permettent de mettre en perspective la spécificité interprétative de la figure, il ne sera pas inutile de s'attarder quelque peu sur sa conception de l'interprétation et de la surinterprétation.

Eco fonde ses idées sur le concept d'interprétation autour du modèle du signe proposé par Peirce, ce qui m'apparaît être un avantage sur le modèle herméneutique. L'herméneutique, on le sait, a tendance à chercher des significations plus ou moins cachées ou dissimulées dans un texte et c'est habituellement à cette activité que renvoie l'acte interprétatif. « *L'interprétation*, écrit Paul Ricoeur, *est le travail de la pensée qui consiste à déchiffrer le sens caché dans le sens apparent, à déployer les niveaux de signification impliqués dans la signification littérale* [53] ». L'herméneutique présuppose une sorte de doublet sémantique : sous le sens littéral ou apparent d'un texte, un sens chiffré se dissimule. Au contraire, pour la sémiotique, c'est tout l'univers du sens qui relève de l'interprétation et non pas seulement le sens dit « caché ». En effet, tout usage de signe constitue un acte interprétatif — ce qui englobe, théoriquement, les significations découvertes par l'herméneute. L'interprétation est ici ce qui assure la relation d'un signe (representamen) à son objet (objet immédiat) : c'est l'interprétance. A cet égard, Eco résume bien la pensée de Peirce lorsqu'il écrit :

> Dans le processus de *sémiosis illimitée* que Peirce fonde et décrit, il est impossible d'établir le signifié [sic] d'une expression, c'est-à-dire d'interpréter cette expression, si ce n'est en la traduisant en d'autres signes (qu'ils appartiennent ou non au même système sémiotique) de façon à

> ce que l'interprétant rende compte de l'interprété sous quelque rapport, mais aussi de façon à ce qu'il fasse connaître quelque chose de plus de cet interprété [66].

L'interprétation constitue ainsi un aspect essentiel de la sémiosis. D'une part, l'interprétant est ce qui permet littéralement d'interpréter le representamen, c'est-à-dire d'y voir un tenant-lieu de l'objet. D'autre part, l'interprétant est lui-même une interprétation de la relation qui unit le representamen et son objet, c'est-à-dire qu'il est également la traduction du signe initial dans un autre système de signes. La sémiosis indéfinie apparaît dès lors comme un processus d'interprétation plus ou moins illimité, où chaque signe interprété est à son tour susceptible d'être traduit (interprété) dans un autre système de signes et ainsi de suite. Sur le plan sémantique, conclut Eco, les propos de Peirce permettent l'élaboration d'un modèle en forme d'encyclopédie. L'avantage d'un tel modèle sur les sémantiques en forme de dictionnaire — lesquelles se limitent aux corrélations terme à terme du signifiant et du signifié —, c'est d'inclure dans la définition d'un terme ses différentes interprétations (et contextes interprétatifs), interprétations qui cautionnent en retour la relation du signe à son objet. Les signes, je le mentionnais plus haut, sont toujours utilisés en contexte. Or, le dictionnaire — sauf s'il est une encyclopédie qui s'ignore — ne cherche pas à (ne peut pas) définir un terme à travers ses divers contextes d'utilisation, bien que ceux-ci jouent un rôle important quant à sa signification (on n'a qu'à penser à l'utilisation ironique d'un terme, ce qui en change évidemment la signification). C'est pourquoi les sémantiques en forme de dictionnaire sont inconsistantes et, somme toute, fort peu utiles. Ce que reconnaît une sémantique à interprétants, c'est qu'un terme se définit par l'usage (les usages) qu'on en fait. Or, c'est là, il faut le souligner, un des principes fondamentaux du pragmatisme peircéen [67] !

A supposer maintenant qu'un film puisse être mis en signe à travers l'acte de spectature, on peut évidemment s'interroger sur sa (ou ses) signification(s), c'est-à-dire sur son (ou ses) interprétation(s). A première vue, l'adoption d'une sémantique à interprétants laisse ouvert le champ interprétatif : il y aurait autant de définitions d'un terme qu'il y a d'interprétants. La sémiotique peircéenne nous conduirait donc tout droit vers la dérive interprétative qu'on trouve chez certains adeptes de la déconstruction et chez certains « intégristes » de l'école du *reader-response criticism*. A l'inverse, Eco — s'appuyant sur le réalisme peircéen — va chercher à réguler la sémiosis illimitée afin d'éviter toute « croissance connotative de type cancéreux [68] » et prendre ainsi ses distances par rapport à une *utilisation* du texte dont les racines remontent à l'hermétisme médiéval (arts de la mémoire, alchimie, mysticisme, doctrine des signatures, etc.). On en vient ici au coeur de la question. Selon le point de vue adopté par Eco, le spectateur (ou le lecteur) a deux options : soit il interprète le film — le texte —, soit il l'utilise (de façon hermétique ou pas). Or qu'en est-il de la figure ? Cette dernière, on le sait, sera décrite au troisième chapitre. Mais à supposer un lecteur qui eut décidé d'entreprendre la lecture du présent ouvrage par sa description au chapitre III, il n'est pas impossible d'imaginer qu'il eut pu être tenté d'y voir un cas de surinterprétation, une espèce de dérive hermétique ou kabbalistique du sens [69]. Voyons ce qu'il en est en utilisant le cadre brossé par Umberto Eco, lequel sera utile pour situer la spécificité de la figure et éviter que des malentendus se produisent.

Une fois le principe d'une sémantique à interprétants adopté, quels critères permettent d'affirmer qu'un lecteur surinterprète ? Pour répondre à cette question, Eco distingue trois types d'intentions postulées selon lui par les différentes théories de l'interprétation : *intentio auctoris*, *intentio operis* et *intentio lectoris*. Dans le premier cas l'interprétation cherche dans le texte ce que l'auteur voulait dire ; dans le deuxième cas l'interprétation cherche dans le texte ce qu'il dit indépendamment des intentions de son auteur et ce, en référence à la cohérence contextuelle du texte et à la situation des systèmes de signification auxquels il se réfère ; dans le dernier cas l'interprétation cherche dans le texte ce que le destinataire y trouve en référence avec ses propres systèmes de signification et/ou en référence avec ses propres désirs, pulsions, volontés [70]. Il est possible alors d'adopter au moins trois points de vue quant à l'infinité des interprétations d'un film, selon l'*intentio* à laquelle on se réfère. Par ailleurs, les différentes théories de l'interprétation font jouer tantôt l'une avec l'autre, tantôt l'une contre l'autre les différentes *intentiones*. Aussi, une des différences les plus importantes entre la sémiotique de l'interprétation et la déconstruction, explique Eco, a trait à la façon dont chacune fait jouer l'*intentio lectoris* : alors que la première recherche « dans l'*intentio operis* le critère nécessaire pour évaluer les manifestations de l'*intentio lectoris* [71] », la deuxième privilégie l'*intentio lectoris* en faisant appel à l'ambiguïté irréductible du texte lequel devient un stimulus à la dérive interprétative. En ce sens, on peut dire d'ores et déjà qu'aux yeux d'Eco, la surinterprétation concerne ni plus ni moins l'autonomie de l'*intentio lectoris* (le lecteur/spectateur) par rapport à l'*intentio operis* (le texte) et/ou à l'*intentio auctoris* (l'auteur).

En fait, la surinterprétation est entendue ici comme celle qui nous éloigne de l'*intentio operis* et/ou de l'*intentio auctoris* et ce, quelle que soit la justification de cet éloignement. Le texte, explique Eco, mobilise une encyclopédie pour assurer sa cohérence sémantique et met en scène, du fait même, un Lecteur Modèle. Ce serait en fait son intention :

> Since the intention of the text is basically to produce a Model Reader able to make conjectures about it, the initiative of the Model Reader consists in figuring out a Model Author that is not the empirical one and that, at the end, coincides with the intention of the text [72].

On se retrouve devant une curieuse situation — il s'agit d'un cercle herméneutique, en fait — où le sens d'un texte (sens qu'il faut interpréter) justifie son interprétation : « le texte est un objet que l'interprétation construit dans la tentative circulaire de se valider en se fondant sur ce qu'il construit [73] ». On peut conclure cependant que la différence entre interprétation et surinterprétation réside dans la façon dont l'interprète justifie son interprétation, c'est-à-dire qu'elle repose sur la façon dont il utilise la portion d'encyclopédie nécessaire à la compréhension du texte ou, en d'autres termes, nécessaire à la construction de l'*intentio operis*. Le cadre épistémologique d'une telle conception est évidemment la communication : l'interprète d'Eco est celui qui se demande ce que le texte cherche à lui communiquer. Le prochain passage résume assez bien, il me semble, la distinction qu'élabore Eco entre interprétation et surinterprétation (appelée ici utilisation) :

> Une sémiotique textuelle étudie [...] les règles à partir desquelles l'interprète d'un texte, en se fondant sur des « signaux » contenus dans ce texte (et éventuellement sur une connaissance précédente), décide du format de la compétence encyclopédique nécessaire pour aborder ce texte. Ce qui établit aussi la distinction entre interprétation et utilisation sans discernement d'un texte. On ne peut décider d'utiliser Homère comme description de la structure de l'atome, car la notion moderne d'atome était indubitablement étrangère à l'encyclopédie homérique : toute lecture d'Homère dans ce sens serait librement allégorique (ou symbolique) et pourrait être révoquée en doute. En revanche, si quelques « signaux » textuels autorisaient à le faire, on pourrait interpréter les théories atomiques de Niels Bohr comme une allégorie de la guerre de Troie, parce qu'à l'époque où Bohr écrivait, une série de notions sur la guerre de Troie faisait partie de l'encyclopédie collective. Evidemment, le devoir d'une sémiotique textuelle est d'établir quels signaux autorisent à croire que Bohr se référait à cette portion de compétence encyclopédique. En l'absence de ces signaux, une telle interprétation devrait plutôt être définie comme une utilisation (mystique, allégorique, symbolique) du texte de Bohr [74].

L'interprétation est constamment guidée par le texte dans la construction d'une explication plausible (c'est-à-dire, en termes peircéens, d'une abduction). A cette dernière, Eco oppose l'utilisation allégorique ou symbolique du texte, le délire (ou *dé-lire* !) mystique, la paranoïa et l'obsession propres à la tradition hermétique du Moyen-Âge et à une certaine herméneutique contemporaine ou « postmoderne » qui en serait l'héritière. Or, il s'agit de surinterprétations dans la mesure surtout où : a) les rapports entre les différentes parties de l'encyclopédie qui sont mises à contribution par l'interprète (entre autres, les rapports entre sens littéral et sens caché) semblent arbitraires ou trop vagues ; et b) ils ne permettent pas de construire l'*intentio operis*. Ce que reproche Eco à la « sémiosis hermétique » c'est d'abandonner le texte au profit d'une régression sans fin du sens fondée sur une métaphysique de la ressemblance. Cette dernière serait l'envers du rationalisme grec (source du *modus ponens* et de la Raison occidentale) et trouverait son origine dans la quête — à travers la mythologie, le mysticisme, l'alchimie, l'occultisme, l'exotisme — d'une vérité secrète dissimulée dans la facture de l'univers, et grâce à quoi se fondent dans l'Un les contradictions apparentes : « L'univers, écrit Eco, devient une immense galerie des glaces où chaque chose reflète et signifie toutes les autres ». Il poursuit :

> Parler de sympathie et de ressemblance universelles, c'est avoir réfuté le principe de non-contradiction [du *modus ponens*]. La sympathie universelle est l'effet d'une émanation de Dieu dans le monde, mais à l'origine de l'émanation se trouve un Un inconnaissable, siège même de la contradiction. La pensée néo-platonicienne chrétienne essaiera d'expliquer que nous pouvons définir Dieu de manière univoque en raison de l'inadéquation de notre langage. La pensée hermétique, elle, affirme que plus notre langage est ambigu et polyvalent, plus il use de symboles et de métaphores, et mieux il est apte à nommer un Un où se réalise la coïncidence des opposés. Seulement voilà, quand triomphe la coïncidence des opposés, le principe d'identité s'écroule. *Tout se tient.*
>
> Résultat : l'interprétation est infinie. Cette volonté de rechercher un sens ultime et inaccessible implique que l'on accepte un glissement irrépressible du sens. Une plante n'est plus définie dans ses caractéristiques morphologiques et fonctionnelles mais à partir de sa ressemblance, fût-elle partielle, avec un autre élément du cosmos. Si elle ressemble vaguement à une partie du corps humain, elle a un sens parce qu'elle renvoie au corps. Mais cette partie du corps a un sens parce qu'elle renvoie à une étoile, laquelle a un sens parce qu'elle renvoie à une gamme musicale, laquelle a un sens parce qu'elle renvoie à une hiérarchie angélique, et ainsi de suite, à l'infini [75].

Parmi les exemples de sémiosis hermétique commentés par Eco, on retrouve les mnémotechniques de la Renaissance et du baroque. A partir du postulat que « Tout artifice mnémotechnique est indiscutablement un phénomène de pertinence sémiotique [76] », Eco s'engage à montrer que — contrairement aux *artes memoriae* greco-latins qui constituent des artifices sémiosiques mais non des sémiotiques (au sens hjelmslévien du terme [77]) — les mnémotechniques de la Renaissance et du baroque présentent certaines des caractéristiques d'une sémiotique : elles cherchent notamment à corréler une forme de l'expression (les images et les lieux) et une forme du contenu (organisation de l'univers, du cosmos), la valeur d'expression ou de contenu d'une unité étant, de surcroît, déterminée par le système mnémotechnique lui-même. Or le problème, soutient Eco, concerne la corrélation entre les unités des deux plans : le renvoi du signe à son objet — c'est-à-dire l'interprétance — repose toujours sur une métaphysique de la ressemblance (c'est ici la doctrine des signatures [78]) trop vague ou, du moins, trop flexible. L'interprétation est infinie, non pas parce qu'on postule, comme chez certains adeptes de la déconstruction, l'absence de toute signification univoque ou transcendantale, mais parce que tout ressemble à tout, et donc parce que tout peut être un interprétant de tout [79].

Essayons maintenant de situer la figure dans tout cela, et en particulier ce que j'appelle ici la *figure du meurtre sous la douche*. En déployant cette figure au chapitre III, on verra apparaître l'assassinat de Marion Crane — l'héroïne de la première partie du film — sous l'angle de l'alimentation et de la digestion. Surinterprétation ? Effet de dérive du sens fondé sur la mémoire et l'imagination, et où tout renverrait à tout ? Utilisation symbolique du film ?

Jouons cartes sur table : *la figure n'est pas une interprétation* (au sens d'Eco) bien qu'elle soit une représentation (et donc une interprétation au sens peircéen). En effet, je ne vise pas à expliquer *Psycho* ou encore à expliquer comment *Psycho* et son meurtre sous la douche construisent un quelconque Spectateur Modèle. Dit autrement, la figure ne vise pas l'*intentio operis* (ni l'*intentio auctoris*). C'est peut-être ce qu'ont reconnu ceux qui m'accusaient d'hermétisme. Mais la charge est-elle valide ? En fait, nous allons voir que la figure, telle qu'entendue ici, possède des caractéristiques communes à la fois à l'interprétation (au sens d'Eco) et à l'utilisation, et que cela est possible dans la mesure où elle déplace fondamentalement les enjeux épistémologiques qui animent ces conceptions.

Comme je l'ai souligné plus haut, je ne vise pas ici à décrire comment le film signifie, ni comment il « communique » sa signification : la figure ne participe pas à l'étude du cinéma comme « fait de langage », comme sémiotique (au sens hjelmslévien) — c'était là, par ailleurs, le projet de la sémiologie structuraliste. La perspective adoptée ici est plutôt celle de la *sémiotisation* de l'objet filmique à travers l'acte de spectature. Ainsi, tandis que la sémiologie structuraliste — à laquelle Eco participe toujours — examine la littérature ou le cinéma sous l'angle de la communication par signes, le parti pris de la spectature examine plutôt comment le spectateur met en signe le film-objet-du-monde pour le comprendre et y voir du sens. Inutile de rappeler ici que la sémiotique, dont l'objet d'étude est la sémiosis, ne concerne pas uniquement les faits communicatifs ou langagiers. En effet, les symptômes d'une maladie, la fumée que produit le feu, la girouette qui tourne au vent, sont tous des phénomènes qui sont susceptibles d'être mis en signes ou « sémiotisés » ; c'est-à-dire, pour être plus précis, qu'il est des contextes au sein desquels l'être humain utilise des signes pour *interpréter* ces phénomènes. Cela dit, aucun des phénomènes en question ne constitue *en soi* un signe (ou une instance de communication). De même, ce qui vaut pour les objets du monde vaut également pour un film, lequel n'est pas un fait communicatif (il m'est impossible de communiquer avec un film que je regarde ou avec son auteur !). On comprendra par là que, du point de vue de l'acte de spectature, *tout dans un film n'est pas signe*, bien que tout soit susceptible d'en être un. C'est dans l'acte de spectature et grâce aux différents processus décrits plus haut, lesquels peuvent maintenant être vus comme autant de processus de sémiotisation, qu'a lieu la mise en signe du film. La figure, à cet égard, n'est qu'un des aspects de la sémiosis spectatorielle, aspect qui est propre au processus symbolique. Sa spécificité interprétative ou sémiosique concerne la *traduction* de ce qui est vu et entendu et qui impressionne en termes imaginaires de façon à constituer une *memoria* filmique. Cela dit, la figure n'est pas une mnémotechnique, comme c'est le cas avec les théâtres ou les palais de la mémoire de l'Antiquité ou de la Renaissance : elle n'est pas un outil de mémorisation, le spectateur ne cherchant pas nécessairement à mémoriser le film qu'il regarde, ne choisissant pas ce qui va l'impressionner. Seulement, elle reconnaît — comme le font les arts mnémotechniques — que la mémoire (ce qu'on pourrait appeler ici la mémoire filmique) suppose également le travail de l'imagination. La figure est donc une représentation imaginaire du film qui se construit pendant l'acte de spectature et qui tiendra lieu, pour le spectateur, de ce qui l'a impressionné. C'est une interprétation au sens strict ou sémiotique du terme : une représentation (imaginaire) du contenu d'un film.

Mais dans la mesure où la figure ne correspond pas au contenu « littéral » d'un film ou d'un fragment filmique et qu'elle ne cherche pas à décrire son *intentio*, on pourrait être tenté d'y voir le résultat d'une utilisation symbolique. Eco, en effet, explique qu'il est possible de lire (d'utiliser) un texte selon le mode symbolique ; c'est d'ailleurs ce que font, souligne-t-il, les mystiques et les kabbalistes, les esthètes romantiques, les alchimistes, certains « déconstructionistes » et autres lecteurs hermétiques.

Eco décrit le symbole comme un signe plurivoque, sémantiquement ouvert, inépuisable, indéchiffrable. Son signifié est flou, imprécis, au point où il constitue une véritable « nébuleuse de contenu » :

> [...] c'est-à-dire une série de propriétés qui se réfèrent à des champs différents et difficilement structurables d'une encyclopédie culturelle donnée : si bien que chacun peut réagir face à l'expression en la remplissant des propriétés qui lui agréent le plus, sans qu'aucune règle sémantique puisse prescrire les modalités de la bonne interprétation [80].

L'utilisation symbolique d'un texte consiste à en faire un symbole, ce qu'accomplit précisément le mystique face au Sacré, mais également l'herméneute dont la pratique, on le sait, trouve son origine dans la rencontre religieuse avec le Sacré. Utiliser un texte symboliquement, c'est donc y trouver ce qu'on y projette (Dieu, par exemple). Mais n'est-ce pas là justement ce que je fais lorsque j'interprète le meurtre sous la douche sous l'angle de l'alimentation et de la digestion ? Ne suis-je pas en train de projeter mes propres obsessions sur le film ? Ne suis-je pas en train d'en faire un symbole privé ?

D'une part, j'accepte volontiers que l'alimentation et la digestion fassent partie de mes obsessions (il y en a d'autres, et je laisse au lecteur du chapitre III le soin de les découvrir, bien qu'il ne soit pas question ici de dévoiler ce que seul mon psychanalyste connaît !). En cela, je rappelle que la figure résulte de l'intégration des résultats de la spectature au sein de l'imaginaire du spectateur — je préfère d'ailleurs cette formulation à la notion de « projection », laquelle ne souligne pas assez l'aspect appropriatif de la figure : avec la figure je m'approprie le film et m'en construis une mémoire. D'autre part, la figure possède bien certaines des caractéristiques du symbole (au sens d'Eco), notamment l'aspect ouvert, inépuisable. La figure, en effet, se définit au moyen d'une suite potentiellement illimitée d'interprétants : l'alimentation et la digestion n'en sont qu'un aspect, qu'une façon partielle de la décrire. Mais, malgré tout, la figure du meurtre sous la douche ne résulte pas d'une utilisation symbolique (ou hermétique) de *Psycho*. Et la raison est très simple : *la figure n'est pas le contenu du film et ne prétend pas l'être*. Il ne s'agit pas ici de chercher quelque signification *indirecte*, *cachée* ou *dissimulée* (par Dieu, Hitchcock, le Destin, etc.) et qui serait une *propriété* du film : la figure ne constitue pas une *découverte* du sens : c'est plutôt, faute d'un meilleur terme, une *émergence* du sens. Contrairement à l'expérience symbolique, l'expérience figurale n'est pas, pour celui chez qui elle émerge, l'expérience du contact avec une vérité — qu'elle soit « dans » ou « derrière » le texte, immanente ou transcendante [81] —, laquelle serait transmise indirectement. Serait-elle alors, plutôt qu'une utilisation *symbolique*, une simple « utilisation » ?

L'utilisation, explique Eco, conçoit le texte comme un « stimulus de l'imagination [82] ». Or c'est là, je l'ai déjà mentionné, une dimension fondamentale de la figure ; et c'est ce en quoi la figure s'apparente précisément à l'utilisation. Il est des textes, des films, qui nous touchent — nous impressionnent — et nous font rêver. La figure est à la fois la mémoire (la *memoria*) et la poursuite de ce rêve, alors que le film trouve son sens en nous. Mais dans *Lector in fabula*, où il présente pour la première fois l'opposition interprétation/utilisation, Eco caractérise cette dernière comme une sorte d'auberge espagnole où tout est possible : rien n'empêche le lecteur — ou le spectateur — de faire ce dont il a envie avec un texte. L'utilisation n'a pas nécessairement un caractère hermétique, dans la mesure essentiellement où le lecteur ne cherche pas, par sa lecture, à trouver une quelconque *intentio operis* ou *auctoris*. Par exemple, je peux lire *Le Procès* comme un roman policier ou faire comme Proust et « lire l'horaire des chemins de fer [en retrouvant] dans les noms des localités du Valois les échos doux et labyrinthiques du voyage de Nerval à la recherche de Sylvie [83] ». Or, tant que j'évite de croire qu'il s'agit là des significations indirectes (mais « véridiques ») du roman de Kafka ou de l'horaire des chemins de fer, tant que j'évite d'y voir l'intention du texte ou de l'auteur, j'évite également la charge d'hermétisme. Mais voilà, soutient Eco, il ne s'agit pas non plus d'interprétation. La lecture de Kafka comme s'il s'agissait d'un roman policier est bien permise *légalement*, explique-t-il, « mais textuellement cela produit un piètre résultat. Autant se rouler des joints de marijuana avec les pages du livre, ce serait bien meilleur [84] ». Quant à la lecture

« proustienne » de l'horaire des chemins de fer, « il ne s'agissait pas d'interprétation de l'horaire, c'était l'une de ses utilisations légitimes, presque psychédélique [85] ». Pour aller dans le sens d'Eco, j'admets que la figure puisse, dans certains cas, être *hallucinée* (avec ou sans marijuana !) — on en trouvera d'ailleurs quelques exemples à la fin du chapitre IV. Mais pour l'essentiel, et c'est ce sur quoi je veux insister ici, elle se fonde sur la *compréhension* du film ou du fragment filmique qui impressionne. C'est ce en quoi elle nécessite le travail conjoint des autres processus de spectature qui, s'ils sont également subjectifs, n'en sont pas moins sujets à partage de par le type de connaissances et d'habiletés qu'ils mettent en jeu.

Le matériau de la figure est donc le *texte filmique* tel qu'il s'élabore de façon parallèle à travers les processus perceptif-cognitif-argumentatif qui assurent la compréhension du film et à travers le processus affectif grâce à quoi un film, un passage filmique, touche — ou impressionne — son spectateur. Dans la mesure où elle n'est pas hallucinée, donc, la figure se fonde sur un contenu formel (segments d'information, récit) dont la délimitation et la construction nécessitent l'activation subjective et individuelle de compétences à la fois naturelles (structures de connaissance) et socioculturelles (contenu des structures de connaissance). Segments et forme constituent donc une contrainte pour la complexification figurale et ce, de la même façon que, chez Eco, la signification littérale constitue une contrainte pour l'interprétation. La figure, en d'autres mots, *doit* être « soutenue » par des éléments du film, que j'appellerai ici des *traits*. Ces traits (segmentaux ou formels) servent de representamen pour la sémiosis figurale. Ils sont interprétés par une suite ouverte et indéfinie d'interprétants qui définissent extensionnellement la figure et qui sont fournis par une imagination dont l'empan est déterminé par la mémoire. Ces interprétants se présentent sous forme de lieux mémoriaux ou *topiques*, lesquels sont évoqués par l'imagination pour interpréter les différents traits qui représentent la version imaginaire du texte filmique (= objet dynamique). Ainsi, pour prendre un exemple, si les topiques alimentaire et digestive sont évoquées par la figure du meurtre sous la douche, c'est parce que : a) l'arme du meurtre est un couteau de cuisine, c'est-à-dire un objet dont la fonction principale est de servir à la préparation des aliments ; b) le meurtre prend place dans une salle de bains, lieu où l'on élimine les déchets organiques liés à la consommation d'aliments ; c) le nom Crane est un anagramme de *carne* (qui signifie viande en latin) ; etc. Les traits (le nom de la victime, l'arme du crime, le lieu de l'action) trouvent ici une *cohérence* imaginaire — un sens — à partir des topiques mémorielles qu'elles évoquent. Comme on peut le voir, le contenu du film conduit l'imagination du spectateur à déployer une plus ou moins vaste portion de *son* encyclopédie (à titre de connaissances du monde à la fois personnelles et culturelles : savoir sur les couteaux, les salles de bains, compétence linguistique) pour construire sa *memoria* filmique et s'approprier le film en se le représentant à lui-même sous forme de figure. Mais la question demeure : Quelle portion de l'encyclopédie utiliser ?

En principe, il n'y a aucune restriction. C'est pourquoi la figure est théoriquement ouverte et indéfinie. En ce sens, la seule véritable restriction est l'étendue de l'encyclopédie qu'utilise le spectateur pour faire sens de ce qui l'impressionne en élaborant sa *memoria* du film. En pratique, le spectateur poursuit la sémiosis jusqu'à ce qu'il soit satisfait des résultats et décide de l'interrompre. Par ailleurs, je souligne qu'il n'y a aucune *instruction* à suivre quant à l'actualisation de l'encyclopédie : c'est la mémoire et l'imagination du spectateur qui règlent l'utilisation de l'encyclopédie et assurent la sémiotisation du film. A cause de cela, la figure oscille constamment entre l'univers intime et privé de la mémoire et de l'imaginaire du spectateur et l'univers public de la mémoire et de l'imaginaire culturel. Lorsqu'elle est très privée, la figure ressemble au *punctum* barthésien. Barthes n'était-il pas arrivé à cette notion en essayant précisément de résister « à tout système réducteur [86] » (sociologie, sémiologie structuraliste, psychanalyse). C'est ainsi qu'il avait décidé d'analyser la photographie à partir de l'*animation* qu'il éprouvait pour certaines photos — on pourrait dire, en fait, qu'il s'intéressait aux photos qui laissaient sur lui une impression. Or, du *punctum*, Barthes dira que « c'est lui qui part de la scène [photographiée], comme une flèche, et vient me percer [87] » et qu'en « donner des exemples [...], c'est d'une certaine façon, *me livrer* [88] ». Aussi, dans ce livre écrit en hommage à *L'Imaginaire* de Sartre, le *punctum* apparaît de toute évidence lié à la mémoire :

> Rien d'étonnant alors à ce que parfois, en dépit de sa netteté, il ne se révèle qu'après coup, lorsque la photo est loin de mes yeux, je pense à elle de nouveau. Il arrive que je puisse mieux connaître une photo dont je me souviens qu'une photo que je vois, comme si la vision directe orientait à faux le langage, l'engageant dans un effort de description qui, toujours manquera le point de l'effet, le *punctum*. A lire la photo de Van der Zee, je croyais avoir repéré ce qui m'émouvait : les souliers à brides de la négresse endimanchée ; mais cette photo a travaillé en moi, et plus tard j'ai compris que le vrai *punctum* était le collier qu'elle portait au ras

> du cou ; car (sans doute) c'était ce même collier (mince cordon d'or tressé) que j'avais toujours vu porté par une personne de ma famille, et qui, elle une fois disparue, est resté enfermé dans une boîte familiale d'anciens bijoux (cette soeur de mon père ne s'était jamais mariée, avait vécu en vieille fille près de sa mère, et j'en avais eu de la peine, pensant à la tristesse de sa vie provinciale). Je venais de comprendre que tout immédiat, tout incisif qu'il fût, le *punctum* pouvait s'accommoder d'une certaine latence (mais jamais d'aucun examen) [89].

S'agit-il ici d'une « utilisation » de la photo ? Certes. Mais cela suppose-t-il qu'on puisse en dire n'importe quoi ? Pas du tout. D'ailleurs, Barthes lui-même reconnaît que le *punctum* doit d'abord se fonder sur le texte ou, dans ce cas-ci, sur l'image :

> Dernière chose sur le *punctum* : qu'il soit cerné ou non, c'est un supplément : c'est ce que j'ajoute à la photo et qui cependant y est déjà. Aux deux gosses débiles de Lewis H. Hine, je n'ajoute nullement la dégénérescence du profil : le code le dit avant moi, prend ma place, ne me laisse pas parler ; ce que j'ajoute — et qui, bien sûr, est déjà sur l'image —, c'est le col, le pansement [90].

Enfin, contrairement à ce que plusieurs croient, l'imagination n'est pas débridée. Dans l'exemple cité plus haut, l'acte de spectature conduit Barthes à évoquer l'image (c'est l'imaginaire qui fonctionne ici) d'une tante, tante qui meuble déjà sa mémoire, à partir d'un trait (le collier) et à construire ainsi une *memoria* de la photo de Van der Zee grâce à laquelle celle-ci prend soudainement un sens plus vaste et s'enrichit.

La figure, bien que distincte, possède donc des caractéristiques qui appartiennent à la fois à l'interprétation et à l'utilisation (au sens qu'Eco donne à ces termes). Elle réussit cet exploit en remplaçant la *sémiotique du film* par la *sémiotisation du film* et en déplaçant par là même le rapport entre le film et le spectateur : ce n'est plus le texte qui produit son spectateur mais le spectateur qui produit son texte. De l'utilisation, la figure possède le côté expérimental. En effet, il existe un côté « expérimentation » à l'acte de spectature alors que le spectateur laisse travailler son imagination sans savoir d'avance où cela le conduira (mais en sachant bien toutefois que cela ne le conduira pas à découvrir l'intention de l'auteur ou celle du texte, mais bien la sienne). De l'interprétation elle possède la contrainte formelle : la figure est une interprétation des résultats parallèles et concomitants des autres processus de spectature. Comme l'interprétation, elle repose également sur un principe de cohérence : la figure, en effet, donne une cohérence à des traits du film et s'offre comme une structuration (imaginaire) du contenu — impressionnant — d'un film : le couteau de cuisine, la salle de bains rendent plausible le nom « Crane » et la signification anagrammatique que j'en tire. Mais si la figure s'apparente à la fois à l'interprétation et à l'utilisation des textes, c'est surtout parce qu'elle diffère des deux à la fois — comme on l'a vu — tout autant qu'elle diffère de l'herméneutique et autres quêtes de significations indirectes.

*

* *

Après ces préliminaires, il est temps maintenant de passer au corpus : d'abord la forme, puis la figure.

NOTES

1. Janet Leigh et Christopher Nickens, *Psycho. Behind the Scenes of the Classic Thriller*, New York, Harmony Books, 1995, p. 131.
2. Cité par Robert A. Kapsis dans *Hitchcock. The Making of a Reputation*, Chicago, University of Chicago Press, 1992, p. 60.
3. Cf. Robert A. Kapsis, *Hitchcock. The Making of a Reputation, op. cit.*, et Stephen Rebello, *Alfred Hitchcock and the Making of Psycho*, New York, Harper Perennial, 1991. Rebello raconte une anecdote que lui a relaté Janet Leigh : « A theater manager told me about a little boy who went to the first showing the first day it opened [...]. They emptied the theater and the little boy went back to every show that day. He kept running up and down the aisles yelling, 'Oh my gosh, oh my gosh — wait till you see what's going to happen !' », p. 162.
4. La collection Hithcock à la Margret Herrick Library de l'Academy of Motion Picture Arts and Sciences à Beverly Hills contient un grand nombre de lettres envoyées au cinéaste par des spectateurs de *Psycho*. Paradoxalement au succès financier du film, le ton des lettres est souvent désapprobateur, comme en témoigne cette missive écrite par une spectatrice : « I am not writing this letter as a crank. I am very sincere in what I am going to say. My husband and I recently saw your movie "Psycho," and I would like to say that it was the most gruesome, morbid, REALISTIC movie I have ever seen. I would further like to state that it was a very unnerving experience, and I was visibly upset for hours after viewing it. To be perfectly frank — it made me sick to my stomach and weak in the knees. [...] I have always been a television fan of yours and I thought you were the master of suspense. But I have changed my opinion of you considerably after seeing "Psycho." I will never see another movie of yours — nor do I intend to watch your television programs », citée dans Robert A. Kapsis, *Hitchcock. The Making of a Reputation, op. cit.*, p. 61.
5. Roland Barthes, « La mort de l'auteur », dans *Le Bruissement de la langue. Essais critiques IV*, Paris, Seuil, 1984.
6. Christian Metz, *Le Signifiant imaginaire*, Paris, UGE, 1977.
7. Baudry conclut un de ses essais de la façon suivante : « On voit bien ici se profiler la fonction spécifique remplie par le cinéma comme support et instrument de l'idéologie : celle qui vient constituer le 'sujet' par la délimitation illusoire d'une place centrale (que ce soit celle d'un dieu ou de tout autre substitut). Appareil

destiné à obtenir un effet idéologique précis et nécessaire à l'idéologie dominante : créer une fantasmatisation du sujet, le cinéma collabore avec une efficacité marquée au maintient de l'idéalisme. Le cinéma vient relayer en fait le rôle joué dans l'histoire de l'Occident par les différentes formations artistiques ». Jean-Louis Baudry, *L'Effet cinéma*, Paris, Albatros, 1978, pp. 25-26.

8. Pour un survol de ces approches du spectateur, voir l'ouvrage de Judith Mayne, *Cinema and Spectatorship*, New York, Routledge, 1993.

9. Cf. Francesco Casetti, *D'un Regard l'autre : le film et son spectateur*, Lyon, trad. Jean Châteauvert et Martine Joly, Presses Universitaires de Lyon, 1990.

10. Cf. François Jost, *L'Oeil caméra : entre film et roman*, 2ème édition revue et augmentée, Lyon, Presses Universitaires de Lyon, 1987 ; et *Un Monde à notre image : énonciation, cinéma, télévision*, Paris, Klincksieck, 1992.

11. Voir la distinction, au sein des faits filmiques, entre le cinématographique-filmique (ou cinématographique tout court) et le filmique dans Christian Metz, *Langage et cinéma*, Paris, Larousse, 1971.

12. David Bordwell, *Narration in the Fiction Film*, Madison, University of Wisconsin Press, 1985.

13. Edward Branigan, *Narrative Comprehension and Film*, New York, Routledge, 1992.

14. Gilles Thérien, « Pour une sémiotique de la lecture », *Protée*, vol. 18, n° 2, 1990.

15. On suit d'ailleurs la même démarche lorsqu'on conclut, à la seule vue d'une fumée, qu'un feu brûle...

16. Pour une excellente discussion de l'idéalisme (et de l'anti-idéalisme !) peircéen, voir David Savan, « Peirce and Idealism », dans *Peirce and Contemporary Thought*, Kenneth Laine Ketner (dir.), New York, Fordham University Press, 1995.

17. Gilles Thérien, « Pour une sémiotique de la lecture », *op. cit.*, p. 68.

18. *bid.*

19. *Ibid.*, p. 73. C'est moi qui souligne.

20. C'est le psychologue Hugo Münsterberg qui, le premier, a examiné cet aspect de la spectature dans un texte publié en 1916 et qui, aujourd'hui encore, conserve toute son actualité. *The Photoplay. A Psychological Study*, New York, Dutton, 1971. Plusieurs travaux récents ont quand même cherché à éclairer la question du mouvement apparent au cinéma, voir Bill Nichols, *Ideology and the Image*, Bloomington, Indiana University Press, 1981 ; David Bordwell, *Narration in the Fiction Film*, *op. cit.*

21. Cicéron, *De l'Orateur*, Livre II, §353-354, texte établi et traduit par Edmond Courbaud, Paris, Les Belles Lettres, 1950, p. 154.

22. *Rhétorique à Herenius*, Livre III, §29, texte établi et traduit par Guy Achard, Paris, Les Belles Lettres, 1989, p. 115.

23. Les arts de la mémoire de l'Antiquité distinguent deux types de mémoires, la *memoria rerum* ou mémoire des choses et la *memoria verborum* ou mémoire des mots. Dans le contexte de la rhétorique, comme l'indique Frances Yates, cette distinction entre *res* et *verba* revêt un sens bien précis : « [...] 'memory for things' makes images to remind of an argument, a notion, or a 'thing' ; but 'memory for words' has to find images to remind of every single word. [...] 'Things' are thus the subject matter of the speech ; 'words' are the language in which that subject matter is clothed. Are you aiming at an artificial memory to remind you only of the order of the notions, arguments, 'things' of your speech ? Or do you aim at memorising every single word in it in the right order ? The first kind of artificial memory is *memoria rerum* ; the second kind is *memoria verborum* ». Frances A. Yates, *The Art of Memory*, Chicago, University of Chicago Press, 1966, p. 9.

24. *Rhétorique à Herenius*, *op. cit.*, §33, p. 119.

25. A propos de cette image, Frances Yates écrit : « The writer is not concerned in this example with remembering the speeches in the case but with recording the details or 'things' of the case. It is as though, as a lawyer, he is forming a filling cabinet in memory of his case. The image given is put as a label on the first place of the memory file on which the records about the man accused of poisoning are kept. He wants to look up something about that case ; he turns to the composite image in which it is recorded, and behind that image on the following places he finds the rest of the case. If this is at all a correct interpretation, the artificial memory would now be being used, not only to memorise speeches, but to hold in memory a mass of material which can be looked up at will ». Frances A. Yates, *The Art of Memory, op. cit.*, p. 12.

26. Quintilien, *Institution oratoire*, Livre XI, §18-21, texte établi et traduit par Jean Cousin, Paris, Les Belles Lettres, 1979, pp. 211-212.

27. Cf. Gilles Thérien, « La sémiotique, les objets singuliers et la complexité », *Horizons philosophiques*, vol. 1, n° 2, 1991.

28. En cela, la pensée d'Eisenstein est solidaire de celle de Koulechov qui écrit : « to meet this or that demand an art must have the power to *impress* », dans Lev Koulechov, *Selected Works : Fifty Years in Film*, trad. Dimitri Agrachev et Nina Belenkaya, Moscou, Raduga, 1987, pp. 54-55. C'est moi qui souligne.

29. Sergei Eisenstein, « Le montage des attractions », *Oeuvres*, tome I, trad. Jacques Aumont, Bernard Eisenschitz, Sylviane Mossi, Andrée Robel, Luda et Jean Schnitzer, Paris, UGE, 1974, p. 116

30. Sergei Eisenstein,« Journées d'exaltation », *ibid.*, p. 52.

31. Jacques Aumont, *Montage Eisenstein*, Paris, Albatros, 1979, p. 58.

32. Sergei Eisenstein, « Le montage des attractions », *Oeuvres*, tome I, *op. cit.*, p. 117.

33. J'emprunte ce mot à Jacques Aumont qui en retrace l'usage chez Christian Metz et Gilbert Cohen-Séat, « pour qui il désigne 'non l'efficacité d'une démarche particulière ou d'un acte précis, mais le pouvoir qui appartient en propre à un moyen d'expression' », Jacques Aumont, *Montage Eisenstein*, *op. cit.*, p. 61 n. 14.

34. Selon Jacques Aumont, l'abandon du concept d'attraction relève principalement d'une tension entre son côté agressif et son côté fonctionnel. Cette tension aurait pris l'allure d'une véritable contradiction dans le contexte soviétique de l'époque. Cf. Jacques Aumont, *ibid.*, p. 63.

35. Selon David Bordwell, la doctrine de l'imaginicité trouve ses sources dans les travaux du critique Vissarion Belinsky qui, au siècle dernier, a introduit la notion d'image (*obraz*) au sein des théories esthétiques russes, et du linguiste Alexandre Potebnya qui a redéployé la notion d'image en opposant « forme extérieure » et « forme intérieure », la deuxième renvoyant à l'image véritable d'une oeuvre d'art. C'est à cette « forme intérieure » que semble se référer l'image généralisée chez Eisenstein. Cf. David Bordwell, *The Cinema of Eisenstein*, Cambridge, Harvard University Press, 1993, pp. 168-177.

36. Sergei Eisenstein, « Montage 1938 », *Selected Works,* vol. II, Trad. Michael Glenny, Michael Glenny et Richard Taylor (dir.), London, British Film Institute, pp. 301-302. Souligné dans le texte.

37. Sergei Eisenstein, « Torito », *Oeuvres*, tome VI, trad. Jacques Aumont, Michèle Bokanowski et Claude Ibrahimoff, Paris, UGE, 1985, p. 64.

38. *Ibid.*, p. 71.

39. Sergei Eisenstein, *Selected Works,* vol. II, *op. cit.*, p. 308. Souligné dans le texte.

40. *Ibid.*, p. 309-310.

41. Il s'agit de *Bel-ami*.

42. Sergei Eisenstein, *Selected Works*, vol. II, *op. cit.*, p. 310.

43. A cette époque, Eisenstein avait déjà eu quelques démêlés avec certains membres du parti communiste, dont Boris Choumiatski, le directeur de la Cinématographie, qui obtint de Staline en 1937 l'arrêt du tournage du *Pré de Béjine* et sa mise sous séquestre. Selon Naum Kleiman, Eisenstein s'exila volontairement de Moscou pour quelques temps de peur d'être arrêté. Cf. Naum Kleiman, « On the Story of 'Montage 1937' », dans Sergei Eisenstein, *Selected Works*, vol. II, *op. cit.*

44. Sergei Eisenstein, « Torito », *Oeuvres*, tome VI, *op. cit.*, p. 64. C'est moi qui souligne.

45. Il s'agit des topiques les plus importantes qui se dégagent de l'analyse faite par Eisenstein quant aux déterminations de ladite composition.

46. Norman Friedman, *Form and Meaning in Fiction*, Athens, University of Georgia Press, 1975, p. 56, cité par Gerald Prince dans « Thématiser », *Poétique* 64, 1985, p, 426.

47. Jacques Aumont et Michel Marie, *L'Analyse des films*, Paris, Nathan, 1988, p. 91.

48. Cf. Jean Douchet, « Hitch et son public », *Cahiers du cinéma*, n° 113, 1960.

49. Cf. William Rothman, *Hitchcock. The Murderous Gaze*, Cambridge, Harvard University Press, 1982.

50. Cf. Laura Mulvey, *Visual and Other Pleasures*, Bloomington, Indiana University Press, 1990.

51. Cette réflexion s'est déroulée lors de trois colloques tenus à Paris pendant les années quatre-vingts. Plusieurs textes ont été publiés notamment dans *Poétique* 64, 1984 ; *Communications* 47, 1988 ; *Strumenti critici*, vol. 2, n° 60, 1989 ; et dans un collectif intitulé *The Return of Thematic Criticism*, Werner Sollors (dir.), Cambridge, Harvard University Press, 1993.

52. Gerald Prince, « Thématiser », *op. cit*, p. 432. Voir également, dans la même optique, Inge Crosman Wimmers, « Thématique et poétique de la lecture romanesque », dans *Communications* 47, 1988.

53. Georges Leroux a bien montré l'histoire de la confusion qui existe entre *topos*, concept et thème et ce, depuis le Moyen-Âge, c'est-à-dire depuis l'introduction de la rhétorique aristotélicienne au domaine de la poétique. Leroux montre comment la tradition médiévale concrétise le sens du *topos* aristotélicien, la topique devenant éventuellement le lieu des clichés littéraires, sorte de lieux obligés de l'oeuvre littéraire. La topique devient une « réserve », et ce déplacement s'accompagne d'une certaine confusion entre *topos*, thème et concept. L'idée de la réserve implique l'itérabilité et l'universalité des *topoï*. Conséquemment, le *topos* acquiert un aspect idéel, platonicien — c'est-à-dire qu'il acquiert un statut logique intensionnel selon quoi il s'apparente dès lors au concept. En poétique, le thème, qui remplace éventuellement le *topos*, hérite alors du caractère intensionnel nouvellement acquis de ce dernier. Cf. Georges Leroux, « Du topos au thème », *Poétique* 64, 1985 ; voir également Paul Zumthor, *Essai de poétique médiévale*, Paris, Seuil, 1972.

54. Gerald Prince, « Thématiser », *op. cit.*, p. 432.

55. Raymond Trousson, *Thème et mythe*, Bruxelles, Edition de l'Université de Bruxelles, 1981, p. 16.

56. Jean-Pierre Richard, *L'Univers imaginaire de Mallarmé*, Paris, Seuil, 1961, p. 24.

57. Serge Doubrovsky, *Pourquoi la nouvelle critique*, Paris, Denoël/Gontier, 1966, p. 121.

58. Jean-Pierre Richard, « La critique thématique en France », intervention au colloque international de Venise, septembre 1975, cité par Jean Collot dans « Le thème selon la critique thématique », *Communications* 47, 1988, pp. 84-85.

59. Voir notamment, Jean-Pierre Richard, *Proust et le monde sensible*, Paris, Seuil, 1974. Parmi les thèmes recensés, on trouve : l'aéré, l'ensoleillé, le velouté, le soyeux, le satiné, le coloré, le gonflé, l'arrondi, le feuillu, le fleuri, etc. Cette attitude envers le monde sensible est également présente chez Bachelard, qui s'intéresse aux éléments fondamentaux : le feu, l'air, l'eau, et la terre.

60. Georges Poulet, « Une critique d'identification », *Les Chemins actuels de la critique*, Georges Poulet (dir.), Paris, UGE, 1968, p. 7.

61. Jean-Pierre Richard, *L'Univers imaginaire de Mallarmé*, *op. cit.*, pp. 24-25.

62. Michel Collot, « Thématique et psychanalyse », dans *Territoires de l'imaginaire. Pour Jean-Pierre Richard*, textes réunis par Jean-Claude Mathieu, Paris, Seuil, 1986, p. 230.

63. David Bordwell, *Making Meaning. Inference and Rhetoric in the Interpretation of Cinema*, Cambridge, Harvard University Press, 1989.

64. Umberto Eco, *Les Limites de l'interprétation*, Paris, Grasset, 1992 ; *Interpretation and Overinterpretation*, textes réunis par Stefan Collini, Cambridge, Cambridge University Press, 1992. Ces deux ouvrages poursuivent des pistes présentées dans *A Theory of Semiotics*, Bloomington, Indiana University Press, 1976 ; *Lector in fabula*, Paris, Grasset, 1985 ; et *Sémiotique et philosophie du langage*, Paris, PUF, 1988.

65. Paul Ricoeur, *Le Conflit des interprétations*, Paris, Seuil, 1969, p. 16.

66. Umberto Eco, *Sémiotique et philosophie du langage*, *op. cit.*, p. 109.

67. Peirce résume le pragmatisme par la maxime suivante : « Consider what effects that might *conceivably* have practical bearings you *conceive* the objects of your *conception* to have. Then, your *conception* of those effects is the whole of your *conception* of the object » (5.438). Souligné dans le texte.

68. Umberto Eco, *Les Limites de l'interprétation*, *op. cit.*, p. 372.

69. Cette réflexion est légitime puisque c'est bel et bien ce qu'ont cru certains participants à un colloque où je présentais quelques résultats préliminaires de ma recherche sur la figure. Ces derniers avaient crus voir dans la perspective que je développais une sorte de « déconstruction », me reprochant ainsi de trop m'éloigner du « texte » (il s'agissait toujours du meurtre sous la douche de *Psycho*). Cf. les actes du colloque « Le cinéma : acte et présence » tenu à Québec du 18 au 22 avril 1995 dans le cadre des Rencontres cinématographiques de Québec (à paraître).

70. Umberto Eco, *Les Limites de l'interprétation*, *op. cit.*, pp. 29-30.

71. *Ibid.*, p. 32.

72. Umberto Eco, *The Limits of Interpretation*, Bloomington, Indiana University Press, 1990, p. 59. Je cite ici le texte anglais qui diffère à plusieurs égards du texte français.

73. Umberto Eco, *Les Limites de l'interprétation*, *op. cit.*, p. 41.

74. Umberto Eco, *Sémiotique et philosophie du langage*, *op. cit.*, p. 111.

75. Umberto Eco, *Les Limites de l'interprétation*, *op. cit.*, p. 56.

76. *Ibid.*, p. 69.

77. Pour Hjelmslev, c'est connu, les systèmes sémiotiques sont biplans (plan de l'expression et plan du contenu), chaque plan étant divisé en substance et forme. Cf. Louis Hjelmslev, *Prolégomènes à une théorie du langage*, Paris, Minuit, 1968.

78. Au sujet des signatures et de la ressemblance à l'âge classique, cf. Michel Foucault, *Les Mots et les choses*, Paris, Gallimard, 1966.

79. A ce titre, l'argument d'Eco poursuit la critique des concepts d'iconicité et de ressemblance déployée dans *A Theory of Semiotics*, *op. cit.*

80. Umberto Eco, *Sémiotique et philosophie du langage*, *op. cit.*, p. 213.

81. Je reprends ici la formulation d'Eco, lorsqu'il écrit : « Mais pour celui qui vit l'expérience symbolique, qui est toujours d'une certaine façon l'expérience du

contact avec une vérité (qu'elle soit transcendante ou immanente), ce qui est imparfait et inutile c'est le signe non symbolique qui renvoie toujours à quelque chose d'autre dans la fuite illimitée de la sémiosis. En revanche, l'expérience du symbole semble différente à celui qui la vit : c'est la sensation que ce qui est véhiculé par l'expression, pour nébuleux et riche que ce soit, vit à ce moment là *dans* l'expression.

Telle est sans doute l'expérience de qui interprète esthétiquement une oeuvre d'art, de qui vit un rapport mystique (de quelque façon que lui apparaissent les symboles) et de qui interroge un texte sur le mode symbolique ». *Sémiotique et philosophie du langage*, *op. cit.*, p. 218. Souligné dans le texte.

82. *Ibid.*, p. 76.

83. Umberto Eco, *Lector in fabula*, *op. cit.*, p. 78.

84. *Ibid.*

85. *Ibid.*

86. Roland Barthes, *La Chambre claire*, Paris, Editions de l'Etoile, Gallimard, Seuil, 1980, p. 21.

87. *Ibid.*, p. 49.

88. *Ibid.*, p. 74.

89. *Ibid.*, p. 88.

90. *Ibid.*, p. 89. Dans le passage suivant Barthes explique que ce processus de spectature est spécifique à la photo et ne s'applique au cinéma. C'est là, il me semble, qu'il a tort…

II

De la forme

Ce chapitre a pour objet la compréhension du meurtre sous la douche de *Psycho*. A ce titre, il concerne essentiellement les processus cognitif et argumentatif de l'acte de spectature. Le but visé est d'examiner la saisie de la signification à partir de l'intégration, dans une *forme*, des différents segments qui se succèdent sur la bande filmique et que le spectateur doit identifier. Nous verrons que pour « comprendre » le meurtre sous la douche, le spectateur doit d'abord l'identifier en tant que tel à partir d'un découpage cognitif du continuum filmique ; il doit ensuite insérer l'*endo-forme* qui résulte de ce découpage au sein d'un argumentaire qui lui confère alors sa signification.

Avant de procéder à l'examen de ces aspects de l'acte de spectature, il importe de préciser les deux concepts opératoires, *endo-forme* et *forme*, qui seront mis à contribution tout au long de ce chapitre.

De l'endo-forme à la forme

L'*endo-forme* concerne essentiellement les unités d'information recueillies par le spectateur à l'étage cognitif de l'acte de spectature ; elle est ce qui précède et fonde la forme d'un discours par le déploiement des unités d'information dans un argumentaire. Son domaine est celui de l'unité de compréhension, du *segment*. Par segment, j'entends ici toute information permettant à la spectature d'avancer, et au spectateur qui regarde un film de comprendre de quoi il s'agit et de construire une forme, un argument. Cela vaut pour tous les types de films, des longs métrages de fiction aux films les plus expérimentaux. Prenons rapidement un exemple pour nous donner une petite idée de ce dont il s'agit. Quel est l'argument de *Arnulf Rainer*, le célèbre film expérimental du cinéaste autrichien Peter Kubelka (1958-60) ? On le résumera de la façon suivante : la lumière et l'absence de lumière, le son et l'absence de son se suivent mutuellement à des intervalles irréguliers. Comment cet argument esthétique [1] est-il construit par le spectateur ? Par des segments rythmiques qui, à l'image, sont composés tantôt d'un seul plan, tantôt de plusieurs plans qui interagissent avec une bande-son composée de segments sonores et muets de plus ou moins longue durée. L'amalgame de ces segments permet au spectateur de construire la forme générale du film. Or, cette situation, dans ses grands principes, n'est pas très différente lorsqu'il s'agit de construire l'argument d'un documentaire scientifique ou l'argument narratif d'un film de fiction. Cela dit, comme il s'agit ici d'examiner la spectature de *Psycho*, je m'en tiendrai à discuter le rapport entre l'endo-forme narrative — ou *endo-narratif* [2] — et la forme narrative.

La première question qu'il faut régler est de savoir en quoi consiste l'unité d'information dans un long métrage de fiction. Ce à quoi je réponds : tout dialogue, geste, série de gestes, décor, ou objet susceptible de s'intégrer au récit et d'y trouver une signification, quel que soit son mode de présentation : plan unique, montage, mouvement d'appareil, carton, etc. Dit autrement, l'unité cognitive, le segment, correspond à tout ce que le spectateur juge pertinent pour comprendre l'à-propos d'un film et construire sa forme narrative. On comptera alors comme segment toute information permettant au spectateur de prévoir et de construire un (ou plusieurs) parcours narratif(s), de même que toute information susceptible de le(s) renforcer ou de le(s) modifier. De façon générale, on peut dire que c'est du côté de l'*action* et de ses composantes qu'on trouve les unités cognitives susceptibles d'entamer et de modifier l'argument narratif. C'est que le récit, tout récit, consiste avant tout en une représentation de l'action. Comprendre un récit, en ce sens, revient à assigner à des actions une place précise, une fonction, au sein d'un discours [3].

Au cinéma, l'action peut être représentée de bien des façons : par des gestes concrets, par des paroles, par des sons, elle peut également être évoquée par la présentation de ses conséquences sur le monde sensible, etc. Ces gestes, ces sons, ces traces doivent être extraits de la grande continuité filmique. Ce ne sont pas tous les gestes, par exemple, qui constituent des actions ; on n'a qu'à considérer que les personnages filmiques respirent, clignent des yeux, tournent la tête, bougent leurs mains, parlent, marchent ou s'assoient et ce, de façon souvent concomitante au sein d'une véritable symphonie gestuelle exécutée tant à l'avant-plan qu'à l'arrière-plan de l'image. A cet égard, la compréhension de l'action filmique suppose une prédisposition du spectateur à extraire et à identifier des actions à partir d'un continuum souvent complexe de gestes. Cela suppose, en d'autres mots, que le spectateur « pré-comprenne » le monde de l'action.

La notion de « pré-compréhension » est empruntée ici aux travaux de Paul Ricoeur. Dans *Temps et récit*, ce dernier explique que toute composition d'intrigue est enracinée dans une pré-compréhension de l'agir humain dont elle est une représentation, une mimétique [4]. Tel que je comprends l'argument de Ricoeur, cela revient à dire que pour que le spectateur d'un film réussisse à comprendre et à identifier une action, ce dernier doit être préalablement familier avec les catégories générales de l'agir. Ces dernières sont des catégories acquises chez tout être humain et constituent une sorte d'*a priori* ou de préconstruit [5] pouvant s'exprimer à travers différents présupposés culturels ou contextuels : « le même geste de lever le bras », remarque Ricoeur, « peut, selon le contexte, être compris comme manière de saluer, de héler un taxi, ou de voter [6] ». Or, il s'agit en fait de catégories cognitives propres à l'esprit humain, celles-là même qui s'expriment dans le langage naturel, et qui nous permettent d'y traduire les agissements qu'on trouve dans le domaine de l'agir concret — dans le monde ou au cinéma. Dit autrement, si le spectateur comprend l'action filmique, c'est d'abord parce qu'il comprend l'agir concret dans le monde et parce qu'il utilise pour ce faire les mêmes catégories cognitives.

Ces catégories ont pour objet un savoir relativement simple qui relie un ou plusieurs gestes avec des buts, des motifs, des mobiles, des circonstances, des agents, etc. Comprendre une action, en ce sens, consiste à identifier et à comprendre « le 'quoi', le 'pourquoi', le 'qui', le 'comment', le 'avec' ou le 'contre qui' de l'action [7] ». La différence entre l'action et le pur mouvement physique, le simple geste, réside alors dans le réseau complexe des relations qui définit l'action. Pour décrire ce réseau, Bertrand Gervais, s'inspirant de Ricoeur, a proposé ce qu'il appelle le *schème interactif* [8] :

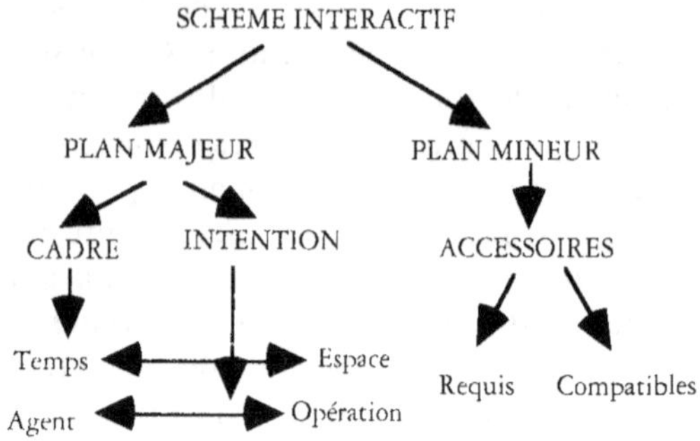

Figure 1. *Structure du schème interactif*

L'intérêt de ce modèle est qu'il présente en toute simplicité l'interaction des composantes sémantiques qui correspondent à notre connaissance pratique du domaine de l'action, grâce à quoi il est possible de décrire une action. L'action pleine, complète, ne saurait donc être réduite à l'une quelconque des composantes du schème, mais suppose qu'on puisse identifier minimalement un cadre (un espace-temps), une intention (relation cognitive entre un agent et une opération), et des accessoires (qui peuvent être requis par l'agir ou simplement compatibles avec lui). C'est l'ensemble du réseau qui assure la compréhension d'une action. Par conséquent, l'impossibilité, pour une raison ou une autre, d'identifier pleinement les trois composantes du réseau implique une compréhension incomplète de l'action. Comprendre une action, en ce sens, c'est savoir qu'elle a lieu quelque part et à un moment donné ; c'est également connaître l'utilité de certains objets qui peuvent lui servir d'accessoires comme un couteau, un revolver, un marteau, des ustensiles, etc. De façon plus importante, toutefois, comprendre une action suppose que les deux composantes que l'on vient de mentionner — cadre et accessoires — se conjuguent à l'intention qui relie un agent et une opération, un sujet et un faire, et sans quoi l'action ne saurait exister. C'est à ce titre que l'intention apparaît comme la composante déterminante du réseau. La reconnaissance d'une intention nécessite ainsi qu'on puisse joindre les motifs et mobiles d'un agent aux moyens et aux buts d'une opération.

Le couple motif/mobile renvoie aux motivations qui poussent l'agent à agir et qui, dans un récit, servent à justifier l'action. Cette distinction suppose deux classes de motivations : rétrospectives et prospectives :

> Les mobiles sont de l'ordre du vécu, ils recouvrent les raisons, les déterminations psychologiques ou socio-culturelles [ou autres] qui ont incité à agir ; aussi sont-ils *rétrospectifs* ; les motifs, eux, sont d'ordre intellectuel, ils sont les raisons pour agir, la source de ces actions entreprises afin d'atteindre les buts visés ; ils sont *prospectifs* [9] ». Quant aux moyens, ils concernent l'action du point de vue du passage à l'acte par quoi l'agent s'engage intentionnellement à atteindre un but ; le but constituant tout simplement l'achèvement visé d'une action. L'action peut alors être définie comme « *l'ensemble des moyens mis en oeuvre* [par un agent] *pour l'obtention d'un but* [10].

Le schème interactif définit l'action en décrivant ses composantes structurelles. Toutefois, cela ne suffit pas pour comprendre comment le spectateur *identifie* l'action. Ce dernier, je l'ai mentionné plus haut, doit posséder des connaissances sur l'agir humain qui le prédisposent à extraire et à identifier les actions d'un film — à reconnaître, en quelque sorte, *la manifestation filmique du schème interactif*. Dans la vie de tous les jours, ces connaissances sont essentielles à notre survie ; au cinéma, elles sont essentielles pour assurer notre compréhension d'un film et la construction d'une forme narrative. Notamment, ces connaissances doivent porter sur les façons dont des agents peuvent s'y prendre pour atteindre des buts. Les sources d'un tel savoir sont multiples — littérature, cinéma, télévision, bande dessinée, y concourent tous à leur manière —, mais c'est notre expérience pratique de l'action en tant qu'agent dans le monde qui sert de source principale. En l'absence d'une telle expérience, les représentations discursives de l'action nous seraient littéralement incompréhensibles ; aussi est-ce parce que nous agissons dans le monde que nous comprenons les représentations de l'agir humain, représentations dont une des valeurs consiste, par ailleurs, à nous familiariser avec certains déroulements d'actions, certaines façons d'atteindre des buts [11].

Depuis plusieurs années, la science cognitive se penche sur la problématique des connaissances préalables qui permettent à un individu, ou à une machine, de traiter des chaînes d'informations. Or, certains résultats obtenus sont d'une grande utilité pour conceptualiser l'apport des connaissances préalables au processus d'identification de l'action. Pour la science cognitive, nos connaissances sur l'agir humain, sur les moyens dont l'être humain dispose pour atteindre certains buts, existent sous forme de schémas ou de structures de connaissance. En adoptant ce point de vue, on peut dire que comprendre l'action d'un film consiste à utiliser ces structures pour segmenter le continuum filmique. Les structures de connaissance servent alors d'interface entre le film et le schème interactif ; lieux, gestes, objets devenant sous leur effet autant de segments susceptibles de participer à l'élaboration d'un récit. Le film, en d'autres mots, nous place dans des situations cognitives que nous traitons au meilleur de nos capacités tout au long de son déroulement.

Pour bien comprendre de quoi il s'agit, prenons d'entrée de jeu un exemple simple tel qu'il s'applique non pas au cinéma, mais à la vie de tous les jours. Supposons que vous ayez décidé de faire un voyage. Une fois la destination choisie, il vous faudra trouver quelque moyen pour atteindre votre objectif. Or, selon la distance et le type d'espace que vous aurez à parcourir, et selon la quantité de temps que vous vous allouerez, vous aurez à choisir entre différents modes de transport : avion, auto, train, autobus, bateau, etc. Un agent de voyage pourra vous expliquer qu'il existe plusieurs moyens d'atteindre votre but et qu'il est important de planifier à l'avance votre parcours. Supposons maintenant que vous ayez choisi de voyager par avion ; ce passage à l'acte nécessite à son tour une série d'actions ayant leurs propres buts : se présenter à l'enregistrement, passer à la salle d'attente, embarquer, s'asseoir dans l'avion, débarquer, aller chercher ses bagages. Si vous êtes familier avec ces différentes « scènes » — si vous voyagez souvent, par exemple — vous pourrez atteindre chacun des buts sans prendre l'effort de planifier l'exécution de vos actions ; si, au contraire, vous n'avez jamais voyagé, il est possible que le parcours de chaque phase nécessite de votre part un certain effort de planification. Au bout du compte, toutefois, vous aurez élaboré et exécuté un plan destiné à atteindre un but : vous aurez agi. Or, entre l'émergence du but et son obtention, une action comme « faire un voyage » se répartit sur un édifice cognitif relativement complexe. Examinons cela de plus près.

Nous commencerons avec le concept de *scène*. Qu'est-ce qu'une scène pour les sciences cognitives ? Au sens où l'entend Roger Schank [12], la scène correspond à la fois à une structure de connaissance et à une structure mnésique ; c'est-à-dire que les connaissances qu'on y trouve sont également des souvenirs. Il s'agit de connaissances générales qui portent sur les actions à exécuter pour atteindre un but, de sorte que chaque scène se définit principalement en fonction de son but. Comme la poursuite de ce dernier peut requérir l'accomplissement préalable de sous-buts (ou buts accessoires), chaque scène s'appuie sur la poursuite d'une séquence fixe de buts et s'organise séquentiellement de façon à représenter la démarche usuelle à suivre pour atteindre le but singulier visé par la scène. C'est ainsi que, pour reprendre l'exemple du paragraphe précédent, l'exécution de la scène ENREGISTREMENT requiert la réalisation de sous-buts — se rapprocher d'une autre personne et s'entretenir avec elle, par exemple — qui lui sont subordonnés et qui rendent possible le transfert d'informations et l'échange que vise l'enregistrement. La totalité de ces connaissances est à son tour thésaurisée au sein d'une structure qui regroupe plusieurs scènes, et que Schank nomme *Memory Organisation Packet* ou *MOP*. Aussi la scène ENREGISTREMENT appartient-elle au *MOP*-AVION, ou M-AVION. Cela vaut évidemment pour les autres scènes mentionnées ci-dessus. Le *MOP* a donc pour fonction de regrouper et d'organiser des scènes ; cela signifie qu'il constitue également une séquence plus ou moins fixe de buts dont la réalisation assure l'exécution d'un plan d'action plus général : il s'agit ici, si l'on continue avec notre exemple, de voyager par avion. Cela dit, il faut bien reconnaître que la séquence de buts contenue dans le *MOP*-AVION n'est qu'une façon parmi d'autres d'exécuter une action comme « faire un voyage ». Aussi M-AVION peut être thésaurisé à son tour au sein d'une structure plus générale encore, le méta-*MOP* VOYAGE ou mM-VOYAGE, qui embrasse également d'autres *MOPs* comme M-TRAIN, M-BATEAU, M-AUTOMOBILE, etc. Comme on peut voir, on retrouve ici une série d'emboîtements qui, de la scène au méta-*MOP*, renvoie à des contextes cognitifs toujours plus englobants et à des savoirs toujours plus généraux sur l'agir. Il existe toutefois des structures de connaissance plus spécifiques, appelées *scripts*, où l'on trouve des connaissances détaillées sur le déroulement des scènes dans des contextes précis : ces structures contiennent des précisions sur l'action d'une scène, c'est-à-dire sur les agents, sur le cadre, sur les accessoires, sur les moyens d'atteindre un but, et sur les conditions nécessaires à la mise en oeuvre de ces moyens. Soit, par exemple, un individu ayant souvent voyagé par avion. Il est plus que probable que ce dernier ait élaboré un script en ce qui a trait, notamment, à la scène ENREGISTREMENT, soit, nommément, le script *$AVION-ENREGISTREMENT*. Aussi, dans la mesure où cette scène vise un transfert d'informations et un échange, les détails contenus dans le script particularisent cette visée en spécifiant, par exemple, les acteurs (passager, préposé à l'enregistrement), le lieu (aéroport), l'action et les accessoires (le passager s'identifie, le préposé l'inscrit sur la liste des passagers, lui assigne un siège et lui donne sa carte d'embarquement et enregistre ses bagages). Par ailleurs, une des fonctions d'un tel script est de permettre à notre voyageur de distinguer entre la scène ENREGISTREMENT telle qu'elle participe au *MOP*-AVION et la scène ENREGISTREMENT telle qu'elle participe à l'action de louer une chambre de motel (c'est-à-dire telle qu'elle participe au *MOP*-MOTEL) en spécifiant les détails de la scène en question ; ainsi, grâce à *$AVION-ENREGISTREMENT*, notre passager sait d'emblée que le préposé à l'enregistrement des passagers ne lui assignera pas une chambre à coucher ! Le diagramme qui suit nous aidera à mieux saisir cette série d'emboîtements :

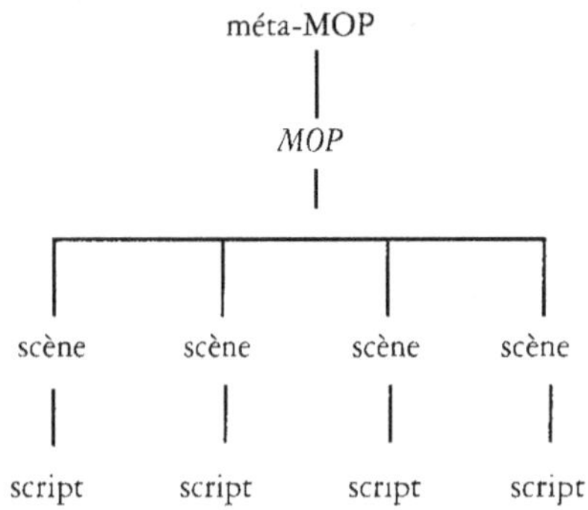

Figure 2. *Emboîtement des structures de connaissance*

Il est temps maintenant de porter notre attention sur le rôle des structures de connaissance en ce qui a trait à l'identification de l'action au cinéma. Dit simplement, les structures de connaissance agissent comme des cadres de référence à travers quoi le spectateur traite ce qu'il voit et ce qu'il entend. On dira, à ce titre, *que le spectateur identifie l'action dès lors qu'il reconnaît, dans le tissu filmique, l'actualisation de la composante intentionnelle du schème interactif à travers une structure de connaissance* [13]. Le processus d'identification de l'action implique alors l'établissement d'un rapport *type/token* entre une structure de connaissance et le donné filmique [14]. Or, il s'agit là d'un processus susceptible de se réaliser de différentes manières, selon les connaissances du spectateur et selon la stratégie audio-visuelle employée par le film. Une étude exhaustive des différentes façons dont les structures de connaissance voient à l'actualisation filmique des composantes du schème interactif déborderait de beaucoup les visées de ce chapitre ; par conséquent, mon commentaire à ce sujet sera bref et limité à quelques observations générales sur le rapport entre l'utilisation spectatorielle des structures de connaissance et la segmentation du continuum filmique.

Une remarque préliminaire s'impose toutefois, qui concerne le caractère essentiellement subjectif des structures de connaissance. Il importe, en effet, de reconnaître que ces dernières peuvent varier d'un individu à l'autre, puisqu'elles sont fondées sur l'expérience. En fait, ni les *MOPs*, ni les scènes, ni les scripts ne sont donnés d'avance ; il s'agit plutôt de constructions élaborées à la pièce. Cela ne signifie pas, bien entendu, que les structures de connaissance conduisent au solipsisme. En effet, l'agir humain étant en grande partie social et culturel, on peut s'attendre à ce que plusieurs schémas de connaissance soient, dans leurs grandes lignes, partagés par toutes sortes de collectivités. Aussi certains scripts, certaines scènes, certains *MOPs* sont partagés par les individus d'une classe, d'un clan, d'une culture, d'un sexe, etc., tandis que d'autres, de nature plus idiosyncratique, restent personnels. De surcroît, une même action est susceptible de connaître, chez un même individu, différentes formes de représentations mentales. Comme le souligne Schank :

> [...] there is no *correct* set of structures. As understanders we strive to store information at the level of specificity that will best allow us to access and use this information in the future. When no new information is available from an experience or where that information is of great general relevance, we attempt to store it as generally as possible. When, however, information is deemed to be of interest and is germane only to the memories currently being processed, we store that information as specifically as possible. Thus, information about ORDERing for example, can be stored in three places. We know certain things about it from its universal scene (PRECONDITION) [c'est un pré-requis pour l'obtention d'un objet ou d'un service désiré] and we also know specific things about it from its appropriate script (e.g. *$RESTAURANT-ORDER*). But, its most generally useful aspect is what is stored in ORDER itself, which is, in our new view, a generalized scene [15].

Une conséquence épistémologique importante de ce point de vue consiste à reconnaître l'absence d'une segmentation purement « objective » et universelle du film, fondée sur un quelconque matériau filmique immanent (le plan ou la séquence des découpages traditionnels, ou le syntagme autonome de Christian Metz, par exemple). D'un point de vue pratique, cela signifie qu'une même action est susceptible d'être identifiée à travers différents types de représentations mentales, de situations cognitives, selon que l'information est saisie cognitivement en fonction de ses traits les plus généraux (dans le cas de la scène), ou en fonction de son déroulement spécifique dans un type de situation spécifique (dans le cas du script). Cela dit, on peut maintenant esquisser quelques principes de base en regard de l'utilisation des structures de connaissance pour identifier l'action filmique.

1. *Le script.* Le script est mis en jeu lorsque le spectateur comprend et identifie des actions qui lui sont déjà familières dans des contextes qui lui sont déjà familiers. Ainsi, pour la plupart d'entre nous, la compréhension et l'identification d'actions comme « commander au restaurant » ou « monter à bord d'un autobus » s'effectue au moyen de scripts. L'usage des scripts dans le traitement de l'action filmique est donc extrêmement courant car le cinéma, on le sait, a le pouvoir de présenter des actions en contexte, particularisées par l'image et le son : la plupart du temps, le personnage s'enregistre *à l'aéroport*, commande *au restaurant*, boit un verre *au bar*, etc. L'action y apparaît donc particularisée, « colorée », par la singularité des images et des sons. On pourrait dire, à ce titre, que le travail du film consiste la plupart du temps à « scripter » l'action en la particularisant. Cela ne signifie pas pour autant que le spectateur fasse toujours appel au script pour identifier l'action. En effet, il nous arrive souvent d'identifier une action sans pour autant être familier avec la « coloration » que propose le contexte du film. On aura alors fait appel à un autre type de schématisation cognitive.

2. *La scène.* En ce qui concerne la scène, on peut dire, de façon très générale, qu'elle est utilisée surtout pour traiter des actions dont le déroulement spécifique est peu familier au spectateur. Imaginons, par exemple, un spectateur n'ayant jamais eu la chance d'aller dans un restaurant et n'ayant même aucune idée de ce qui s'y trame. Du reste, supposons que notre spectateur fictif ait souvent l'occasion, dans d'autres contextes, de commander des objets et des services de toutes sortes. Supposons maintenant que ce singulier individu regarde un film où des personnages, assis à une table de restaurant, commandent un repas. Sa compréhension de l'action dépendra de la façon dont il a préalablement élaboré la scène COMMANDER à partir des différents contextes où il a déjà commandé quelque chose. En l'absence d'un tel schéma cognitif, il serait sans doute difficile pour notre spectateur de distinguer nettement entre l'action de commander et les autres actions qui commutent avec elle pour former le *MOP*-RESTAURANT (manger, payer, sortir). On dira donc de la scène qu'elle correspond au cadre cognitif mis en jeu par le spectateur lorsqu'il identifie et comprend une action sans avoir une connaissance préalable ni du contexte où elle apparaît présentement ni des détails liés à son exécution dans ce contexte. En faisant appel à une scène dans le traitement d'une action filmique, le spectateur montre toutefois qu'il possède des connaissances générales sur les moyens à prendre pour

atteindre certaines classes de buts et, donc, qu'il possède un savoir général sur la planification des actions. En fait, pour que les gestes et les bruits d'un film soient traités à travers une scène, le spectateur doit reconnaître en eux l'intention d'atteindre une série plus ou moins prédéterminée et fixe de buts accessoires subordonnés à la réalisation d'un but principal. Tous les gestes et tous les bruits ayant pour fonction de permettre la réalisation d'un but accessoire sont alors mis au compte de la scène. Ce faisant, le spectateur reconnaît qu'il existe, conformément à l'intention d'un individu d'atteindre certains buts, des cheminements probables, des chaînes de buts accessoires plus ou moins standardisées, qu'il faut préalablement atteindre.

Le script et la scène organisent, selon un plus ou moins grand degré de spécificité, des suites événementielles restreintes qui mettent en jeu un petit nombre de participants et visent l'obtention de buts uniques susceptibles d'être subsumés par la réalisation de buts plus importants. Lorsque l'action est plus complexe, lorsqu'elle requiert plus de participants et plus d'interactions entre eux pour la réalisation d'une série de buts accessoires qui satisfont un ou plusieurs buts plus importants, elle s'organise en *MOP* ou en méta-*MOP*.

3. *Le MOP et le méta-MOP*. Au cinéma, le *MOP* et le méta-*MOP* ne peuvent être convoqués pour traiter l'action — si l'on ne s'en tient qu'à l'image et aux bruits —, que suite à la mise en jeu spectatorielle d'un script ou d'une scène. Il n'y a que le langage naturel qui puisse exprimer et généraliser une suite d'actions (entrer, commander, manger, payer, sortir) par un énoncé comme « aller au restaurant » qui correspond à cette structure de connaissance que Schank appelle *MOP* [16]. Or, au cinéma, la représentation de ce type d'actions relativement complexes suppose ce que j'ai appelé plus haut un « scriptage ». Le cinéma peut donc scripter les différentes actions qui composent un *MOP* ou un méta-*MOP*, et qui seront néanmoins identifiées par voie de scripts ou de scènes, selon le savoir du spectateur. Cela dit, il existe des cas où les scripts et/ou les scènes mis en jeu par la spectature cèdent leur place à des structures de connaissance plus englobantes. Je pense notamment à certains montages du célèbre Slavko Vorkapich, le spécialiste du « *Hollywood montage sequence* » durant les années trente et quarante. Dans *Meet John Doe* (Capra, 1941) Vorkapich illustre les moyens utilisés par le magnat de la presse Norton pour promouvoir les *John Doe Clubs* auprès du public américain grâce à un montage complexe dont la compréhension nécessite un savoir

général sur les campagnes de promotions — le méta-*MOP* PROMOTION —, composé d'actions organisées mentalement en *MOPs* (parcourir le pays en avion, en train, faire des discours, organiser des défilés, etc.), elles-mêmes composées d'actions organisées mentalement en scènes ou en scripts. En somme, *MOPs* et méta-*MOPs* sont utiles pour identifier des actions complexes dont le « scriptage » à l'écran est grandement elliptique. Par conséquent, la compréhension de ce que l'analyse filmique a appelé la « séquence par épisode [17] » suppose souvent le report du spectateur à un *MOP* ou à un méta-*MOP*, c'est-à-dire à une action définie, sur le plan cognitif, comme un regroupement de scènes ou de *MOPs*. Bien entendu, les *MOPs* et les méta-*MOPs* sont également utiles pour octroyer un cadre cognitif plus grand aux actions identifiées initialement à partir de scripts ou de scènes et donc confèrent une cohérence endo-narrative à la succession des actions d'un film.

Si j'ai jugé pertinent de présenter ces quelques observations sur l'usage des structures de connaissance dans le processus d'identification de l'action filmique, c'est qu'on y trouve en même temps un principe de segmentation cognitive du film susceptible de mettre au jour les unités d'information qui constituent l'endoforme et permettent à la spectature d'avancer. Aussi a-t-on affaire à un ou plusieurs segments (actualisation d'une ou de plusieurs composantes du schème interactif) à chaque fois que, pendant la spectature, le spectateur fait appel à une structure de connaissance, à chaque fois qu'il comprend une action et se trouve dans une nouvelle situation cognitive. En effet, le spectateur qui assure la correspondance entre le donné filmique et une structure de connaissance découpe du même coup le tissu filmique et identifie minimalement l'usage d'un moyen pour réaliser un but. Cela dit, la représentation d'une action peut mobiliser un très grand nombre de segments, ou, au contraire n'en mobiliser qu'un nombre minimal, selon ce qui est vu et entendu. Soit, par exemple, le son d'un coup de feu dans l'obscurité. Ici, la scène ou le script (cela dépend des connaissances du spectateur et de sa familiarité avec l'action de tirer à l'arme à feu, ainsi que de son savoir sur les buts qui peuvent être atteints par un tel geste) est évoquée à partir d'un seul segment : le son ; du reste, la représentation de l'action demeure incomplète et il faudra attendre le déroulement du film pour que d'autres segments se révèlent et complètent autant que possible la représentation de l'action : identité de l'agent, motivations, but de l'action, etc. A l'inverse, d'autres actions peuvent mobiliser d'entrée de jeu un plus ou moins grand nombre de segments — comme nous le verrons plus loin avec le meurtre sous la douche —, il s'agit alors d'une représentation initialement plus développée (mais pas nécessairement complète) de l'action, reposant non plus sur un segment, mais sur un paquet de segments (ou *séquence cognitive*). Enfin, il y a aussi des actions qui se déploient sur un film en entier, pouvant ainsi répartir des segments à travers l'ensemble de la trame filmique suivant le principe du *MOP* ou du méta-*MOP* : différentes scènes d'un voyage, par exemple, seront évoquées ou même scriptées à l'écran, chaque étape étant identifiée par une action maîtresse mobilisant un ou plusieurs segments d'information : achat du billet d'avion, enregistrement à l'aéroport, embarquement, décollage, etc. En somme, ce qu'il faut retenir de ce survol des structures de connaissances concerne essentiellement l'utilisation par le spectateur des *MOPs*, scènes, et scripts pour segmenter le continuum filmique.

Or, en même temps qu'il segmente le film et que défilent les unités d'information, le spectateur est engagé, à un autre étage de la spectature, à construire un argument, une forme. A cet égard, on dira d'un film qu'il est narratif lorsque le spectateur réussit à inscrire les segments qu'il a repérés — l'endo-forme — au sein d'un argumentaire qui assure la compréhension d'un récit.

Nous avons vu que la segmentation profitait d'un savoir préalable, et en particulier de la pré-compréhension de l'action en ce qui concerne les unités d'action. De même, la construction d'une forme narrative suppose ce qu'on peut appeler, après Paul Ricoeur, l'*intelligence narrative* du spectateur. C'est au terme d'un apprentissage que le spectateur apprend à reconnaître et à comprendre le discours narratif filmique [18]. Grâce à l'intelligence narrative, le spectateur d'un film de fiction construit un argument narratif en reliant les segments mis à jour par le processus cognitif. Tout au long du film, en effet, le spectateur relie les segments qui sont apparus lors du traitement cognitif du donné filmique et développe, à partir d'eux et à partir d'un postulat initial de cohérence, des hypothèses quant au déroulement du récit. Il s'agit, en d'autres termes, de relier ensemble les composantes du schème interactif au sein d'une intrigue.

« Faire intrigue, explique Ricoeur, c'est dégager une 'bonne forme' à la fois sur le plan de la consécution et sur celui de la configuration [19] ». La forme suppose que l'on substitue au contexte cognitif de la segmentation un contexte argumentatif dont un des rôles est de spécifier l'intégration des segments d'actions dans un tout cohérent : l'intrigue. Il faut voir, en effet, que la seule identification des segments ne suppose pas encore l'intrigue ; cette dernière concerne plutôt la reconnaissance d'un ordre grâce auquel se succèdent les unités d'information significatives [20]. Ricoeur définit l'intrigue comme un « schématisme du raconter » ancré dans une dimension historique, dans ce qu'il appelle la « traditionalité [21] », et se développant à même la dialectique de l'innovation et de la sédimentation, de l'oeuvre et du genre.

Il faut dire, par ailleurs, que les notions d'intelligence narrative et de schématisation de la fonction narrative proposées par Ricoeur trouvent un support empirique important dans les travaux des cognitivistes. En fait, le rôle des schémas dans la production d'une forme lors de la lecture d'un récit constitue un lieu commun de la psychologie expérimentale depuis les travaux de Bartlett sur le rappel [22]. A partir d'une série d'expériences sur la mémorisation d'une histoire lue, Bartlett remarque que les lecteurs tendent à structurer le rappel selon un modèle, un type, qui donne à l'histoire sa forme. Ce type est à l'origine d'une série d'opérations intellectives opérées lors du rappel, assurant, entre autres, la régulation de la cohérence et l'octroi de connections logiques absentes du texte lu. Aujourd'hui, plusieurs cognitivistes cherchent à détailler et à spécifier les conclusions générales de Bartlett. Jean Mandler, par exemple, parle de schémas de récit pour désigner l'ensemble des attentes qu'un lecteur porte sur un texte à partir de sa connaissance de la structure interne des récits, connaissance qui en facilite la compréhension [23]. Or, selon Mandler et Johnson, la construction des schémas de récit puise dans deux sources :

> L'une vient de l'écoute de nombreux récits et consiste dans la connaissance de la succession des événements dans les récits, incluant la connaissance de la manière typique dont ils débutent et finissent. L'autre source vient de l'expérience et inclut les connaissances sur les relations de causalité et sur divers types de séquences d'actions [24].

Il ne fait nul doute que l'écoute et la connaissance des récits supposent une contingence d'ordre historique (et culturelle), touchant cet aspect de l'intelligence narrative qui concerne le « schématisme du raconter » dans sa traditionalité. Cette dernière, je l'ai mentionné plus haut, se fonde sur la dialectique de la sédimentation et de l'innovation qui garantit, selon Ricoeur, l'identité de l'intrigue à travers ses mutations et ses nombreux avatars, de la tragédie grecque au roman moderne [25]. Ces transformations du *muthos* aristotélicien, dont on peut documenter les différents aspects [26], marquent alors l'histoire spécifique d'une pratique à la fois sédimentée et novatrice. Quant au cinéma, on ne saurait mettre en cause la capacité du spectateur d'y voir une expansion du domaine de l'intrigue, de reconnaître, en d'autres mots, des histoires filmiques [27]. En fait, il n'est pas impossible de croire que c'est au contact de l'audio-visuel (cinéma, télévision, jeux d'ordinateurs) que se développe aujourd'hui, dans bien des cas, l'intelligence narrative. Le cinéma participerait alors de la même traditionalité, l'identité du *muthos* étant garantie, entre autres, par la pérennité de certains traits formels qui règlent les attentes du spectateur à titre de schémas narratifs par-delà leur investissement dans différents types ou styles de cinéma de fiction (le cinéma « classique », le cinéma « moderne ») et dans différents genres filmiques (western, polar, science-fiction, horreur, etc.) [28].

Ces traits formels sont ceux qui spécifient le récit dit « canonique » de notre culture. Ils correspondent d'une part au critère du *muthos* aristotélicien d'être une action une et complète. Comme l'explique Ricoeur, « une action est une et complète si elle a un commencement, un milieu et une fin, c'est-à-dire si le commencement introduit le milieu, si le milieu — péripétie et reconnaissance — conduit à la fin et si la fin conclut le milieu [29] ». Ils correspondent d'autre part à la coloration qu'a su donner le récit réaliste à cette notion d'intrigue, en lui imposant une logique causale, ou événementielle, organisée autour d'une conception psychologique du personnage, et qui spécifie les relations entre les différentes parties de l'intrigue. C'est donc un puissant témoignage tant au *muthos* aristotélicien qu'au récit réaliste de voir que ces traits formels servent encore, à une époque qui a connu Joyce, Robbe-Grillet, Antonioni, Resnais et Godard, d'horizon d'attente à la compréhension des récits. Aussi, malgré l'existence de schémas alternatifs, le schéma « canonique » continue d'être le schéma dominant parce qu'il est toujours approprié pour assurer la compréhension de la majorité des récits consommés aujourd'hui en Occident.

C'est à travers l'utilisation de ce schéma que le spectateur de *Psycho* entreprend la construction d'une forme, reconnaît un récit auquel il convient — on verra plus loin pourquoi — d'accoler le nom de récit *péri-classique* dans la mesure où sa compréhension pose en fait peu de problèmes au schéma canonique [30]. Comme le souligne David Bordwell : « Of all modes, the classical one conforms most closely to the 'canonic story' which story-comprehension researchers posit as normal for our culture [31] ». Cette conformité joue principalement sur deux plans. D'une part, les segments découpés à l'étage du proccessus cognitif acquièrent une fonction au sein du schéma. Un segment donné — ou un groupe de segments (une séquence cognitive) — aura alors une fonction d'exposition, un autre aura fonction de développement, de résolution, etc. Ces fonctions correspondent en fait aux règles de réécriture postulées par les grammaires de récit des cognitivistes [32]. D'autre part, le schéma participe à la construction de la forme en assurant les liens entre les segments au moyen de relations entre les états et les actions qu'ils représentent. Comme l'expliquent Black et Bower :

> [...] un récit requiert des relations SEMANTIQUES riches entre les états et les actions qui le composent. Par exemple, les états initial et final doivent faire référence au même agent, l'action doit être faite par cet agent ou se rapporter à lui et l'état final doit être perçu comme une conséquence plausible de l'action exercée sur l'état initial [33].

Ces relations spécifient l'ordre du récit comme un enchaînement de segments, enchaînement qui régit la propagation d'informations à l'intérieur du film ; c'est-à-dire qu'elles règlent le développement narratif grâce auquel le spectateur acquiert de l'information et émet des hypothèses qui seront plus tard infirmées ou confirmées. En ce qui concerne le schéma canonique et le récit filmique classique, cognitivistes et narratologues s'entendent généralement pour affirmer que la principale relation entre les segments du récit est la causalité. Par ailleurs, comme les segments en question concernent des agents, c'est autour d'une causalité centrée sur les personnages, que David Bordwell appelle « *character-centered causality* [34] », que s'initie l'organisation de la forme. Cela ne veut pas dire toutefois qu'un film doit présenter l'information de l'histoire de façon linéaire selon l'ordre des causes et des effets — les formalistes russes l'ont montré depuis longtemps en ce qui a trait au récit littéraire ; c'est au spectateur que revient de relier certaines causes avec certains effets et « d'infléchir la logique des *possibles* praxiques vers une logique des *probables* narratifs [35] ».

A ce titre, on peut dire que la forme, créée initialement à partir du schéma narratif canonique tel que ce dernier est appliqué à un récit filmique classique, correspond ni plus ni moins à un genre d'argument que Perelman et Olbrechts-Tyteca décrivent comme étant basé sur la « structure du réel [36] », et fondé sur des relations causales. L'argument narratif classique joue en fait sur des liaisons de succession et permet des argumentations de trois types :

1. Des argumentations qui rattachent ensemble deux événements donnés, en vertu d'un lien causal ;
2. Des argumentations qui, étant donné un événement, tendent à déceler l'existence d'une cause déterminante ;

3 Des argumentations qui, étant donné un événement, tendent à présenter l'effet qui est susceptible d'en résulter [37].

Suivant cette logique, le spectateur est amené soit à postuler une relation de cause à effet entre les événements qui se succèdent pendant le film ; soit à inférer une cause probable aux événements ; soit à inférer un résultat probable aux événements. La forme qui se dégage de ces relations est alors prise dans un jeu de va-et-vient entre les différentes causes et les différents effets qui assurent la compréhension du récit. Pour garantir cette causalité, le spectateur doit réussir à (re)constituer le réseau conceptuel de l'action (le schème interactif) et relier ensemble les unités d'information mises au jour par le processus cognitif. Comme l'explique Edward Branigan, « causes and effects fit together when they are part of an individual's plans and goals [38] ». L'identification des actions constitue donc un aspect essentiel de la mise en forme d'un film narratif. Ajoutons que c'est dans l'ensemble de l'intrigue que se développe la forme, de sorte qu'on ne saurait la limiter aux frontières d'un segment, d'une séquence cognitive. Dans la forme, un segment en appelle généralement un autre, et ainsi de suite jusqu'à la clôture du récit.

Il faut faire attention cependant de ne pas réduire l'intelligence narrative du spectateur à son expression la plus générale ni, surtout, de confondre le schéma narratif et la forme.

En ce qui a trait au premier point, je crois que David Bordwell [39] a bien montré que la compréhension narrative, bien qu'elle procède initialement au moyen du schéma narratif canonique, fait également appel à des schématisations plus fines, à des savoirs plus spécifiques. C'est pourquoi, si je regarde un western, par exemple, je puis m'attendre à ce qu'un duel de révolver ait lieu au milieu de la rue principale de la ville — et si le héros est joué par John Wayne, Gary Cooper ou Randolph Scott, je puis m'attendre à ce qu'il se tire d'affaire ; s'il s'agit d'un film policier américain, je puis m'attendre à ce que le criminel soit puni, etc. Ces attentes (qui peuvent être génériques, comme dans les exemples mentionnés) sont fondées sur des schématisations plus fines du contenu narratif, tout en reposant — du même coup — sur l'armature plus générale du schéma narratif. Comme c'est le cas pour ce dernier, ces schématisations trouvent leur origine dans mon expérience de spectateur (et de consommateur de récits). Mais puisque leur part de généralité est moins grande, les attentes qu'elles initient chez le spectateur risquent plus souvent d'être frustrées. Néanmoins, de telles schématisations narratives, basées sur des déroulements d'action plus ou moins précis, stéréotypés ou conventionnels, doivent également être mis au compte de l'intelligence narrative puisqu'elles me permettent non seulement d'avoir des attentes quant aux grandes articulations du récit canonique et à leurs relations causales (exposition, but, intrigue, résolution) mais également d'avoir des attentes plus spécifiques quant aux personnages et aux actions qui meublent le schéma narratif canonique. En d'autres mots, non seulement sais-je déjà comment les choses se déroulent habituellement dans un récit (grâce au schéma narratif), mais je peux aussi savoir comment les choses se déroulent dans certaines classes de récits filmiques (les westerns, les polars, les films de style « classique », les films d'une certaine époque, les films dont le personnage principal est James Bond, les films dont le personnage principal est joué par une star connue, etc.).

Le deuxième point, qui concerne la non-identité du schéma cognitif et de la forme est encore plus important à clarifier. On a en fait tout avantage à distinguer les deux. Il faut d'abord souligner que *le spectateur de film n'est pas un narratologue.* C'est-à-dire qu'il ne cherche pas à retrouver dans le film qu'il regarde un schéma narratif, quel qu'il soit. En effet, quel serait alors l'intérêt de voir des films différents ? C'est-à-dire qu'à supposer que l'acte de spectature mène inexorablement et inlassablement, film après film, vers la seule découverte du même schéma narratif, on comprend mal le plaisir qu'éprouve un spectateur à voir des films différents ! Plutôt, ce type de schématisation, entendu à titre d'intelligence narrative, doit être vu comme servant surtout à *encadrer* cette dimension de l'acte de spectature qui concerne l'élaboration d'une forme, laquelle appartient en propre au rapport qu'entretient le spectateur avec un film singulier. La forme résulte d'une utilisation personnelle et, dans certains cas, complexe (bien que sujette à partage à certains égards) des diverses schématisations qui participent de l'intelligence narrative. La spectature n'est donc pas une activité narratologique et ce, même si elle profite à l'occasion d'un savoir sur le récit, notamment lorsque le spectateur s'engage à élaborer un argument narratif pour comprendre le film qu'il regarde. Aussi, bien que ce savoir s'élabore au sein d'une tradition, chaque spectateur est habilité à infléchir à sa manière les différentes schématisations narratives qu'il possède lorsqu'il construit la forme, d'où l'intérêt qu'il prendra à regarder différents films narratifs. Le schéma narratif canonique et les autres savoirs narratifs que possède le spectateur ne sont pas une finalité en soi et ne doivent pas être confondus avec la forme : ce ne sont que des outils cognitifs qui participent, bien que de façon importante, à l'élaboration d'une forme [40].

Le meurtre sous la douche : segmentation et mise en forme

Un peu avant la cinquantième minute de *Psycho*, un individu s'introduit dans la salle de bains où Marion Crane prend sa douche et la poignarde brutalement. Filmé et monté de façon à accentuer sa violence et sa dynamique, l'attaque au couteau, depuis le premier coup de couteau asséné jusqu'à ce que l'assassin sorte de la salle de bains, a une durée écranique d'environ vingt secondes et s'étend sur vingt-huit plans (voir le découpage par plans ci-dessous).

D'un point de vue purement stylistique, *Psycho* s'éloigne ici, il va sans dire, de la norme des cinq ou six secondes par plan du cinéma hollywoodien « classique ». En fait, certains plans longs seulement de quelques photogrammes, et dont la durée ne dépasse pas la fraction de seconde, peuvent même rendre difficile, par endroits, la perception d'un contenu lors du défilement filmique du meurtre. Mais, malgré cette difficulté perceptuelle, malgré la complexité du montage, l'essentiel de l'action ne m'est pas moins aisément identifiable sur le plan du traitement cognitif. Des structures de connaissances doivent donc encadrer mon activité spectatorielle. Or, quelles sont ces connaissances ?

D'abord, la douche. Comme la majorité des spectateurs de *Psycho*, je possède un script *$DOUCHE*, qui organise la connaissance que j'ai de l'action de prendre une douche. C'est précisément un tel script qui assure l'identification de l'action dans laquelle Marion est engagée juste avant qu'elle soit assassinée. J'ai vu Marion fermer la porte de la salle de bains, se diriger en direction de la baignoire, retirer son peignoir — j'ai même remarqué le petit geste des pieds grâce auquel la jeune femme retire ses pantoufles —, pénétrer dans la baignoire, fermer le rideau de douche, le tout accompagné des bruits appropriés. Une fois dans la baignoire, Marion se penche et se relève ; bien que je ne la voie qu'en plan rapproché, la direction de son regard et le mouvement de ses épaules laissent entendre qu'elle bouge les mains hors-cadre — un bruit accompagne le mouvement. Ici, c'est le script *$MOTEL-DOUCHE* qui me permettra de comprendre sans équivoque la nature du bruitage : Marion retire un savon de son emballage de papier. La jeune femme se penche une fois de plus et un autre bruit, plutôt mécanique cette fois, suivi de l'apparition d'un jet d'eau, signale qu'elle a mis en marche le mécanisme de la douche. Elle commence ensuite à se laver. Jusqu'ici, le déroulement de l'action suit entièrement et pas à pas le contenu de mon *$MOTEL-DOUCHE*, dont les faits saillants sont :

- fermer la porte de la salle de bains (optionnel)
- se dévêtir
- entrer dans la baignoire
- fermer le rideau de douche
- mettre en marche le mécanisme de la douche
- s'installer sous le jet d'eau
- se laver avec du savon

En principe, le script se conclut lorsque l'agent arrête le jet d'eau, s'éponge avec une serviette et sort de la baignoire. Or, le problème avec la douche que prend Marion, c'est précisément de ne pas se conclure tel que prévu. Néanmoins, pour comprendre l'action du meurtre sous la douche, je dois initialement identifier l'action de prendre une douche, dans laquelle Marion est préalablement engagée. C'est à cette action qu'appartient le cadre — ou lieu — du meurtre. En ayant recours au script *$MOTEL-DOUCHE*, je reconnais aisément, dans l'ensemble des gestes de Marion résumés plus haut, la mise en oeuvre d'un moyen (prendre une douche) pour réaliser un but (faire sa toilette), et reconnais, dans le décor, le cadre de l'action (la salle de bains d'une chambre de motel, la baignoire) ainsi que ses accessoires — qu'ils soient vus, entendus, ou suggérés (pomme de douche, rideau de douche, eau, petit savon emballé dans du papier). Enfin, la compréhension d'une action si stéréotypée n'a guère besoin de motivations explicites en regard de sa représentation discursive — je sais plus ou moins pourquoi un individu prend une douche, cela fait même partie du script. C'est donc, en définitive, tout un paquet de segments que je trouve ici, segments qui constituent ensemble la séquence cognitive « prendre-une-douche », le script assurant la cohérence de ce paquet segmental composé d'éléments de contenu filmique (décors, gestes, objets, etc.) qui actualisent le schème interactif.

Or voilà que, soudainement, un deuxième agent s'introduit dans la salle de bains. Un nouvel événement s'amorce pendant que l'action de prendre une douche poursuit son cours, événement qui, d'emblée, n'appartient pas au script *$MOTEL-DOUCHE* (encore moins au script *personne-voyageant-seule-prenant-sa-douche-dans-une-chambre-de-motel* ! [41]). Le nouvel agent, d'abord une pure silhouette vue à travers le rideau de douche, se dirige vers Marion. Il tire le rideau et se découvre à la jeune femme qui pousse un cri. C'est à ce moment que commence l'attaque au couteau. Voyons cela de plus près, en utilisant pour appareil citationnel un découpage traditionnel, par plans (lequel, je le répète, ne constitue pas une segmentation) :

1. Plan rapproché. Marion a le dos contre le rideau de douche. Soudainement, la porte de la salle de bains s'ouvre et la silhouette d'un individu apparaît derrière le rideau de douche. La caméra se rapproche du rideau et Marion passe au hors-champ. La silhouette se dirige vers le rideau qui s'ouvre brusquement de façon à révéler une personne d'allure féminine, en plan rapproché, brandissant un couteau.
2. Plan rapproché. Marion se retourne vers l'agresseur.
3. Gros plan. Marion crie.
4. Très gros plan de la bouche ouverte de Marion.
5. Plan rapproché en contre-plongée. L'agresseur commence à poignarder Marion.
6. Plan rapproché. Marion crie. La main de l'assassin apparaît à droite du cadre (un premier coup de couteau est asséné).
7. Plan rapproché. L'agresseur brandit son couteau.
8. Insert de l'espace qui sépare Marion et l'assassin. On aperçoit le bras de Marion qui amorce un geste (elle cherche à saisir le bras de l'assassin).
9. Plan rapproché, en plongée. Marion tente de repousser le bras armé de son agresseur.
10. Gros plan. Marion crie.
11. Plan rapproché en plongée (plus serré qu'en 9). Marion continue de repousser le bras de l'assassin et évite les coups de couteau.
12. Gros plan. Marion crie.
13. Plan rapproché en plongée. Marion continue le geste des plans 9 et 11.
14. Plan rapproché. L'agresseur brandit son couteau (reprise du cadrage du plan 7) et porte un deuxième coup.
15. Gros plan. Marion secoue sa tête contre les tuiles blanches du mur et disparaît dans le hors-champ du côté gauche du cadre.
16. Gros plan. L'agresseur continue de poignarder Marion.
17. Gros plan de Marion.
18. Gros plan. L'agresseur continue de poignarder Marion ; on aperçoit sa main ainsi que le couteau qui traversent le jet d'eau.
19. Gros plan de Marion (reprise du cadrage du plan 17).
20. Gros plan de l'agresseur (reprise du cadrage du plan 18).
21. Gros plan de Marion (reprise du cadrage des plans 17 et 19).
22. Gros plan de l'agresseur (reprise du cadrage des plans 18 et 20).
23. Insert du couteau dont la pointe pénètre l'abdomen de Marion.
24. Gros plan de Marion.
25. Insert du couteau alors que le bras de l'assassin traverse l'écran en contre-plongée.

26. Insert du flanc et du dos de Marion. Le bras de l'agresseur pénètre le côté droit du cadre, ce qui donne l'impression que Marion reçoit un coup au thorax.
27. Gros plan. Marion crie et étend son bras gauche en direction du meurtrier.
28. Insert en plongée des jambes de Marion, une mare de sang à ses pieds.
29. Gros plan. Marion tourne le dos à l'assassin.
30. Plan rapproché. Marion poursuit le mouvement amorcé au plan précédent. Le couteau franchit l'image de haut en bas au côté droit du cadre de façon à donner l'impression d'un coup de couteau asséné au bas du dos.
31. Insert en plongée des jambes de Marion (reprise du cadrage au plan 28).
32. Insert des tuiles blanches du mur. Pendant un court instant, la main de Marion apparaît.
33. (Coupe presque imperceptible en vertu de la continuité qu'offre le mur). Gros plan. Marion, dos à la caméra, fait face au mur (on ne voit qu'une partie de sa tête coupée par le cadre, de même qu'une partie de son bras contre le mur).
34. Plan américain. L'assassin, dos à la caméra, sort de la salle de bains.
35. Insert de la main gauche de Marion, qui glisse contre le mur vers le bas du cadre.
36. Plan rapproché. Marion se retrourne vers la caméra et glisse lentement le long du mur. Elle étend le bras droit.
37. Insert de la main de Marion qui empoigne le rideau de douche
38. Plan général en plongée. Marion est agenouillée au fond de la baignoire.
39. Insert en contre-plongée des anneaux du rideau de douche qui se détachent brusquement.
40. Plan rapproché au niveau du sol. Marion tombe à travers le rebord de la baignoire. Son visage vient s'écraser sur le plancher de la salle de bains, flanqué du rideau de douche déchiré en avant-plan et de la cuvette en arrière-plan.
41. Insert en contre-plongée du bec de douche.
42. Insert en plongée des jambes de Marion dans la baignoire. La caméra suit le mouvement du sang qui se déverse dans la bonde du bain, qu'elle cadre en très gros plan.
43. Fondu-enchaîné. Très gros plan de l'oeil de Marion. La caméra effectue un mouvement circulaire autour de l'oeil. Un mouvement optique élargit le cadre et montre le visage de Marion contre le plancher.
44. Insert en légère contre-plongée du bec de douche, vu de profil.
45. Gros plan du visage de Marion contre le plancher. La caméra amorce un mouvement en diagonale ascendant et se dirige vers la porte ouverte de la salle de bains.
46. (Coupe « imperceptible » en vertu de la présence de la porte). La caméra poursuit son mouvement vers la chambre. Elle se dirige vers la table de chevet — sur laquelle reposent un journal plié, un lampe et un cendrier —, puis pivote pour montrer le mur tapissé de la chambre et, enfin, la maison des Bates qu'on aperçoit à travers le cadre de la fenêtre. Norman Bates sort de la maison et se dirige vers le motel.

Tous ces plans défilent à l'écran en l'espace d'environ deux minutes trente-neuf secondes (durée moyenne de 3,45 secondes par plan). Cela dit, les premiers trente-quatre plans, c'est-à-dire depuis l'entrée de l'agresseur jusqu'à sa sortie de la salle de bains, se déroulent en trente-huit secondes (durée moyenne de 1,1 seconde par plan), tandis que l'attaque au couteau — plans 5 à 33 inclusivement — dure environ 20 secondes (durée moyenne de 0,71 seconde par plan). Ce découpage plan par plan a été établi à partir d'une bande magnétoscopique et compte des coupes difficilement perceptibles, la production de l'ensemble ayant nécessité des visionnements répétés et l'utilisation de l'arrêt sur l'image et du ralentissement de l'image. Dit autrement, ***aucun spectateur visionnant le film dans des conditions « normales » ne pourrait produire un tel découpage*** et ce, malgré la présence marquée du montage (à l'inverse du montage « invisible » du style hollywoodien classique, par exemple). Pour segmenter ce donné filmique, le spectateur doit une fois de plus recourir aux structures de connaissance.

Ma compréhension du meurtre sous la douche suppose donc que je mette à contribution une structure de connaissance me permettant d'identifier et d'extraire l'action en question du continuum filmique. Or, si l'action du meurtre est facilement identifiable, c'est que, malgré le montage rapide, la présentation filmique me permet néanmoins d'y reconnaître un contenu qui concorde avec ce que je sais déjà. Selon le spectateur, ce savoir peut exister sous forme de script— soit, par exemple, le script *$TUER-COUTEAU* qui « colore » l'action à partir de l'accessoire —, ou sous forme de scène — soit la scène TUER, laquelle est susceptible de connaître plusieurs colorations (tuer-revolver, tuer-poison, tuer-corde, etc.). Bien que je n'ai jamais poignardé personne, mes expériences filmiques m'ont donné l'occasion de construire mentalement un script *$TUER-COUTEAU* (ou *$POIGNARDER*), dont les composantes peuvent être présentées de la façon suivante : il y a un accessoire (le couteau) ; un agent-tueur et un agent-victime (le tueur et la victime) ; et une opération reliant les deux agents (enfoncer un couteau dans le corps de la victime), laquelle constitue un moyen d'atteindre un but (mettre à mort la victime). De surcroît, quiconque possède un tel script possède également des connaissances sur des motivations possibles en regard de l'action : une insulte, une bagarre, une vengeance, un vol, une croyance religieuse (dans le cas d'un sacrifice humain, par exemple) sont au nombre des motivations qui peuvent provoquer une attaque au couteau. Enfin, le script possède un déroulement réglé qui compte différentes phases ; pour ma part, j'en compte trois : phase préparatoire (se procurer un couteau, s'approcher de la victime), phase réalisante (mise à mort par l'enfoncement d'un couteau dans le corps de la victime), et phase finale — optionnelle mais assez courante pour faire partie du script (fuir le lieu du crime). Voyons maintenant, à partir de cette structure, comment je segmente le meurtre sous la douche de *Psycho*.

Le plan 1, dès l'ouverture du rideau de douche, introduit l'agent-tueur (silhouette féminine non identifiée et muette) et l'accessoire de l'action (le couteau), et marque une des conditions d'entrée, ou phase préparatoire, du script : s'approcher de la victime. Le plan 5 inaugure la phase réalisante : le geste du bras qui poignarde, qui se poursuit à l'image aux plans 6, 7, 14, 15, 16, 17, 18, 19, 20, 21, 22, 23, 25, 26 et 30 — ce geste étant le segment visuel le plus important en ce qui a trait à l'identification de l'action. On y voit, entre autres, le couteau pénétrer l'abdomen de la jeune femme (plan 23), tandis que le montage donne l'impression de coups portés au thorax (plans 25-26) et dans le bas du dos (plan 30). Enfin, on y entend le couteau transpercer le corps de la jeune femme à huit reprises (Marion est effectivement poignardée huit fois : aux plans 5-6, 14-15, 16-17, 18-19, 20, 22-23, 25-26, et 30). La phase finale apparaît au plan 34, lorsque l'assassin quitte le lieu du crime. Le but de l'action se trouve également représenté à travers la visualisation de ses conséquences : le sang des plans 28, 31, et 42, les cris et les gestes réflexes de Marion aux plans 6, 8, 9, 10, 11, 12, 13, 15, 17, 19, 21, 24, 27, 28, 29, 30, 31, 32, 33, ainsi que l'agonie et la mort de la victime, réparties sur les plans 35, 36, 37, 38, 39, 40, 43, et le début du plan 45. ***Bien entendu, ma segmentation ne se réfère pas, de fait, aux plans du film***. Ces derniers sont utilisés ici à des fins purement citationnelles et pour vous permettre, lecteurs et lectrices, de vérifier cet aspect mon acte de spectature.

Le script ***$TUER-COUTEAU*** me permet ainsi d'actualiser, sur le matériau filmique, l'aspect « accomplissement de l'action » du schème interactif, c'est-à-dire qu'il me permet de reconnaître la mise en oeuvre d'un moyen (poignarder) pour atteindre un but (mettre à mort une victime). Du reste, l'identification de l'action n'est pas encore complète : non seulement l'identité de l'assassin demeure un mystère — la mise en scène m'empêche de voir son visage — mais, de plus, il faut également considérer la question des motivations. Or, en regard de ces dernières, j'ai mentionné plus tôt que le script contient également un savoir à leur sujet, notamment en ce qui concerne les motivations possibles pour la mise en oeuvre de l'action. Le recours au script aiguille donc le spectateur à chercher dans le tissu filmique ce qui pourrait servir de motif ou de mobile. En ce qui a trait au meurtre sous la douche, c'est au journal plié sur la table de chevet, au plan 46, que revient pour moi ce rôle — ne serait-ce que partiellement et par négation. Le spectateur qui, jusqu'ici, est impliqué dans la construction d'un argumentaire (on y reviendra plus loin), sait fort bien que le journal en question dissimule des dollars volés par Marion. Par voie de conséquence, la présence du journal/argent, suite au crime et à la fuite de l'assassin, me permet de comprendre que l'assassinat de Marion *n'est pas* motivé par le lucre — ce qui fait du journal/argent un segment important dans l'identification et la compréhension de l'action. Je n'aurai donc, pour compléter ma compréhension de l'action, qu'à découvrir l'identité de l'assassin ainsi que ses motivations ; il faudra pour cela attendre la fin du film…

Telle qu'effectuée ici, la segmentation du meurtre sous la douche découvre un paquet de segments distincts qui circulent et interagissent entre eux, depuis le premier plan jusqu'au plan 46, pour former une séquence cognitive : la phase préparatoire de l'action compte quatre segments : 1. agent-tueur (silhouette féminine), 2. agent-victime (Marion), 3. accessoire (couteau), 4. geste (s'approcher de la victime) ; la phase réalisante compte deux nouveaux segments : 1. le geste de poignarder, 2. le son du couteau qui transperce le corps de la victime ; la phase finale compte un seul segment : 1. la fuite de l'assassin. Il faut également compter les trois segments qui appartiennent au but (mise à mort de la victime) et qui soulignent son obtention : 1. le sang, 2. les cris et les gestes réflexes de Marion, et 3. l'agonie et la mort. Un segment me donne des informations sur les motivations de l'action : 1. le journal/argent. Enfin, la représentation de l'action nécessite la présence constante d'un cadre spatial, d'un lieu : c'est la douche, qui apparaît d'abord avec l'action de « prendre une douche », dont certains détails, il faut bien le dire, sont montrés avec beaucoup d'insistance : les tuiles blanches au plan 32, le rideau de douche aux plans 37 et 39, la pomme de douche au plan 41, et la bonde du bain au plan 42 : un véritable tour du propriétaire du lieu du meurtre !

Pour conclure, on peut dire, en ce qui concerne la spectature, que c'est la synthèse, non pas des plans, mais des segments — tels qu'ils apparaissent à travers une structure de connaissance et actualisent le schème interactif — répartis dans le montage et se combinant entre eux dans une séquence cognitive (via le montage visuel et sonore et la mise en scène), qui permet au spectateur de saisir l'action.

Il est temps maintenant de voir comment les séquences cognitives identifiées s'intègrent au sein d'un argument, d'un récit.

Au moment où a lieu le meurtre sous la douche, le spectateur de *Psycho* est déjà bien engagé dans la construction d'une forme narrative qu'il déploie autour de Marion Crane. En fait, l'intrigue prend assez tôt l'allure classique d'une quête. Un dialogue m'apprend, dès le début du film, que Marion souhaite épouser Sam, son petit ami, qui lui demande toutefois d'attendre encore deux années jusqu'à ce qu'il puisse régler les dettes qui l'accablent. Le spectateur, qui ne connaît pas encore la tournure des événements à venir, ne manquera pas, néanmoins, de reconnaître ici le potentiel narratif d'une situation qui met en place un sujet désirant (Marion), un objet de désir (le mariage), et un obstacle à l'obtention de l'objet (le manque d'argent). C'est précisément ce potentiel (vont-ils se marier ?) qui commence à se concrétiser un peu plus loin à travers un segment important : une enveloppe remplie d'argent — d'abord identifiée au bureau où travaille Marion — se trouve sur le lit de la jeune femme ; sa présence atteste d'un acte d'appropriation : Marion a dérobé les 40 000 $ que lui a confié plus tôt son patron et qu'elle devait déposer à la banque. Dit autrement, l'action du larcin — présentée à l'écran par l'image du but obtenu (possession des dollars) — spécifie l'argumentaire que j'élabore en confirmant certaines hypothèses narratives à son sujet, notamment en ce qui concerne une tentative de modification d'état eu égard au statut marital de Marion. Je pense, en d'autres mots, que Marion vole l'argent pour épouser Sam. Mais à l'*argumentaire mélodramatique* (problématique du mariage et de l'intégration sociale de l'individu dans le couple reconnu) se conjugue maintenant l'*argumentaire policier* (problématique du vol, de la criminalité, etc.). Par ailleurs, l'acquisition des dollars représente, pour la jeune femme, l'acquisition d'une compétence — une sorte de « pouvoir-faire » pourrait-on dire — par rapport au mariage : c'est l'argent et non l'amour qui apparaît ici comme la compétence essentielle du mariage [42].

Aussitôt le délit perpétré, Marion entreprend un long trajet de voiture pour retrouver Sam, qui habite une petite ville dans un état voisin. L'intrigue policière est à son plus fort lorsque Marion, qui a passé la nuit dans sa voiture sur la voie d'accotement de l'autoroute, est réveillée le lendemain matin par un agent des forces de l'ordre. L'interrogatoire est bref et Marion peut reprendre son trajet. Elle s'arrête ensuite dans une petite ville pour changer de voiture. Or, au moment où elle apparaît, cette information semble plutôt insignifiante en ce qui concerne l'intrigue que je construis ; aussi, à moins d'être investie plus loin, elle ne sera, de toute évidence, pas retenue par le spectateur lors de la construction finale de la forme narrative. En effet, si chaque segment d'information est susceptible d'avoir un rôle à jouer dans la progression de l'intrigue, certains demeurent insignifiants en regard de la forme narrative finale (les causes ou les effets de ces segments semblent sans incidence sur le déroulement du récit et ma construction de l'intrigue) : ces segments peuvent cependant occuper diverses fonctions, qu'il s'agisse de retarder la progression de l'intrigue, ou d'assurer l'idéologie de la représentation en soulignant sa vraisemblance [43], etc. Ces remarques valent également pour la prochaine étape du trajet de Marion : l'arrivée au Bates Motel.

C'est toutefois lors d'un entretien avec le jeune propriétaire/gérant de l'établissement, Norman Bates, que Marion prend la décision de mettre un terme à sa fugue et de retourner à Phoenix. De retour dans sa chambre, la jeune femme projette de restituer l'argent dérobé. C'est ici que je peux réévaluer la fonction narrative de l'achat de la voiture usagée, action qui, on s'en souvient, m'apparaissait initialement sous l'angle d'une simple catalyse : Marion devra non seulement retourner à Phoenix, mais elle devra également trouver une façon de restituer la totalité de l'argent, ce qui ouvre une nouvelle série de probabilités narratives [44]. Quoi qu'il en soit, il s'agit d'un revirement important au sein du parcours narratif, revirement qui touche la perte d'un objet de valeur (l'argent) dont l'acquisition visait précisément à faciliter l'obtention de ce qui est apparu dans l'argument comme l'objet primordial de la quête de Marion (le mariage). C'est à ce moment du récit que Marion décide de prendre une douche.

Or, du point de vue narratif, la valeur de la douche m'apparaît, à première vue, se limiter à sa fonction de catalyse : au lieu de focaliser sur la restitution de l'argent volé ou sur le mariage, ce segment focalise plutôt sur le rapport « réaliste » ou « vraisemblable » qui lie l'action et le cadre : prendre une douche est une action probable dans le cadre d'une chambre de motel, où l'on s'est arrêté après une longue journée de route. Néanmoins, le spectateur que je suis, habitué aux conventions narratives du classicisme filmique, n'est pas sans se douter ici de l'éventualité d'une modification dans le cours de l'action — sans pour autant prévoir la nature de la modification. C'est que, dans la mesure où l'action apparaît d'abord comme une catalyse, l'insistance avec laquelle elle est traitée à l'écran mettra la puce à l'oreille du spectateur dont l'intelligence narrative est bien développée eu égard aux principes formels de composition de l'intrigue hollywoodienne. Ce dernier, en effet, n'est pas sans savoir que le récit filmique « classique » (auquel semble participer *Psycho* jusqu'ici) évite habituellement de s'étendre sur des catalyses qui reproduisent des scripts communs (spécifiant ainsi ce qui existe déjà à l'esprit du spectateur sous forme de script). D'un point de vue informationnel, les scripts sont plutôt pauvres et il y a peu d'intérêt narratif à simplement les reproduire à l'écran sans faire intervenir une ou plusieurs variations [45]. Mettre en intrigue un script, c'est donc se questionner sur les différentes probabilités qui permettent d'en dévier, et qui garantissent, pour le spectateur, l'acquisition d'une plus grande quantité d'informations narratives. L'importance narrative du script, en ce sens, consiste à servir de canevas à l'élaboration — ou à la poursuite — d'un argumentaire ; il sert, en d'autres mots, à produire une attente.

On peut, à la lumière du dernier commentaire, relire une remarque d'Hitchcock, remarque tout à fait pertinente faite à François Truffaut à propos du meurtre et qui vient combler l'attente produite par la douche :

> Je crois que la seule chose qui m'ait plu et m'ait décidé à faire le film était la soudaineté du meurtre sous la douche ; c'est complètement *inattendu* et, à cause de cela, j'ai été intéressé [46].

Ce qui est intéressant dans ce témoignage, c'est de voir comment Hitchcock sent bien la nécessité d'évoquer ici l'attente du spectateur. Je sais bien, en fait, qu'il va se passer quelque chose ; seulement, je ne sais pas quoi encore. En ce sens, ce qui surprend, c'est le meurtre, et non l'éventualité d'une modification dans le cours d'une action stéréotypée [47].

Avec le meurtre sous la douche, le récit de *Psycho* prend un important virage. Certains critiques ont même évoqué à son sujet une transformation si importante qu'elle met en danger l'unicité du récit. Dans un article célèbre, Raymond Bellour, en effet, suggère de voir, dans *Psycho*, deux récits « qui glissent l'un sous l'autre, l'un dans l'autre » : l'histoire de Marion et l'histoire de Norman [48]. Le principe d'unicité du récit « classique » semble alors être déjoué, perverti, soutient Bellour, qui constate l'apparente impossibilité de relier classiquement le début et la conclusion du film :

> On connaît la règle du film classique : que la fin y réponde au commencement, que de l'un à l'autre quelque chose, précisément, se règle ; que l'effet de reprise que la fin, souvent, montre par rapport au début, constitue sa résolution. Opacité contradictoire de *Psycho*, à cet égard : la fin apparemment ne répond en rien au commencement, le discours du psychiatre qui commente le cas de Norman Bates à la scène d'amour entre Marion et Sam dans l'hôtel de Phoenix [49].

Aussi est-ce par le biais d'une interprétation psychanalytique des événements du récit, interprétation fondée sur l'identification d'une mise en abyme du dispositif énonciatif au sein même de la fiction, que Bellour réussit à réunir, dans une problématique commune, le début et la conclusion du film : les premiers plans de Marion, d'une part — marquant la scoptophilie fétichisante de la caméra hitchcokienne — et, d'autre part, le regard caméra de Norman/la mère à la fin du film, les deux structures s'interpellant l'une l'autre aux deux extrémités de l'oeuvre sous le modèle du champ/contre-champ. L'anéantissement du sujet féminin — la mort de Marion — apparaît alors comme un effet de ce raccord champ/contre-champ, à travers quoi se constitue un sujet masculin à la fois narcissique et psychotique :

> Ainsi s'enchâssent les deux scénarios, les hommes (Sam, Norman, de l'un à l'autre Hitchcock) et les femmes (Marion, la mère) ; ainsi la fin vient-elle, au prix d'un monstrueux détour, répondre au commencement. Le corps de Marion morte ne surgit dans la voiture blanche qu'on retire du marais que pour avoir été, dès l'origine, l'objet du désir conjugué d'un homme et d'une caméra [50].

On pourrait ajouter également que c'est au prix d'une formidable exégèse, fondée sur une compréhension narrative du film, que Bellour réussit à trouver une cohérence qui relie un dénouement non programmé, semble-t-il, par l'ouverture du film.

Or, c'est précisément en regard de cet improbable assemblage de l'exposition et du dénouement qu'apparaît ce que j'ai appelé plus tôt le *péri-classicisme* de la forme narrative de *Psycho*. Bellour, en effet, a raison de souligner un certain non-conformisme de cette dernière par rapport au récit « classique » : avec la mort de Marion c'est tout l'argumentaire mélodramatique du début, axé sur le statut marital de la jeune femme, qui s'évanouit, et avec lui toute espérance de voir la fin du film répondre classiquement à cette problématique initiale. Cela dit, il faut bien reconnaître que l'action concluante (l'arrestation de Norman Bates) résulte des conséquences du parcours narratif entrepris par Marion au début du film. L'argumentaire policier que j'ai mis en place via le larcin des 40 000 $ va donc se poursuivre et faire découvrir l'affreux secret de Norman Bates. Sans le savoir, Norman s'est mêlé à une histoire policière en cours, qui ne s'interrompt pas avec la mort de Marion et qui causera sa perte. Le paradoxe du péri-classicisme c'est donc de déroger quelque peu du récit classique tout en lui restant fidèle.

Il n'est pas rare bien entendu pour un film — c'est même un trait commun du film « classique » — de combiner deux ou plusieurs arguments ; de multiplier, en quelque sorte, le domaine du *muthos* aristotélicien (intrigue complexe) [51]. A ce sujet, David Bordwell écrit :

> Usually the classical syuzhet presents a double causal structure, two plot lines : one involving heterosexual romance (boy/girl, husband/wife), the other line involving another sphere — work, war, a mission or quest, other personnal relationships. Each will possess a goal, obstacles, and a climax. [...] In most cases, the romance sphere and the other sphere of action are distinct but interdependent. The plot may close off one line before the other, but often the two lines coincide at the climax : resolving one triggers the resolution of the other [52].

On peut maintenant réévaluer le rapport entre le commencement et la fin de *Psycho* et examiner la fonction du meurtre sous la douche au sein de la forme. Suivant le modèle « classique », *Psycho*, on l'a vu, enchevêtre autour de Marion deux arguments : un argument mélodramatique (qui correspond à la *heterosexual romance* de Bordwell) et un argument policier ; en revanche, l'ordre de défilement de l'information rend impossible la convergence finale des deux arguments dans une résolution commune du type « Marion restitue l'argent et épouse Sam », par exemple. Un premier argument se conclut donc bien avant l'autre — soit à mi-chemin dans le film — avec la mort brutale de Marion. Conclusion inattendue certes (c'est-à-dire non-programmée), mais conclusion quand même : le milieu du film répond à son début, la fin d'une intrigue répond à son commencement : la quête amorçée par Marion est maintenant close. Voilà donc la première contribution du meurtre sous la douche à la forme argumentaire bifide de *Psycho* : conclusion inattendue en regard du type de film auquel semble appartenir de film d'Hitchcock (le film de fiction hollywoodien de facture « classique » n'a pas l'habitude de faire disparaître, à mi-chemin, le personnage principal) mais attendue au plan plus général de l'intrigue, *en tant que conclusion*. Le divers que constitue le meurtre vient donc s'inscrire, se configurer, au sein du récit en cours. A ce titre, il participe également du deuxième argument, l'argument policier.

La dimension policière de l'intrigue de *Psycho* est causée par sa dimension mélodramatique : Marion s'approprie les 40 000 $ de son patron dans le but d'épouser Sam. Cette action, je l'ai dit plus haut, ouvre tout un champ de probables narratifs qui relèvent bien entendu de l'intelligence narrative du spectateur : un larcin risque d'avoir pour conséquence l'ouverture d'une enquête. Aussi ne suis-je pas surpris de voir, dans les moments qui suivent l'« ensevelissement » de la dépouille de Marion, l'entrée en scène de Lila Crane et du détective Arbogast, qui entendent mener chacun à leur manière une enquête sur le sort de Marion et des dollars volés [53]. L'enquête remplace ici la quête initiale fermée par la mort de Marion ; c'est elle qui fera progresser le récit vers sa conclusion. Or, le meurtre de Marion, véritable coup du hasard, s'intégrera à l'intrigue dès lors qu'il deviendra, à l'insu d'abord des enquêteurs diégétiques — mais non du spectateur — l'objet même de l'enquête. L'assassinat de Marion prend ainsi l'allure de ce qui chez Ricoeur correspond à l'aspect discordant de cette concordante discordance que constitue l'intrigue [54], *et à quoi répond le dénouement du film*. Renversement donc de l'enquête qui, en plus de conclure l'argument mélodramatique par un tragique revirement de fortune, sert également de point tournant en ce qui a trait au sort de Norman Bates et de l'enquête, et articule du même coup la dimension pathétique de l'intrigue.

Mais là, il faut bien le dire, ne s'arrête pas le processus de mise en forme du meurtre sous la douche. Aussi, il importe de souligner le rôle de l'espace — à titre de cadre physique de l'action — sur la dimension configurationnelle. En effet, il ne faut pas oublier que la compréhension narrative, la construction d'une forme, au cinéma, est étroitement liée à la mise en scène, qui, comme le montage, permet au spectateur d'assurer la cohésion du monde fictionnel et, de concert avec les différents savoirs qu'il possède, l'aiguille dans l'émission d'hypothèses quant aux développements narratifs. Prenons, par exemple, l'intrusion de Norman-la mère dans la salle de bains. On ne saurait nier ici l'importance de la mise en scène — qui nous empêche d'identifier l'intrus en ne donnant à voir qu'une silhouette sombre qui entre et s'approche du rideau de douche — dans l'assignation d'hypothèses narratives en ce qui concerne le déroulement probable de l'action : le brouillage visuel et le mutisme du protagoniste inconnu participant ici d'une ambiance inquiétante, propice aux projections narratives les plus horribles. Ici, la manipulation de l'affect du spectateur, l'inquiétude que génère chez moi la mise en scène de l'action, présuppose mon intelligence narrative : c'est bien parce que j'entrevois la probabilité selon laquelle Marion pourrait être la victime d'un acte criminel que je souffre de cette attente insoutenable qu'on nomme suspense. Mais qui plus est, en focalisant cette section de l'argument sur le danger que court Marion, je suis en mesure de reconnaître qu'un ensemble d'éléments propres aux segments-catalyses de l'arrivée au motel, éléments dont la signification a été gommée ni plus ni moins par les problématiques du mariage et de la fugue (intrigues mélodramatique et policière), acquièrent une nouvelle cohérence formelle. Qu'il s'agisse de la maison de syle « gothique », du motel sur une route abandonnée, ou des oiseaux prédateurs empaillés par Norman, tous ces éléments du « décor » sont soudainement mis en relief dans l'attente de l'agression dont Marion sera la victime. J'ai laissé entendre plus tôt, avec l'exemple de la douche, que le cadre pouvait servir à orienter l'action et participer à la compréhension d'actions plus ou moins stéréotypées. A ce titre, il va s'en dire que le cadre que constitue le Bates Motel est à l'origine du développement — au plan endo-narratif — de plusieurs situations : louer une chambre de motel, prendre une douche, etc. De surcroît, le cadre peut également servir de site à des actions impromptues, comme le meurtre sous la douche, par exemple. Cela dit, tout n'est pas permis dans un contexte filmique « réaliste » où la forme que construit le spectateur se fonde sur la vraisemblance. Comme l'explique Bertrand Gervais :

> Si le cadre est ouvert à une multiplicité d'actions, il n'en accepte pas toutes les possibilités. De même que le cadre restreint le choix des accessoires d'une situation narrative, il privilégie certains événements et déroulements d'actions et en écarte d'autres. La prairie de [James Fenimore] Cooper permet facilement une attaque des Sioux mais on voit difficilement un orchestre de chambre y jouer une fugue. Chaque cadre possède donc son répertoire d'actions ou de plans possibles. C'est d'ailleurs la surutilisation des actions d'un répertoire, dès le départ limité, qui est à la base de la stéréotypie d'une production populaire [55].

Il ne fait nul doute que de tels clichés sont en jeu dans ma compréhension de l'action de *Psycho*, et qu'ils participent même à l'élaboration de la forme que j'octroie au film. Comme le remarquait justement François Truffaut : « il y a dans *Psycho* tout un attirail de terreur [...] un côté fantômatique, une ambiance mystérieuse, la vieille maison… » [56]. Dit autrement, au-delà de leur fonction « réaliste » au sein de l'action, ces éléments peuvent également s'intégrer à la forme en train de se faire : le spectateur pouvant envisager à partir d'eux certaines probabilités narratives. Ces probabilités du cadre sont toutefois plus ou moins latentes jusqu'à ce qu'un segment — l'intrusion d'un inconnu dans la salle de bains, par exemple — les active. C'est comme si la menace soudaine venait donner un sens à l'architecture de la vieille maison, au motel, à la nuit d'orage qui force Marion à s'arrêter, aux oiseaux empaillés, comme s'il s'agissait là de traits en attente d'une forme. Certains y ont vu, il faut bien le dire, une variation sur le schéma générique du cinéma d'épouvante, et c'est à cette forme — qui n'est en rien incompatible avec les deux arguments que j'ai mentionnés plus tôt (argument mélodramatique et argument policier) — qu'on fait plus ou moins allusion lorsqu'on classe *Psycho* — comme on le fait souvent dans les clubs vidéo — dans la catégorie du film d'horreur.

Le meurtre sous la douche est donc l'élément formel qui permet d'élaborer, au sein du film, un nouvel argumentaire dont la partie qui me concerne principalement relie une prémisse initiale (une jeune femme prend une douche dans un motel situé au bord d'une route désaffectée) avec une première conclusion (elle gît morte au fond de la baignoire). Grâce à ce qui paraît d'abord être une catalyse, cet argument profite d'une pose au sein des deux autres arguments (mélodramatique et policier) qui sont aussi, au même moment, en voie d'élaboration par le spectateur. Je laisse à d'autres le soin de décider si, d'un point de vue à la fois générique et historique (si l'on considère la date de parution du film [57]), on peut proprement nommer cet argument « argument d'horreur » ou « argument d'épouvante », mais une chose est certaine : il le deviendra rapidement et ce, dès lors qu'il constituera l'objet d'une nouvelle schématisation narrative chez toute une génération de cinéastes (et de spectateurs) qui l'utiliseront à profusion dans leurs films d'horreur de type *slasher* [58]. Le nouvel argument — selon lequel les salles de bains peuvent devenir des lieux d'horreur — met donc en jeu un ensemble d'éléments qu'on retrouvera bientôt sous forme de stéréotype narratif dans plusieurs films : un suspense qui éclate en une violence à la fois extrême et plus ou moins inattendue (en fait, de moins en moins au fur et à mesure qu'on s'éloigne de *Psycho* !) dans un lieu intime et reclus (la salle de bains du motel) ; une jeune femme dans un cadre suggestif (il faut se souvenir du voyeurisme de Norman Bates alors que Marion se déshabille) et, au moment de l'agression, une absence de motivation de la part d'un meurtrier anonyme (auquel *Psycho* ajoute, plus loin, des traits identitaire : folie, impureté, inceste, la mère, Norman).

*

* *

S'il est une idée qui traverse ce chapitre tout entier, c'est que les résultats des processus cognitif et argumentatif de l'acte de spectature doivent être entendus comme les produits d'une rationalité. Ainsi, ce que je désigne par le terme « forme », et qui, en ce qui concerne le cinéma, relève du processus par lequel le spectateur agence les segments filmiques pertinents au sein d'une intrigue, repose essentiellement sur des schématisations et est, en retour, schématisable. A ce titre, Paul Ricoeur, à qui ma description de la forme doit beaucoup, n'hésite pas à rapprocher la mise en intrigue du travail de l'imagination productrice chez Kant [59]. On se souviendra, à cet effet, que la première *Critique* conçoit la raison dans le cadre d'une synthèse de l'intuition et de l'entendement opérée par l'imagination, que Kant définit comme la faculté de la représentation, entendue comme une « fonction de l'âme, aveugle mais indispensable, sans laquelle nous ne pourrions jamais et nulle part avoir aucune connaissance, mais dont nous n'avons que très rarement conscience [60] ». En ce qui concerne la segmentation et la mise en forme narrative, il s'agit dans les deux cas de relier le divers perçu et entendu du film à un objet *conceptuel*, la synthèse s'effectuant à travers une schématisation toujours spécifique — structures de connaissances et parcours narratifs — faisant l'objet d'un savoir plus ou moins *vérifiable* (on finit toujours par s'entendre en ce qui concerne la description d'une forme et ce, même si cette dernière risque de connaître certaines variations d'un spectateur à un autre).

Cela dit, la forme est incapable de rendre compte de la façon dont le meurtre sous la douche m'*impressionne*. Il faudra, pour ce faire, envisager la figure. Contrairement à ce qui se produit lors de l'élaboration de la forme, l'émergence de la figure ne peut se laisser guider par des schèmas préexistants, ni même devenir l'objet d'une schématisation. Conséquemment, la figure ne peut devenir l'objet d'une science — comme l'est devenue la forme au moyen de la narratologie. Par là, je veux dire qu'elle ne peut être réduite, subordonnée à l'universel, et qu'on ne saurait la former en suivant une règle, ni prédire à l'avance son émergence. Elle est le produit d'une imagination singulière qui s'approprie la forme et qui voit en elle-même le *token* de son propre *type*. C'est ce que nous allons maintenant examiner de plus près...

NOTES

1. L'argument esthétique est une forme dont l'agencement est dominé exclusivement par des contraintes d'ordre esthétique : harmonie, tonalité, rythme, couleurs, progressions géométriques, etc. Certaines pratiques du montage chez Eisenstein, comme le montage tonal et le montage supratonal, favorisent également la construction d'arguments esthétiques.

2. C'est au travail de Bertrand Gervais, consacré à la lecture de romans d'aventure, que je dois le terme « *endo-narratif* », sur lequel le concept d'endo-forme est évidemment modelé, à la différence près que l'endo-forme intervient dans la construction d'arguments non narratifs, comme les arguments scientifiques ou esthétiques, tandis que l'endo-narratif se restreint au domaine du récit. Cf. *Récits et action. Pour une théorie de la lecture*, Longueuil, Le Préambule, 1990.

3. C'est bien sûr ce qu'a compris V. Propp, dont les travaux sur les contes russes ont servi d'inspiration à l'entreprise narratologique. Cf. Vladimir Propp, *Morphologie du conte*, Paris, Seuil, 1965.

4. Paul Ricoeur, *Temps et récit*, tomes I, II et III, *op., cit.*

5. Au sujet des préconstruits, cf. Gilles Thérien, *Sémiologie*, Montréal, UQAM (Les cahiers du département d'études littéraires),1985 ; et « Pour une sémiotique de la lecture », *op. cit.*

6. Paul Ricoeur, *Temps et récit,* tome I , *op. cit.*, p. 92.

7. *Ibid.*, p. 89.

8. Bertrand Gervais, *Récits et action. Pour une théorie de la lecture*, *op. cit.*, p. 81

9. *Ibid.*, pp. 96-97.

10. *Ibid.*, p. 132.

11. L'agir d'un personnage de roman ou de film peut ainsi nous familiariser avec une façon d'atteindre un but qui nous est inconnue, soit parce que nous n'y avons tout simplement jamais pensé, soit parce que les moyens mis en oeuvre pour atteindre le but visé n'existent pas dans notre monde (c'est le cas, très souvent, des moyens utilisés par les héros des récits de science-fiction, par exemple). Or, cet apprentissage de l'action par sa représentation n'est possible que parce que nous sommes *a priori* des sujets agissants.

12. L'évolution des travaux de Schank a donné lieu à quelques ajustements terminologiques et conceptuels, notamment en ce qui concerne les rapports entre les concepts de scène et de script. Il n'est donc pas sans intérêt de signaler que j'adopte à leur égard les usages qu'on trouve dans *Dynamic Memory*. Cf. Roger C. Schank, *Dynamic Memory*, Cambridge, Cambridge University Press, 1982.

13. Il s'agit ici de la condition minimale, sorte de degré zéro de l'identification de l'action filmique, qui n'exclut en rien l'actualisation des autres composantes du schème interactif.

14. Cette correspondance, lorsqu'elle s'applique aux bruits et aux images, présuppose évidemment que le spectateur puisse identifier les bruits de même que le contenu des images, sans quoi il serait incapable de relier iconiquement (au sens peircéen du terme) ce qu'il perçoit au contenu d'une structure de connaissance. Cela dit, il n'est pas impossible que le spectateur soit amené, par la mise en scène par exemple, à faire appel à une structure de connaissance lui fournissant une compréhension « erronée » d'une action. Dans *Film as Art*, Rudolf Arnheim donne un bon exemple : « In Chaplin's film *The Immigrant* the opening scene shows a boat rolling horribly and all the passengers being seasick. They stagger to the side of the ship pressing their hands to their mouths. Then comes the first shot of Charlie Chaplin : he is seen hanging over the side with his back to the audience, his head well down, his legs kicking wildly — everyone thinks the poor devil is paying his toll to the sea. Suddenly Charlie pulls himself up, turns round and shows that he has hooked a large fish with his walking stick. The effect of surprise is achieved by making use of the fact that the spectator will be looking at the situation from a certain definite position. The idea underlying the scene is no longer 'a man is doing such and such a thing, for example, he is fishing or being sick,' but 'a man is doing this and that, and at the same time the spectator is watching him from a particular station point.' The element of surprise exists only when the scene is watched from a particular position. If the scene had been taken from the waterside, the audience would have realized at once that Charlie was not being sick but was fishing ; and hence the wrong idea would not have been implanted ». Arnheim, c'est bien connu, cherche ici à démontrer le potentiel artistique du cadrage et de l'aspect bidimensionnel de l'image filmique. Mais si on examine l'exemple d'un point de vue cognitif, il semblerait que le spectateur soit tout simplement induit à comprendre

l'image à partir d'une situation cognitive « erronée » : ce n'est pas l'action de vomir mais plutôt celle de pêcher que réalise ici Charlot (il ne s'agit pas vraiment d'une erreur toutefois, attendu que le gag repose sur cette identification « erronée » de l'action). Comprendre un film (ici, saisir l'effet comique) c'est donc aussi, quelques fois, le « mécomprendre ». *Film as Art*, Los Angeles, University of California Press, 1957, pp. 36-37. Enfin, il n'y a pas que la mise en scène qui peut avoir un effet sur la situation cognitive : l'identification de l'action (on le verra plus loin) peut également faire appel à des savoirs qui portent sur le genre, le style, la période, l'auteur, etc.

15. Roger C. Schank, *Dynamic Memory*, *op. cit.*, p. 154.

16. Seul le langage naturel, en d'autres mots, peut désigner l'action dans une perspective générique; le cinéma, mis à part son usage du verbe, ne peut que représenter l'action dans son déroulement ou faire allusion à son accomplissement par la présentation de ses conséquences (un principe souvent utilisé par la photographie de presse).

17. Christian Metz définit la séquence par épisode comme l'alignement d'un « certain nombre de scénettes, séparées le plus souvent les unes des autres par des effets optiques (fondus-enchaînés, etc...), et qui se succèdent par ordre chronologique; aucune de ces évocations n'est traitée avec toute l'ampleur syntagmatique qu'elle aurait pu comporter; c'est leur ensemble seul, et non chacune d'elles, qui est pris en compte par le film [...] ». *Essais sur la signification au cinéma*, tome I, Paris, Klincksieck, 1968, p. 132.

18. La psychologie s'est beaucoup intéressée à étudier le développement de « l'intelligence narrative » chez les enfants. Edward Branigan résume plusieurs thèses à ce sujet lorsqu'il écrit : « the basic comprehension represented by a narrative schema is apparently not operative in most children until about the age of seven. Complex forms of narrative utilizing psychological causation, point of view, multiple plots, and temporal complexity are not acquired until much later. Prior to the age of seven, there are partial realizations of the schema along with some non narrative organizations of experience ». *Narrative Comprehension and Film*, *op. cit.*, pp. 18-19.

19. *Ibid.*, p. 68.

20. Qu'il faille supposer une cohérence par laquelle un lecteur (ou un spectateur) passe du segment à l'épisode, de l'action à l'intrigue, est souligné par Ricoeur qui sent bien la nécessité de distinguer entre action et intrigue. A ce sujet, voir la vigoureuse polémique entre Ricoeur et Claude Bremond, dans *Temps et récit de Paul Ricoeur en débat*, Christian Bouchindhomme et Rainer Rochlitz (dir.), Paris, Editions du Cerf, 1990.

21. Paul Ricoeur, *Temps et récit*, tome II, *op. cit.*, cf. en particulier pp. 17-48.

22. F. C. Bartlett, *Remembering. A Study in Experimental and Social Psychology*, Cambridge, Cambridge University Press, 1932.

23. Voir Jean Matter Mandler, *Stories, Scripts, and Scenes : Aspects of Schema Theory*, Hillsdale, Lawrence Erlbaum Associates, 1984; et Jean M. Mandler et Nancy S. Johnson, « A la recherche du conte perdu : structure de récit et rappel », dans *Il était une fois...* , Guy Denhière (dir.), Lille, Presses Universitaires de Lille, 1984.

24. Jean M. Mandler et Nancy S. Johnson, *ibid.*, p. 186.

25. Comme l'explique Ricoeur, « [...] c'est la familiarité avec les oeuvres, telles qu'elles sont apparues dans la succession des cultures dont nous sommes les héritiers, qui instruit l'intelligence narrative ». Paul Ricoeur, *Temps et récit*, tome II, *op. cit.*, p. 27.

26. Ricoeur renvoie ici au travail de Northrop Frye qui exemplifie comment le schématisme du raconter procède d'une sédimentation de la tradition. La théorie

des modes, des symboles et des archétypes assure ainsi la découverte de ressemblances familiales au plan de l'intrigue entre différents textes issus de périodes différentes.

27. L'avantage de cette formulation axée sur l'acte de spectature est d'éviter la question du statut narratif de la fiction cinématographique en termes immanentistes, et de contourner, par conséquent, le débat sur la validité de la notion de récit filmique. Ce débat, je le rappelle, tient à une interprétation des propos de Platon et d'Aristote sur la distinction entre *mimèsis* et *diègèsis*. C'est ainsi que Gérard Genette, dans une lettre adressée à André Gaudreault, écrit : « Si l'on envisage (définition large) toute espèce de 'représentation' d'une histoire, il y a évidemment récit théâtral, récit filmique, récit par bandes dessinées, etc. Personnellement, je suis plutôt, et de plus en plus, pour une définition étroite de récit : *haplè diègèsis*, exposé de faits par un narrateur qui signifie les faits par voie verbale (orale ou écrite), et en ce sens il n'y a pas pour moi de récit théâtral ou filmique. Le théâtre *ne raconte pas*, il '*reconstitue*' une histoire sur scène, et le cinéma *montre* sur l'écran une histoire également '*reconstituée*' (en fait, bien sûr, constituée) sur le plateau [...] », lettre reproduite dans l'ouvrage d'André Gaudreault, *Du littéraire au filmique : système du récit*, Québec et Paris, Presses de l'Université Laval et Méridiens Klincksieck, 1988, p. 29, n. 8, souligné dans le texte. Gaudreault choisit de contrer l'argument de Genette au moyen d'une relecture du Livre III de la *République* et de la *Poétique*, cherchant une jonction entre les deux auteurs selon laquelle la *mimèsis* platonicienne correspondrait à la *diègèsis* artistotélicienne, ce qui garantit la place d'un « récit scénique » au sein de la narratologie. Il est clair toutefois que l'enjeu de ce débat n'est pas l'*intrigue* (Genette reconnaît qu'il y a une histoire au cinéma), mais la valeur discursive du récit, en l'occurrence toute la question de la narration et du narrateur, et donc de l'énonciation narrative. Par conséquent, cette perspective immanentiste renvoie, en réalité, à une quête des origines du discours narratif. Pour ma part, je dirai que le spectateur sait bien que le film a été tourné par un cinéaste. Bien entendu, il est possible qu'un personnage de la fiction (homo ou hétérodiégétique/ intra ou extradiégétique) revendique la responsabilité de l'histoire par un jeu de conventions que le spectateur reconnaît comme tel. Autrement, et *si le besoin s'en fait sentir*, le spectateur imputera sans difficulté la responsabilité de l'histoire au cinéaste.

28. On remarquera que la notion d'intelligence narrative rejoint ici la conception de la compréhension narrative que développe David Bordwell et qu'il résume de la façon suivante : « The spectator comes to a film with schemata, and these are derived in part from experience with extrinsic norms. The viewer applies these schemata to the film, matching the expectations appropriate to the norms with their fulfillment within the film. Greater or lesser deviations from these norms stand out as prominent. At the same time, the viewer is alert for any norms set up by the film itself; these intrinsic norms may coincide with or deviate from the conventions of the extrinsic set. Finally, the spectator may encounter foregrounded elements, the moments when the film diverges to some degree from intrinsic norms. In a sort of feedback process, these deviations may then be compared with pertinent extrinsic norms. Throughout this process, both intrinsic and extrinsic norms set up paradigms, or rough sets of alternatives which form the basis of spectators' schemata, assumptions, inferences, and hypotheses ». *Narration in the Fiction Film*, *op. cit.*, p. 153. L'intérêt du projet de Bordwell est justement l'adoption d'une perspective historique qui souligne, à sa manière, les métamorphoses de l'intrigue au cinéma.

29. Paul Ricoeur, *Temps et récit*, tome II, *op. cit.*, p. 35.

30. On verra plus loin, dans la deuxième partie de ce chapitre, en quoi le récit de *Psycho* à la fois s'éloigne et reste autour (*peri*) du « classicisme » hollywoodien,

ce qui lui permet de se distinguer des films « classiques », sans pour autant adopter les stratégies narratives de certains films qui lui sont contemporains et qui sont proprement modernes, comme *Hiroshima mon amour* (Resnais, 1959), *L'Année dernière à Marienbad* (Resnais, 1961) ou *L'Avventura* (Antonioni, 1960). Dit autrement, *Psycho* est, à première vue, un film hollywoodien « classique » et c'est à y regarder de plus près que certains problèmes narratifs surgissent.

31. David Bordwell, *Narration in the Fiction Film, op. cit.*, p. 157. Un peu plus loin dans le même paragraphe, Bordwell explique comment le récit filmique « classique » est, à l'origine, l'héritier de plusieurs types narratifs : « the well-made play, the popular romance, and, crucially, the late-nineteenth-century short story ».

32. Malgré certaines distinctions opérationnelles, la majorité des grammaires de récit mettent en jeu des constituants plus ou moins communs. Le modèle le plus souvent cité est celui de P.W. Thorndyke dont on peut résumer les règles les plus importantes en utilisant une structure arborescente :

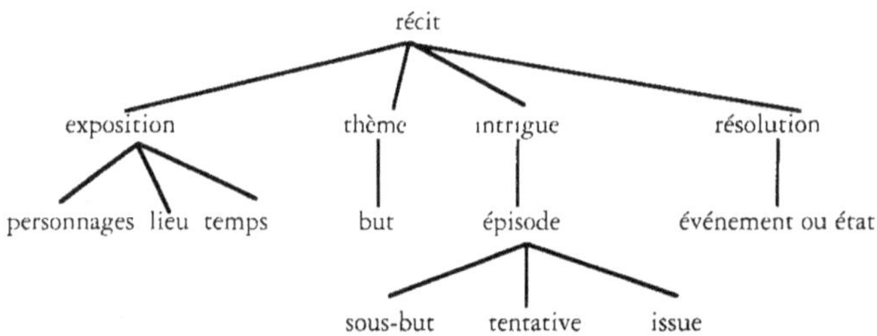

Cf. P. W. Thorndyke, « Cognitive Structures in Comprehension and Memory of Narrative Discourse », *Cognitive Psychology*, n° 9, 1977; Jean M. Mandler et Nancy S., Johnson, « A la recherche du conte perdu : structure de récit et rappel », *op. cit.*; John B. Black et Gordon H. Bower, « La compréhension des récits considérée comme une activité de résolution de problemes », dans *Il était une fois..., op. cit.*

33. John B. Black et Gordon H. Bower, *Ibid.*, pp. 280-281.

34. David Bordwell, *Narration in the Fiction Film*, *op. cit.*, p. 157.

35. Paul Ricoeur, *Temps et récit*, tome II, *op. cit.*, p. 68, souligné dans le texte.

36. Chaïm Perelman et Lucie Olbrechts-Tyteca, *Traité de l'argumentation*, Bruxelles, Editions de l'Université de Bruxelles, 1988, cf. en particulier pp. 352-470.

37. Cf. *Ibid.*, p. 354.

38. Edward Branigan, *Narrative Comprehension and Film*, *op. cit.*, p. 29.

39. David Bordwell, *Narration in the Fiction Film*, *op. cit.*

40. La relation entre le schéma et la forme est assez complexe. Si les deux entités se construisent au sein de la relation spectateur/film, il faut reconnaître que l'une vise la généralité, l'autre la spécificité. Ainsi, tandis que le schéma est utile, en principe, pour le traitement cognitif de plus d'un film, la forme est spécifique à un seul film. Les deux relèvent donc, en ce sens, de mouvements contraires. Néanmoins, les deux sont également unis dans un rapport de réciprocité, selon quoi le schéma sert l'élaboration de la forme qui, en retour, est susceptible d'engendrer des transformations au sein du schéma (voire même une réévaluation de ce dernier et la mise au jour de nouvelles schématisations). On trouve ici, en somme, une autre version de la dialectique de l'innovation et de la sédimentation, de l'oeuvre et du genre dont parle Ricoeur.

41. Pour une discussion sur cette variété de scripts, voir Roger C. Schank, *The Connoisseur's Guide to the Mind*, New York, Summit Books, 1991, pp. 82-99.

42. Le mot « love » n'est mentionné qu'une seule fois pendant la conversation entre Sam et Marion et ce, dans un contexte de dérision et d'ironie. Lorsque la jeune femme explique qu'elle veut mettre un terme à leurs rencontres clandestines, Sam répond : « All right. What do we do instead ? Write each other lurid love letters ? ». Jamais les personnages ne professent quelque amour l'un pour l'autre. Quant aux 40 000 $, ils sont, rappelons-le, doublement liés au mariage. Non seulement doivent-ils permettre à Marion d'épouser Sam, mais ils constituent également le cadeau de noces offert par Cassidy — un riche client du patron de Marion — à sa fille. Le transfert entre Marion et la fille de Cassidy est d'ailleurs souligné par le dialogue : - Cassidy (s'adressant à Marion) : « Yeah, tomorrow's the day ! My sweet little girl. Oh — oh, not — not you. My daughter. A baby ! And tomorrow she stands her sweet self up there and gets married away from me ». Enfin, le rôle de l'argent nous rappelle que le mariage se présente rarement sous son visage romantique chez Hitchcock. On n'a qu'à penser à *Sabotage* (1936), *Rebecca* (1940), *Suspicion* (1941), *Shadow of a Doubt* (1943), *The Paradine Case* (1947), *Dial M for Murder* (1954), *Rear Window* (1954) ou *Marnie* (1964) pour ne citer que ceux-là.

43. Ces segments apparemment « non essentiels » jouent donc un rôle plus ou moins identique à celui joué par la catalyse chez Roland Barthes. Cf. « Introduction à l'analyse structurale des récits », *Communications* 8, 1966.

44. Marion, je le rappelle, est vue s'affairant à un petit bureau; elle est assise, un stylo à la main, et semble écrire quelque chose. Un insert montre la présence de deux petits carnets sur le bureau : un carnet de banque, la « First Security Bank of Phoenix », contre lequel repose le deuxième carnet dans lequel Marion soustrait 700 de 40 000. Le spectateur qui possède les structures de connaissance adéquates sur les transactions bancaires comprendra sans doute que Marion, qui planifie la restitution de l'argent, vérifie le « pouvoir-faire » d'une telle action.

45. On imagine mal l'intérêt narratif d'un film dont la compréhension reposerait entièrement sur la reconnaissance de scripts présentés sans aucune variation.

46. François Truffaut, *Hitchcock/Truffaut*, Paris, Ramsay, 1983, p. 228. C'est moi qui souligne.

47. Le meurtre surprend, par ailleurs, parce qu'il implique la disparition du personnage principal, qui est aussi la vedette du film. Comme l'explique Hitchcock : « je vous parie tout ce que vous voudrez que, dans une production ordinaire, on aurait donné à Janet Leigh l'autre rôle, celui de la soeur qui enquête, car il n'est pas d'usage de tuer la star au premier tiers [sic] du film. Moi, j'ai fait exprès de tuer la star, car ainsi le meurtre était encore plus inattendu », cité dans François Truffaut, *Hitchcock/Truffaut, op. cit.*, p. 231. Le meurtre a donc pour effet de laisser un vide énorme au sein de l'intrigue. Comme le souligne Robin Wood : [The murder] also constitutes an alienation effect so shattering that (at a first viewing of the film) we scarcely recover from it. Never — not even in *Vertigo* — has identification been broken off so brutally. At the time so engrossed are we in Marion, so secure in her potential salvation, that we can scarcely believe it is happening; when it is over, and she is dead, we are left shocked, with nothing to cling to, the apparent center of the film entirely dissolved », Robin Wood, *Hitchcock's Films Revisited*, New York, Columbia University Press, 1989, p. 146

48. Raymond Bellour, « Psychose, névrose, perversion, » dans *L'analyse du film*, Paris, Albatros, 1979, p. 294.

49. *Ibid.*, p. 292.

50. *Ibid.*, p. 308.

51. Cf. l'analyse que fait Paul Ricoeur de la *Poétique* d'Aristote dans *Temps et récit*, tome I, *op. cit.*

52. David Bordwell, *Narration in the Fiction Film*, *op. cit.*, pp. 157-158.

53. Le récit policier est lui-même, dans certaines de ses manifestations (film de détective, roman à énigme) une structure bifide qui met en scène l'histoire du crime et l'histoire de l'enquête. Le spectateur de *Psycho* trouvera trois crimes (le larcin, le meurtre de Marion, le meurtre d'Arbogast) et une seule enquête. Sur la structure narrative du récit policier voir Tzvetan Todorov, « Typologie du roman policier », dans *Poétique de la prose*, Paris, Seuil, 1971; ainsi que David Bordwell, *Narration in the Fiction Film*, *op. cit.*, pp. 64-70.

54. Paul Ricoeur, *Temps et récit*, tome I, *op. cit.*, pp. 71-75.

55. Bertrand Gervais, *Récits et action. Pour une théorie de la lecture, op. cit.*, p. 233.

56. François Truffaut, *Hitchcock/Truffaut, op. cit.*, p. 228.

57. Il ne fait pas de doute à mon avis que la forme du meurtre sous la douche offre quelque chose de nouveau dans le paysage cinématographique de l'époque, tous genres confondus.

58. Nous en rencontrerons quelques exemples au chapitre IV.

59. Paul Ricoeur, *Temps et récit*, tome I, *op. cit.*, pp. 106-108.

60. Emmanuel Kant, *Critique de la raison pure*, trad. A. Trémesaygues et B. Pacaud, Paris, PUF, 3e éd. 1963, p. 93.

III

La figure, l'imaginaire

Revenons aux propos de Janet Leigh, cités en exergue du premier chapitre. L'actrice, on s'en souviendra, explique que, depuis *Psycho*, elle ne prend plus jamais de douche. Ce commentaire est intéressant pour plusieurs raisons. D'une part, il souligne la mémoire que conserve Janet Leigh de l'épisode de la douche, épisode qui l'a, de toute évidence, profondément marquée. Or ce n'est pas tant l'expérience de tournage du meurtre — qui dura près d'une semaine [1] — qui a impressionné l'actrice que la projection du résultat final. D'autre part, et de façon complémentaire, ces propos signalent l'émergence de quelque chose de nouveau, soit la cessation d'une pratique : Janet Leigh ne prendra plus de douche. C'est comme si, en quelque sorte, l'actrice avait, au contact du film, découvert quelque chose qui va bien au-delà de la seule compréhension cognitive et argumentative de ce dernier. Peu importe qu'il soit vrai ou faux, ce témoignage constitue un exemple remarquable de ce que j'ai décrit au premier chapitre sous l'appellation de « processus symbolique de l'acte de spectature ». Comme je l'indiquais, il existe, au-delà de l'activité de compréhension filmique, une intégration symbolique des résultats des différents processus de spectature qui peut confirmer, infirmer, voire même reconfigurer ce qui appartient, sous forme de mémoire, à la vie imaginaire du spectateur.

Il n'est pas nécessaire, bien entendu, que l'intégration d'un film ou d'un segment de film à la vie imaginaire du spectateur donne lieu à des effets aussi fulgurants que ceux produits sur Janet Leigh. Je continue, pour ma part, comme bien des spectateurs de *Psycho*, à prendre des douches ! Cependant, la place qu'occupe toujours *Psycho* et le meurtre sous la douche dans la mémoire des spectateurs individuels et dans la mémoire collective (grâce à la presse, à la télévision, aux cours de cinéma, au parc thématique des *Universal Studios*, etc.) lui confère un statut particulier sur le plan de l'imaginaire. C'est pour rendre compte de ce statut que je propose ici la notion de figure. Cette dernière, je l'ai mentionné au premier chapitre, concerne la façon dont un artefact s'intègre à la vie imaginaire d'un individu ou d'un groupe pour y déployer son réseau de sens. Par « imaginaire », il faut entendre ici les différentes constellations sémiotiques — croyances, idéologies, pratiques, coutumes, habitudes, fantasmes, etc. — qui règlent la vie, ou mieux, l'âme, d'un individu ou d'un groupe. Ces constellations sémiotiques, ces imaginaires, sont plus ou moins cristallisés tant du côté de l'individu que du groupe, dont ils assurent en partie l'identité ; néanmoins, une fois formés, ils sont sujets à révision : ils peuvent ainsi se renforcer, se transformer, ou même disparaître. Le succès ou la *valeur culturelle* d'un artefact dépend de la façon dont il interagit avec un imaginaire : il en est ainsi, par exemple, du «succès » du réalisme socialiste chez les dirigeants de l'U.R.S.S. stalinienne, pour qui ce style traduisait un imaginaire communiste bien précis. Or, dans le jeu des rapports entre un artefact et l'imaginaire, la figure est ce qui impressionne parce qu'elle donne un « corps » à un (ou plusieurs) imaginaire(s). Plus précisément, la figure impressionne soit parce qu'elle incarne ce qui n'avait pas encore trouvé de corps, soit parce qu'elle remplace l'incarnation précédente d'un imaginaire en lui offrant un nouveau corps, soit, enfin, parce qu'elle synthétise en son corps des imaginaires disparates. C'est ainsi, pour prendre un exemple tiré cette fois d'un domaine différent, que les actions d'Oedipe à l'égard du Roi et de la Reine de Thèbes sont devenues, *à partir de l'acte de lecture de Freud*, la figure ou l'incarnation littéraire d'un imaginaire marqué par le meurtre du père et par l'union avec la mère, imaginaire dont on sait par ailleurs qu'il a conquis le 20e siècle.

Parler de la *figure du meurtre sous la douche* à propos de *Psycho* revient ni plus ni moins à reconnaître que l'épisode de la douche constitue l'élément du film le plus riche pour l'imagination, élément autour duquel converge, en réseau et de façon cohérente, un ensemble de traits plus ou moins hétérogènes susceptibles d'être dispersés un peu partout sur la bande filmique. La figure apparaît, sous cet angle, comme un principe de cohérence qui rassemble — sur des bases qui ne sont plus celles de la rationalité narrative ou thématique, mais bien celles de l'imagination — des traits disparates pour produire un objet complexe. La figure impose alors un autre parcours qui, bien que partiellement prisonnier du déroulement de la projection, réussit toutefois à transcender l'ordre linéaire-argumentaire-consécutif du défilement de la bande et à lui substituer un ordre de contiguïté grâce au travail de la mémoire et à des retours au film. Par conséquent, on ne saurait voir d'équivalence terme à terme entre l'épisode du meurtre sous la douche — qui constitue, on l'a vu au chapitre précédent, une forme close — et ce que j'appelle ici la *figure du meurtre sous la douche*. Mais avant d'entreprendre l'examen de cette dernière, il convient de préciser le plus exactement possible le sens que prend ici le terme « figure », histoire d'éviter toute confusion à son sujet et par rapport à ma démarche.

*
* *

Peu de termes jouissent d'usages aussi variés que « figure ». Dans le langage courant, la figure désigne les traits du visage ou l'aspect extérieur du corps [2] ; dans le domaine des arts, elle désigne les représentations visuelles d'objets, de personnages, les statues ; en psychologie gestaltiste, elle renvoie à ce qui s'oppose perceptuellement à un fond ; en géométrie, elle désigne un tracé dans l'espace ; en logique, elle désigne les différents aspects du syllogisme ; en danse, elle désigne une chorégraphie ; en rhétorique, elle désigne tantôt certains procédés de style et de construction du discours, tantôt les tropes ; tandis qu'en littérature elle s'oppose habituellement à l'usage littéral du langage. Il existe également des usages plus idiosyncratiques, comme chez Jean-François Lyotard [3], où la figure s'oppose au langage comme une singularité irreprésentable par le discours ; chez Louis Hjelmslev [4], où la figure désigne les unités sémantiques et phonologiques qui constituent séparément les plans du contenu ou de l'expression ; ou chez Erich Auerbach [5] qui reprend à son compte la pratique de l'interprétation figurale du Moyen-Âge. Comme on peut le voir, la notion de figure couvre aujourd'hui un terrain immense, au point où il faut se demander s'il existe un lieu commun qui permettrait d'unir les différents usages en question. En effet, que peuvent bien partager la statue, le sème et la périphrase ?

Ce que partagent ces « figures » c'est, de façon très abstraite, le concept de *forme* : forme plastique pour la statue, forme du contenu pour le sème, et forme verbale, pour la périphrase, par laquelle on parle « autour » d'un sujet, le désignant de façon détournée. Aussi, bien qu'elles diffèrent l'une de l'autre en tant qu'« objets », ces figures ont en commun d'être conçues comme autant de formes par chacun des domaines desquels elles relèvent, qu'il s'agisse de l'histoire de l'art, de la sémantique ou de la rhétorique. Que notre langue recueille sous un même terme, voire sous une conceptualité voisine, des objets si différents, relève peut-être de la pauvreté de l'héritage latin face au concept de forme chez les Grecs. En fait, quel que soit l'usage qu'on fait de la figure, l'étymologie nous renvoie au mot latin « *figura* ». Il n'est donc pas inutile ici de mettre à contribution l'étymologie et de faire appel aux différentes acceptions de la *figura* chez les Latins. Cela nous donnera l'occasion de distinguer parmi différents types de formes mises en jeu par la spectature filmique et d'assurer la spécificité de la figure filmique.

Selon Erich Auerbach, à qui l'on doit une étude philologique détaillée sur la *figura*, l'essor de cette dernière est lié à l'hellénisation de l'éducation romaine. Les Grecs disposaient de plusieurs termes pour exprimer les variations dans le concept de forme : *morphè*, *eidos*, *schèma*, *typos*, *plasis*, et d'autres encore. Le lexique latin, moins riche, utilisera surtout deux termes pour rendre compte des variations sémantiques recouvertes par les expressions grecques : *forma* et *figura*. De façon générale, explique Auerbach, les Latins utilisent le terme *forma* pour désigner la forme idéelle que les Grecs expriment par les termes *morphè* et *eidos* ; tandis qu'ils réservent le terme *figura* pour exprimer les diverses significations recouvertes par les termes *schèma* (« forme extérieure »), *plasis* (« forme plastique ») et, bien que de façon moins régulière, *typos* (« empreinte », « sceau », mais aussi « type » et « loi »), cette dernière acception recoupant quelques fois le sens de *forma*. C'est ainsi que l'Antiquité étendra tour à tour ces acceptions de la *figura* à la grammaire, à la rhétorique, à la logique, aux mathématiques et aux arts.

On trouve donc chez les Latins trois principales acceptions de la *figura*, acceptions qui recoupent celles des termes grecs *schèma*, *plasis*, et *typos*. Si l'on cherche maintenant à étendre ces acceptions aux domaines de la forme filmique, histoire d'assurer l'identité de la figure, on trouvera sans difficulté les correspondances adéquates du côté des processus de spectature. Ainsi, les résultats du processus perceptif, qui ont trait aux lignes, aux couleurs, à la reconnaissance des motifs visuels, ainsi qu'à l'illusion du mouvement et de la profondeur, assurent la forme plastique du film, ou *plasis*. On peut dire, par ailleurs, que la mise en forme narrative, telle qu'identifiée au chapitre précédent et qui relève des processus cognitif et argumentatif, offre au contenu filmique sa forme extérieure, au sens de *schèma*. Enfin, nous verrons tout au long de ce chapitre comment ce que j'appelle la figure constitue une forme interne ou imaginaire — ou mieux, une forme de l'imaginaire — susceptible de se déployer lors de la rencontre du film et du spectateur, et de marquer, tel un sceau ou *typos*, sa mémoire.

C'est donc en vertu de l'imaginaire et de la mémoire que la figure existe. Pour bien comprendre cette remarque, il importe toutefois de saisir la relation qui unit les facultés de l'imagination et de la mémoire ainsi que la susceptibilité de cette dernière à accueillir la figure, à être empreinte par elle. Tel qu'indiqué au premier chapitre, la notion d'impression suppose ici qu'on adopte une perspective particulière sur la production et l'entreposage des objets de la mémoire, perspective qui trouve son origine chez les Grecs et les Latins. En fait, comme le rappelait récemment Mary Carruthers [6], il existe, chez les penseurs de l'Antiquité et du Moyen-Âge, une conception de la mémoire qui fait d'elle une sorte de tablette de cire sur laquelle viennent s'inscrire des images intérieures. On trouve le premier usage de cette analogie dans le *Théétète* de Platon, où Socrate demande à Théétète de considérer, pour les besoins de la démonstration, la présence d'une cire que l'on peut empreindre au sein de l'âme humaine :

> C'est un don, affirmerons-nous, de la mère des Muses, Mnémosyne : tout ce que nous désirons conserver en mémoire de ce que nous avons vu, entendu ou nous-mêmes conçu, se vient, en cette cire que nous présentons accueillante aux sensations et conceptions, graver en relief commes marques d'anneaux que nous y imprimerions. Ce qui s'empreint, nous en aurions mémoire et science tant qu'en persiste l'image. Ce qui s'efface ou n'a pas réussi à s'empreindre, nous l'oublierions et ne le saurions point [7].

Pour Aristote, la perception — visuelle, sonore, tactile ou olfactive — produit des images mentales également susceptibles de s'empreindre dans la mémoire :

> [...] il faut penser que l'impression produite, grâce à la sensation, dans l'âme et dans la partie du corps qui possède la sensation, est de telle sorte qu'elle est comme une espèce de peinture, dont la possession, disons-nous, constitue la mémoire. En effet, le mouvement produit dans l'esprit comme une certaine empreinte de sensation, à la manière de ceux qui cachètent avec un anneau [8].

Or cette capacité de l'âme à produire des images pour la mémoire appartient essentiellement au domaine de l'imagination :

> A quelle partie de l'âme la mémoire appartient-elle ? Il est évident que c'est à cette partie de laquelle relève aussi l'imagination. Et les choses qui, en elles-mêmes, sont objets de la mémoire sont toutes celles qui relèvent de l'imagination, et le sont accidentellement toutes celles qui n'existent pas sans cette faculté [9].

Il n'y a donc pas, pour la tradition classique et médiévale, de mémoire sans imagination, les deux facultés étant liées de façon intime par la production d'images mentales : d'abord produites par le travail de l'imagination à même les résultats de la perception, les images intérieures sont ensuite organisées et entreposées par la mémoire. Aussi, comme on l'a vu lors du premier chapitre, la *memoria* de la rhétorique classique suppose l'usage d'images — et donc de l'imagination — pour l'inscription des choses et des discours dans la mémoire.

De la tradition classique, je conserverai ici certaines idées générales qui tendent à disparaître des conceptions plus modernes de la mémoire, dont le modèle paradigmatique est sans aucun doute l'intelligence artificielle et sa mémoire électronique dépourvue d'imagination. Chez l'être humain, au contraire, l'imagination et la mémoire agissent de façon complémentaire au sein du processus symbolique. Ainsi, alors que l'imagination voit à la formation d'images intérieures, la mémoire, de son côté, voit à réguler ces images en leur offrant un lieu, un *topos*, d'où elles émergent et où elles sont entreposées. En ce sens, et comme on pourra voir plus loin, les *topoï* de la mémoire servent de cadre à l'exploration de l'imagination. La mémoire n'a donc rien d'un simple reposoir qui se contenterait d'emmagasiner passivement les images de l'imagination. Au contraire, je suis porté à croire que l'imagination existe toujours en vertu des images précédentes qui meublent la mémoire et qui lui servent de présupposés avant qu'elles soient transformées — *reconfigurées* — en quelque chose de nouveau. Par conséquent, il serait faux de voir l'imagination comme un processus actif et la mémoire comme un simple enregistrement passif. Il faut donc opposer, comme le faisaient les penseurs de l'Antiquité et du Moyen-Âge, la mémoire ou *memoria* à la rétention « par coeur » ou *iterata scientia* qui n'a aucune valeur imaginative ou heuristique et pour laquelle les philosophes classiques n'avaient que peu d'intérêt [10].

Dans ce contexte, la figure filmique est à la fois mémoire et imagination : c'est un produit de l'imagination qui vient s'empreindre sur la mémoire. Si elle est ce qui, dans un film, nous impressionne, c'est donc d'abord parce qu'elle touche l'imagination de façon vive, mais aussi, au sens d'*impressio*, parce qu'elle laisse sa marque, son empreinte, dans la mémoire. Je crois en effet que certaines images touchent notre capacité d'imaginer, et qu'elles acquièrent un sens plus large à partir du moment où elles réussissent à prendre vie au sein de notre imaginaire. C'est précisément cette vie imaginaire des images qui est responsable de bien des écrits à leur sujet, ou même de certains actes iconoclastes [11] qui constituent autant de rêveries induites par le mariage des images avec l'imagination et la mémoire. Contrairement aux images stabilisées, stéréotypées, fixées dans une forme définitive, ces images, qui deviennent des figures en vertu de leur mobilité et de la façon dont elles nous impressionnent, continuent de nous faire rêver et parler. C'est par leur « figurabilité » même qu'elles nous touchent et qu'elles nous apparaîssent importantes, quel que soit leur statut ou leur genre (peinture, cinéma, télévision, art, reportage, etc.). La figure prendra ainsi racine chez celui que l'image rend rêveur.

La figure, on l'aura compris, n'a pas d'existence matérielle ; elle n'existe pas dans tel ou tel plan, tel ou tel décor ou aspect de la mise en scène, du cadrage, etc. La matérialité du film lui sert plutôt de support en créant un environnement qui facilite son émergence. Ce dernier est constitué de *traits* qui appartiennent soit à la segmentation, soit à la mise en forme du donné filmique, et qui se constellent dans un réseau, dans une topique. Dit autrement, il est impossible de *voir* la figure sur l'écran de cinéma qui, lui, ne montre que ce que la caméra a photographié. Là où la figure apparaît, là où elle est projetée, au contraire, c'est dans l'esprit du spectateur. *La figure, en ce sens, n'est présente pour le spectateur que dans la mesure où elle est absente des images et du son perçus*. Bien entendu, le film doit posséder certains traits susceptibles de soutenir l'émergence de la figure, et le spectateur posséder dans sa mémoire les présupposés nécessaires à son activation. La figure émerge donc dans le rapport qui unit le spectateur et le film. Dans ce contexte, le propre de la figure, c'est de faire rêver le spectateur, d'arrimer sa mémoire et son imagination à des images, à des sons, à un argument, de façon à les défigurer et à les reconfigurer dans une nouvelle constellation sémiotique ; c'est d'assurer, en d'autres mots, la vie imaginaire de certaines perceptions, de certains arguments, au sein d'un cinéma à la fois intérieur et intime. La figure, faut-il le souligner, n'a rien d'immanentiste ; elle n'est pas une propriété filmique, mais relève plutôt d'une relation entre un film (l'épisode de la douche, dans le cas qui me concerne ici) et un spectateur — relation dont la particularité est qu'elle s'ouvre sur le domaine de l'imaginaire.

C'est donc à partir de l'acte de spectature qu'émerge la figure, alors que s'intègrent et se hiérarchisent les résultats des différents processus qui composent cet acte et que, soudainement, l'imagination du spectateur se trouve engagée par le film. Un tel engagement suppose une certaine prédisposition du spectateur, chez qui on trouvera une sorte de fondement informe, à l'état de pur possible, de la figure. Ce fondement repose en fait sur l'ensemble des savoirs, des idéologies, des imaginaires préalablement entreposés dans la mémoire du spectateur et qui accompagnent chaque acte de spectature. L'émergence de la figure correspond alors à la réalisation et à l'enrichissement de ce qui constitue à l'origine une simple qualité ou virtualité de l'imagination du spectateur et à son essor dans une topique au moment même où s'effectue, sur le matériau filmique, le travail perceptif, cognitif, argumentatif et affectif de la spectature. On pourrait dire que le spectateur ressent alors la curieuse et paradoxale impression de reconnaître — ne serait-ce que partiellement — quelque chose qu'il n'a jamais vu auparavant : soit le pur possible qui l'habite sans jamais avoir eu la chance de se manifester, ni, bien entendu, de s'enrichir.

Il va de soi que la description de la figure pose certains problèmes méthodologiques et ce, parce qu'il s'agit ici de rendre compte d'un aspect du travail de l'imagination humaine, c'est-à-dire, en fait, de questionner un processus sémiosique illimité. Comment peut-on alors espérer cerner ou décrire la figure ? D'entrée de jeu toutefois, il faut bien comprendre que, dans les faits, la sémiosis est un processus qui a tendance, ne serait-ce que provisoirement, à s'interrompre. C'est ce qui se produit, entre autres, à chaque fois que l'on s'entend sur un fait de signification ou lorsqu'on décide de mettre un terme à une recherche, c'est-à-dire lorque celle-ci s'épuise (ou nous épuise !). Par ailleurs, il faut aussi considérer que le contenu de la mémoire (ces constellations sémiotiques auxquelles j'ai fait référence plus tôt et qui sont des imaginaires) pose des bornes au travail de l'imagination et que cette dernière n'est pas aussi débridée qu'on pourrait le croire. Cerner la figure, la décrire, suppose alors que soit interrompue la sémiosis qui la fonde : il faut bien arrêter l'analyse quelque part. Il s'agit en fait d'une exigence propre à toute entreprise de description scripturale : on ne saurait écrire sans fixer du même coup le mouvement de sa pensée et de son imagination. Cela dit, je tiens à souligner que l'étude qui suit ne doit, en aucun cas, être entendue comme une fixation *définitive* de la figure. Aussi, si le présent chapitre épure le retentissement imaginaire que provoque en moi aujourd'hui le meurtre sous la douche, rien ne m'empêche d'y revenir à une date ultérieure pour poursuivre sa complexification. Rien, non plus, n'empêche le lecteur de ces pages d'ajouter des éléments qui peuvent à leur tour enrichir la figure. En ce sens, la stabilité, la fixité de la figure n'est qu'un mirage éphémère, un effet de mon épuisement imaginal à un moment donné et de la nécessité scripturale d'arrêter la description quelque part. C'est pourquoi la cristallisation de la figure n'est, en ce sens, jamais définitive.

Enfin, si la figure demeure abstraite, la manifestation d'une pure expérience de l'imagination, elle n'en est pas moins soutenue, voire documentée, par des traits filmiques qu'on peut décrire et organiser au sein d'une (ou plusieurs) topique(s). Ces traits sont importants dans la mesure où ils servent à la fois de support et de trace (ou d'indice) par rapport à la figure. Ce double rôle des traits est lui-même un symptôme des difficultés qui guettent celui qui cherche à décrire la figure. D'une part, les traits en question soutiennent matériellement le réseau figural : il s'agit d'images, de son, d'actions, etc., qui déterminent d'une certaine manière l'expérience figurale et qui relèvent également de ma compréhension du film (c'est-à-dire de l'endo-forme et de la forme) ; sans eux, la figure ne saurait être activée, représentée. D'autre part, l'existence même de ces traits à titre de traits — c'est-à-dire dans ce qui les démarque des autres composantes filmiques — atteste l'activation de la figure, au point où ils constituent les traces de cette activation : c'est l'imagination qui saisit certains aspects de l'endo-forme et de la forme du film afin de se développer et de s'enrichir à partir d'eux en assurant l'émergence de cet objet complexe qu'est la figure. Or, rien ne prédispose en soi un trait filmique à jouer le rôle de trait figural. La figure, en ce sens, ne saurait être réduite aux traits qui en sont à la fois le catalyseur et l'effet ; les traits servent plutôt à marquer les lieux où se rencontrent le film et l'imagination du spectateur.

En décrivant les traits, on ne décrit donc pas vraiment la figure, mais à la fois son support et ses traces. Ici encore, il faut souligner combien cette description reste extrêmement précaire. C'est que la figure, je le répète, n'est jamais fixe, stable, ou fermée ; au contraire, sa nature est dynamique et ouverte. Cette précarité tient également au fait que non seulement la figure risque de ne pas apparaître — ou de ne pas apparaître pareillement — à tous les spectateurs d'un même film, mais qu'elle est, de surcroît, sujette à des variations et à des enrichissements à chaque fois qu'un individu regarde à nouveau le film fondateur où il l'a d'abord rencontrée. C'est ainsi qu'à force de regarder *Psycho*, ma figure a connu plusieurs états et s'est enrichie au rythme des mouvements continus de mon imagination. A chaque fois, j'ai été amené à reconnaître que les traits qui supportent la figure ne sont pas stables d'un visionnement à l'autre, pas plus que la figure — dont la propriété, je ne saurais le dire assez souvent, est d'être un objet ouvert et dynamique toujours potentiellement en voie de complexification. Chaque visionnement est donc susceptible, en principe, de renvoyer la figure à une saisie différente des traits qui la soutiennent. Comme ni les traits ni la figure ne sont stables d'un visionnement à l'autre, il est clair qu'on ne saurait décrire que des états plus ou moins éphémères de la figure, sans jamais espérer la cerner complètement dans une quelconque finitude. En ce sens, la figure est au départ tout le contraire du stéréotype ou du cliché, qui sont des structures de contenu qui jouissent d'une grande stabilité, et dont la vie imaginaire est réglée d'avance, par le souvenir.

La figure, en définitive, constitue une sorte d'horizon de spectature, une terre promise qui, dans sa plénitude, ne cesse de fuir, de se défiler, et dont on doit se contenter de dessiner les contours de façon plus ou moins imprécise, en sachant très bien qu'on ne l'a pas entièrement explorée. Par le fait même, le chercheur doit adopter un *modus operandi* fondé sur l'analogie, plus approprié au domaine « *mou* » des sciences humaines qu'à celui, déductif, des sciences « *dures* ». Cela ne veut pas dire toutefois que la figure soit un objet purement idiosyncratique et qu'il faille revenir à une approche entièrement « impressionniste » du fait filmique. L'étude de la figure suppose bien une approche méthodique, seulement celle-ci, au lieu de servir un objet stable et universel — soit l'objet d'un savoir déductif — sert plutôt la découverte d'un objet ouvert et singulier impossible à déduire. Quant au reproche selon lequel la figure résulterait des idiosyncrasies du spectateur, ou qu'elle renvoie la spectature au solipsisme, je répondrai avec Gilles Thérien que « les interprétances de chacun sont collectives parce qu'elles se déroulent dans des conditions individuelles qui subsument le social [12] » et parce qu'elles marquent un rapport au monde qui, bien qu'individuel, n'en est pas moins sujet à partage.

*

* *

La figure

Le meurtre sous la douche de *Psycho*, on le sait, met en scène deux personnages : Marion Crane et un inconnu dont on apprend plus tard qu'il s'agit de Norman Bates, sous les traits de sa mère. A partir de ces personnages, Raymond Bellour, on s'en souviendra, avait proposé une petite onomastique :

> Nor-man : celui qui n'est ni-homme... ni femme, parce qu'il peut être l'un à la place de l'autre, ou plutôt l'un et l'autre, l'un dans l'autre.
>
> [...] Crane : le nom de Marion, encore un nom d'oiseau. Il inscrit dans son corps le signifiant qui y figure pour Norman en manque ou en excès. Mais « crane », la « grue », en anglais comme en français, est aussi autre chose : la machine où se marque par excellence dans le dispositif de la prise de vue le pouvoir survolant du regard ; ce qu'on pourrait appeler le point de vue de l'oiseau. C'est dire, une fois encore, mais avec la force de l'esprit, que la caméra prend corps dans le corps de la femme ; qu'en ce sens, elle est le fétiche même, qui ne parcourt, sous la figure de l'oiseau et de Norman-la mère, tout le circuit de la fiction, que pour en être aussitôt reconnue comme l'index énonciateur, au niveau du dispositif qui permet la fiction [13].

Cette partie du texte de Bellour, qui vient à la fin de l'analyse, constitue une sorte de post-scriptum annexé au corps de l'étude, comme en témoigne la forme télégraphique qu'adopte soudainement la disposition du texte. De façon symptômatique, c'est là, dans cette « marge », que l'auteur se laisse aller, plus qu'ailleurs, à une sorte d'amplification imaginaire (« la force de l'esprit ») qui ne se réduit pas à la description narratologique et à l'interprétation psychanalytique. Or, c'est précisément cette force de l'esprit que j'entends ici sortir de la marge de l'analyse filmique. Aussi en profiterai-je pour compléter, d'entrée de jeu et à ma manière, l'analyse onomastique inaugurée par Bellour : on y verra poindre le contour de la figure.

Voyons d'abord ce qu'ont en commun les deux noms de famille, Crane et Bates. Le rapprochement du nom de Marion à un oiseau échassier (la grue) la voue déjà à la mort : entre les mains de Norman, les oiseaux sont tués et empaillés — un sort qu'il a également réservé à sa mère. Il ne fait pas de doute que l'univers de *Psycho* abonde d'oiseaux : Marion habite *Phoenix* et, comme il se doit, sa mort est ponctuée par la mort symbolique d'un oiseau : à la vue du cadavre de Marion, Norman, épouvanté, heurte malgré lui un petit tableau montrant l'image d'un oiseau (la chambre de Marion en est remplie) qui tombe à ses pieds. On se souviendra, par ailleurs, que l'argot américain et britannique des années cinquante et soixante emploie la métaphore de l'oiseau pour désigner les jeunes femmes (« *chicks* » chez les Américains, et « *birds* » chez les Britanniques) dans un contexte de prédation sexuelle (pour le spectateur francophone, bien entendu, la « grue » renvoit à la prostituée). Cette connotation sexuelle se poursuit lorsque Norman explique que son passe-temps consiste à « fourrer » des choses (« *My hobby is stuffing things* »). (On se souviendra aussi des premières paroles de Norman lorsqu'il entre avec Marion dans la chambre que celle-ci a louée : « *Boy, it's stuffy in here* », comme s'il s'agissait de la chambre réservée à ses activités taxidermiques — et sexuelles — présageant ainsi le sort de Marion/oiseau). Enfin, pour les spectateurs francophones, Marion est également un oiseau par son « vol » (celui des 40 000 $) ; pour les spectateurs anglophones, s'ajoute au nom de Marion sa fugue ou *flight* (expression qui se traduit également en français par le terme « vol »). Or, justement, ce larcin — tout comme la fugue qui suit — doit permettre à la jeune femme de retrouver et de consommer la « chair » de son petit ami Sam. C'est que l'oiseau auquel se réfère le nom de Marion, membre de la grande famille des échassiers, est un carnivore [14] — comme le sont plusieurs des oiseaux empaillés par Norman, dont sa mère tuée à cause de son désir charnel pour un homme [15]. Comme on voit, les noms des personnages nous offrent déjà une piste très riche pour complexifier l'action du meurtre sous la douche. Mais il y a plus encore. En effet, comment ne pas voir dans « Crane », l'oiseau dévorant qui va mourir, l'anagramme de « *carne* », la viande ? Ne pourrions-nous pas, du même coup, découper « Bates » de la façon suivante : /B-*ate*-s/, ce qui a pour effet met de mettre en évidence un acte alimentaire (« manger »). Voilà donc, en quelque sorte, Marion, l'oiseau de proie (« *chick* », « *bird* », « grue ») qui devient la proie dévorée après avoir mordu à l'appât (au *bait*, en anglais) que représente l'enseigne lumineuse du Bates Motel au bord de la route désaffectée, et que Norman allume pour *attirer* des clients égarés. Les deux noms trouvent ainsi, l'un envers l'autre, ce qui deviendra pour moi leur économie imaginaire.

Prenons maintenant au pied de la lettre ce rapport imaginaire, mais non moins réel, du mangeur (Norman-la mère) à la viande (Marion). Or, qu'est-ce que ce *Nor-man*, pour reprendre l'expression de Bellour, dont mon imaginaire me permet de dire qu'il a dévoré (*ate*) cette viande (Crane/*carne*) ? Ni homme, ni femme, c'est donc, en quelque sorte, un être *inhumain*, un monstre carnivore, un ogre, voire ni plus ni moins une espèce de *cannibale*.

Le cannibale, il faut le dire, est toujours celui qui transgresse un interdit qui touche à la viande. A cet effet, Jean Pouillon rappelle que pour les « Pythagoriciens stricts, l'alimentation carnée est une forme d'anthropophagie » et que pour Rousseau (dans l'*Emile*) « tout carnivore est un cannibale, au moins en puissance [16] ». Selon plusieurs cultures et croyances anciennes, la viande sera tantôt réservée aux bêtes (c'est l'idéal grec), tantôt à Dieu comme dans le Pentateuque : l'homme du Paradis est végétarien, Dieu seul ayant un pouvoir de vie ou de mort. En fait, comme le rapporte Jean Soler [17], ce n'est qu'après le déluge que Dieu accorde à l'homme le droit de manger de la viande, à condition toutefois qu'elle soit vidée de son sang — substance vitale qui demeure du domaine de Dieu. Plus tard, avec Moïse, l'interdit de la viande sera systématisé de façon à souligner non plus seulement la distinction entre Dieu et les hommes, mais également entre les peuples purs et les peuples impurs, barbares. Or, c'est bien sous *une douche aux allures de déluge* — on aura remarqué que, sur la bande-son du film, le son fait par l'eau de la douche est identique à celui que fait la pluie diluvienne qui accompagne et force l'arrivée de Marion au motel — que « Crane » se transforme soudainement en « *carne* », Marion se transformant alors en aliment et Norman-la mère en cannibale.

Le meurtre sous la douche apparaîtra dès lors sous l'angle d'un repas. Hitchcock était-il sensible à cet aspect du meurtre, lui dont on sait qu'il utilisa du sirop de chocolat pour simuler le sang de Marion, et une calebasse pour simuler le son du couteau pénétrant le corps de la pauvre victime [18] ? Quoi qu'il en soit, je suis frappé également de voir que le couteau et le lieu du crime placent d'emblée le meurtre sous la douche du côté de l'alimentaire ou du culinaire.

D'abord le couteau. Ce dernier, c'est bien connu, appartient depuis *Psycho* à l'arsenal du film d'horreur et, plus particulièrement, à celui du *slasher film* — dont on impute souvent la paternité au film d'Hitchcock. A ce sujet, Carol Clover écrit :

> In the hands of the killer, at least, guns have no place in slasher films. Victims sometimes avail themselves of firearms, but like telephones, fire alarms, elevators, doorbells, and car engines, guns fail in a pinch. In some basic sense, the emotional terrain of the slasher film is pretechnological. The preferred weapons of the killer are knives, hammers, axes, ice picks, hypodermic needles, red hot pokers, pitchforks, and the like. Such implements serve well a plot predicated on stealth and the unawareness of later victims that the bodies of their friends are accumulating just yards away. But the use of noisy chain saws and power drills and the non use of such relatively silent means as bow and arrow, spear, catapult, and sword would seem to suggest that closeness and tactility are also at issue [19].

Cette remarque n'est pas sans intérêt : d'une part, elle permet d'expliquer la fonction de l'arme blanche dans un contexte diégétique où il est impératif que le meurtre se déroule de façon silencieuse ; d'autre part, elle propose une explication de nature thématique qui permet d'inclure dans le même ensemble à la fois l'arme blanche silencieuse et des « armes » bruyantes comme la tronçonneuse ou la perçeuse électrique. Cela dit, l'aspect thématique du commentaire ne me permet pas de faire sens de la *singularité* du couteau qui déchire la peau de Marion — au mieux, il me limite à en réduire la portée sémantique à une classe générale d'objets. Or, il faut bien le dire, il ne s'agit pas ici de n'importe quel couteau, ou d'un quelconque couteau *générique* [20], mais bel et bien d'un *couteau de cuisine*, c'est-à-dire d'un outil servant à la préparation des aliments et dont l'appellation marque le lieu même où l'on prépare et consomme la nourriture, soit la cuisine. On trouve donc, à première vue, une sorte de détournement d'objet : un objet destiné à un usage précis (préparation des aliments) dans un lieu précis (la cuisine) sert une fonction différente (commettre un meurtre) dans un cadre différent (la salle de bains). Ce détournement, faut-il le souligner, n'est pas investi sur le plan des processus cognitif et argumentatif où la valeur du couteau tient à sa seule fonction d'accessoire pour l'action du meurtre. Aussi, l'analyse narratologique n'aura que faire à son tour de la singularité de cet objet qui, au lieu de servir à découper des aliments dans une cuisine, sert ici à découper le corps d'une jeune femme dans une salle de bains. Au contraire, la nature particulière de l'arme acquiert une grande importance pour la description figurale où elle s'agglomère aux traits déjà mentionnés pour reconfigurer et enrichir le meurtre sous la douche sous l'angle de l'expérience alimentaire ou culinaire et du cannibalisme : le couteau de cuisine servant, somme toute, à découper de la viande (*carne*) alors qu'il s'attaque à la chair de Marion. Du point de vue de la figure, donc, le couteau de cuisine conserve sa fonction originelle (fonction culinaire) à laquelle s'ajoute la fonction meurtrière, les deux fonctions s'intégrant sur le plan imaginaire dans la pratique cannibalique : il n'y a que le cannibale qui commet un meurtre et s'alimente en même temps.

Le lieu du meurtre n'est pas exclu non plus de cette reconfiguration alimentaire et vient à son tour enrichir l'objet construit par la spectature. La nouvelle amplification provient d'une relation entre le couteau de cuisine et la salle de bains et fait appel à des savoirs physiologiques et culturels simples. En effet, en reliant deux espaces, soit la cuisine et la salle de bains, autour d'un outil servant à la préparation des aliments, je reconnais aisément le lien qui les unit, soit le *tractus* digestif. D'un côté, donc, la cuisine où l'on prépare et consomme la nourriture et, de l'autre, la salle de bains où l'on expulse du corps les déchets organiques liés à la consommation d'aliments. Entre les deux, on trouve la digestion, ou le ventre, qui assure la communication entre la bouche et l'anus. La juxtaposition du couteau de cuisine et de la salle de bains ajoute donc une dimension supplémentaire à la reconfiguration culinaire du meurtre sous la douche en mobilisant l'ensemble des fonctions organiques qui lui sont liées et dont on sait qu'elles s'impliquent mutuellement : manger, digérer, déféquer.

Cet engrenage organique, déployé autour de l'objet alimentaire, construit donc une image du corps — ou, l'image d'un corps — dominée par la fonction communicationnelle qui existe entre les organes-orifices que sont la bouche et l'anus. « Manger, comme le remarque Noëlle Châtelet, c'est faire se connecter, au-delà des connections intermédiaires, la bouche et l'anus [21] ». Or, c'est là une idée somme toute assez désagréable pour une société qui valorise la nourriture mais refoule l'excrément :

> On aura beau [...] se rapporter aux encyclopédies, livres de médecine divers et trouver quelque réconfort devant l'apparence parfaite de la mécanique digestive, représentée en coupes anatomiques bleues, rouges, vertes, on ne sortira pas indemne de ce constat : les petits fours, exquis, servis l'après-midi, sur l'assiette de porcelaine avec le thé de Chine, sont déjà bel et bien des excréments en puissance. A peine les aurez-vous à la bouche, qu'ils seront entraînés — malgré eux, malgré vous — dans l'engrenage irréversible de la digestion [22].

C'est bien cet engrenage qui se manifeste à la suite de l'effet de cohérence créé par la figure (grâce à l'union du couteau de cuisine et de la salle de bains) et qui donne un sens, entre autres, à une action aussi banale que tirer la chasse d'eau de la cuvette, comme le fait Marion avant de pénétrer sous la douche. Aussi, sur le plan figural, cette dernière action va bien au-delà du gag scatologique auquel plusieurs commentateurs l'ont réduite, et il n'est pas surprenant d'apprendre qu'elle a alarmé les gens de la Paramount, qui devait diffuser le film. Comme le rapporte Donald Spoto :

> [...] ce n'est pas la sauvagerie [du meurtre sous la douche] qui a fortement inquiété la Paramount, c'est le plan sonorisé sans précédent d'une chasse d'eau qu'on tirait. C'est cela, et non le nu légèrement flou et qu'on aperçoit à peine dans la douche, qui constitue l'image la plus iconoclaste du film ; elle a eu plus d'importance et de poids que le fait qu'Hitchcock se soit débarrassé de la vedette féminine presque au milieu du film [23].

Les cadres de la Paramount eussent-ils saisi cet aspect de la figure qui relie le manger cannibalique à la déjection que leur réaction n'auraient pas été différente ! Quoi qu'il en soit, le trajet imaginaire qui mène du couteau de cuisine à la cuvette (trajet qui n'est pas soumis à l'ordre argumentatif qui présente la cuvette avant le couteau) découvre une logique implacable (celle des fonctions de la bouche et de l'anus) qui ne fait que renforcer et complexifier le réseau initialement ouvert par l'analyse onomastique.

Mais ce n'est pas seulement la cuvette qui, par son association à la purgation, procède, sur le plan du décor, de l'engrenage digestif : la douche et ses conduits d'*alimentation* (c'est-à-dire, sa tuyautrie) sont également de la partie dans la mesure où s'y reproduit la tuyauterie intérieure du corps. N'oublions pas, en effet, que le corps, vu de l'intérieur, apparaît comme un immense tuyau. Comme le remarque Georg Groddeck :

> A l'intérieur, une communication subsiste par l'espace vide entre les ouvertures de la tête et les embouchures anales et urétrales ; cet espace vide est revêtu d'une sorte de peau retournée ; *il fait partie du tout de l'être* humain, mais possède la particularité de pouvoir accueillir en soi des objets du dehors et restituer des objets au-dehors. La ressemblance de l'être humain avec un sac, ou, mieux, avec un *tuyau aux parois rigides*, est ainsi donnée. L'espace vide est partie essentielle de l'être humain [24].

Une première analogie entre ce « corps-tuyau » et la douche porte évidemment sur leur disposition dans l'espace : dans les deux cas, l'entrée se trouve en haut (orifice supérieur) et la sortie en bas (orifice inférieur). Cette analogie est par ailleurs partiellement supportée par le langage qui lie également la douche au corps et à sa verticalité : à la bouche de l'être humain correspond, en français, le *bec* de douche ou la *pomme* de douche (comme la *pomme d'Adam*), et la *shower head* en anglais. En ce qui concerne les orifices inférieurs, il est vrai, le langage supporte moins bien l'analogie corporelle ; on remarquera néanmoins qu'en français on utilise couramment le syntagme « *trou* du bain » pour désigner la bonde et « *trou* du cul » pour désigner l'anus. Un rapprochement similaire existe en anglais où l'on utilise les termes « *plughole* » pour la bonde et, de façon plus familière, « *asshole* » pour l'anus, les deux expressions faisant appel au même radical. Enfin, comment ne pas penser ici à certains mythes analysés par Lévi-Strauss dans *Le Cru et le cuit* et qui ont tous « en commun une dialectique de l'ouverture et de la fermeture opérant à deux niveaux : celui des orifices supérieurs (bouche, oreille) et celui des orifices inférieurs (anus, méat urinaire, vagin) passant d'ailleurs librement de l'un à l'autre [25] ». De la même manière, le meurtre sous la douche nous conduit — selon le montage et les angles de prise de vue — à nous déplacer d'un orifice à l'autre en commutant les orifices inférieurs et supérieurs : trou de la cuvette, bec de douche, bouche ouverte de Marion, bonde du bain. De tels déplacements indiquent une conception du corps selon laquelle les cavités sont librement interchangeables, la bouche et l'anus étant, « parmi tous les orifices engagés dans l'aventure organique, les plus favorables à la substitution réciproque [26] » puisqu'ils s'interpellent et se complètent l'un et l'autre dans la fonction digestive.

La deuxième analogie que l'on peut tirer entre le « corps-tuyau » de la fonction digestive et le meurtre sous la douche a trait au processus de transformation qui régit, dans ce contexte, la dialectique de l'ouverture et de la fermeture, du dehors et du dedans. Les aliments qui entrent par la bouche et s'échappent par l'anus ne conservent pas leur intégrité mais sortent métamorphosés par le travail auquel ils sont soumis par l'engrenage digestif. Le corps digestif est une machine, voire une usine à excréments. C'est là, bien entendu, le sort que la douche réserve à Marion. Coincée entre le bec de douche et le trou du bain, Marion sera l'objet d'une transformation, d'un travail, se retrouvant littéralement sur la chaîne de m*ontage* — aux deux sens, industriel et cinématographique, du terme — où elle sera découpée par le geste assurément mécanique et répétitif du bras et du couteau de Norman-la mère. Le mangeur-cannibale apparaît ici comme l'ouvrier de la transformation que subit Marion, transformation qui inscrit le trajet qui mène de *carne* à *fèces*. Par ailleurs, on peut dire que c'est tout le dispositif du motel lui-même qui se trouve mis en jeu ici. De tels établissements, en effet, sont des lieux de passage pour gens en transit. Or, du point de vue de l'engrenage digestif, ce mouvement de transit semble poussé à l'extrême : Marion entre au Bates Motel puis ressort quelques heures plus tard sous la forme d'un déchet cadavérique. Ce trajet se conclut enfin avec la disparition de la jeune femme dans le marais derrière le motel, où se déversent, on peut l'imaginer, les eaux polluées du bain et de la cuvette : redoublement donc de l'orifice anal.

Le statut excrémentiel de Marion s'étoile en fait sur plusieurs traits répartis tout au long du film. En premier lieu, on remarque que Marion subit le même sort que l'argent dérobé : les deux seront retrouvés dans le coffre de la voiture au fond des eaux boueuses et excrémentielles du marais [27]. Or, sans s'aventurer trop avant dans le domaine de la psychanalyse, on sait qu'il est convenu, depuis Freud, de relier argent et fèces : selon ce dernier, en effet, l'argent se substitue chez l'adulte à ce que représente l'excrément pour l'enfant, c'est-à-dire un objet de valeur et de propriété [28]. Le parallèle qui s'établit entre Marion et l'argent, via le sort commun qui leur est réservé, sert à renforcer le lien que l'imagination fait entretenir entre Marion et l'excrément. De façon complémentaire, David Sterritt, dans un ouvrage sur Hitchcock, a récemment souligné l'analité de l'univers de *Psycho*. Par exemple, l'auteur remarque le comportement sadistico-anal de Cassidy, le richissime client du patron de Marion, qui a l'indécence de montrer ses 40 000 $ à tout le monde :

> Everyone reacts with a shocked look when he [Cassidy] makes the decidedly improper gesture of waiving his $ 40 000 under everyone's nose ; it is obvious that such an object cannot decently be handled so openly or casually, especially when so *much* of it is present. The sense of money as filth, and money/filth as extremely threatening, is almost palpable. Lowery says it is 'irregular' to make such a large transaction in cash, and Cassidy replies (in another double entendre) that it's his 'private' money. Lowery does not want Cassidy's improper object in his office a moment longer than necessary — his discomfort, and that of his employees, is very plain — and orders Marion to deposit it immediately in a safe-deposit box, a proper receptacle where it will be safely out of sight. [...] Marion and Caroline, not immune to naughty fascination, handle the money briefly before Marion puts it into an envelope (wrapping it hygienically in paper) and then in her purse [29].

Sterritt souligne également que Marion, au moment où elle achète la voiture d'occasion, prétexte l'utilisation des W.-C. pour sortir 700 $ de l'enveloppe qui contient l'argent volé. L'auteur remarque ensuite que la plaque minéralogique de la voiture avec laquelle Marion entreprend sa fugue est composée des lettres ANL (avec, j'aimerais ajouter, indiqué en dessous, « *Grand Canyon State* » !), ce qui laisse peu d'équivoque, il me semble, pour l'imagination du spectateur. On mentionne également d'autres détails intéressants : les premiers mots de Norman dans le bureau de location (« *Dirty night* ») ; la mère de Norman lui reprochant de ne rien avoir dans le ventre (« *You have the guts, boy ?* »), etc. Influencée par la psychanalyse, l'étude de Sterritt, aussi utile soit-elle pour mon propos, demeure thématique, voire même herméneutique : il s'agit ni plus ni moins de *découvrir* le sens caché du film : derrière toutes les allusions scatologiques se dissimulerait le thème du secret, thème commun à l'histoire de Marion et de Norman. Aussi, malgré l'intérêt et la perspicacité de certaines remarques faites par Sterritt, la finalité de l'étude demeure réductive : elle empêche par exemple de voir un rapport entre le meurtre sous la douche et tout ce réseau de l'analité tel qu'il se déploie dans l'expérience figurale. Pour Sterritt la mort de Marion n'a rien à voir avec l'excrémentiel ou l'alimentaire. Le sort de la jeune femme ne pouvant, à cause de la nature du propos de Sterritt et de ses règles argumentatives, être entendu du point de vue de l'activité culinaire et de la déjection.

Enfin, au-delà de ce que permet le savoir psychanalytique, notamment le rapprochement de Marion et de l'excrément à travers le sort commun qu'elle partage avec l'argent, le statut excrémentiel de la jeune femme s'affirme plus loin dans le film par la découverte faite par sa soeur Lila dans les W.-C. de la chambre de motel préalablement occupée par Marion. Ainsi, alors qu'elle fouille avec Sam la chambre en question, Lila, découvre un bout de papier sur lequel on peut lire quelques chiffres :

> - Lila : « Figuring ! It didn't get washed down ! Look. Some figure has been added to or substracted from forty thousand ! That proves Marion was here ! It'd be too wild a coincidence »

Du point de vue du déroulement du récit, cette découverte constitue un indice de la présence de Marion au Bates Motel. En effet, la trouvaille confirme le rapport du détective Arbogast et relance l'action vers le dénouement final. Voilà pour l'argument. La saisie figurale du déictique « ici » (*here*) permet toutefois d'en détourner légèrement le sens : le référent n'est plus le motel, mais bien la cuvette des W.-C. ! *Le morceau de papier devient l'indice du passage de Marion à travers la cuvette, jusque dans le marais derrière le motel.* Pris au sens strict que lui donne la figure, l'énoncé « *Marion was here* » ne signifie plus seulement « Marion était ici, au Bates Motel » mais plus spécifiquement « *Marion était ici, de passage dans la cuvette* » ! On peut noter, par ailleurs, que le nom de famille de Marion la voue également, d'un point de vue figural, à ce sort : en effet, Crane est, depuis la fin du 19e siècle, le nom du plus important fabriquant de tuyauterie et de cuvettes de W.-C. en Amérique du Nord !

Tout cet imaginaire culinaire/cannibalique me permettra même, pour finir, de reconfigurer le contenu de la plaque minéralogique de la voiture qui sert de cercueil à Marion, plaque qui apparaît en gros plan après le meurtre. On y lit : NFB-418. Or, en jouant avec les chiffres et les lettres, l'imagination obtient un renforcement du réseau culinaire. Inversons d'abord les chiffres, soit 814, en anglais *eight-*

one-four, ou, selon la prononciation : *ate one for*. Reste les lettres, NFB. La première et la dernière, N et B, concordent avec les initiales de Norman Bates. Or, jusqu'ici nous avons assez de matériel pour former l'énoncé suivant : *Norman Bates ate one for...*, reste la lettre « F », la première lettre il est vrai du mot *food*, ce qui donne *Norman Bates ate one for food* , que l'on traduira par : «*Norman Bates en mangea une comme s'il s'agissait de nourriture* » ! [30]

*

* *

Une des interprétations les plus répandues de l'épisode de la douche consiste à voir celui-ci dans les termes d'un acte sexuel, et plus particulièrement comme la représentation d'un viol. Dans la mesure où de tels commentaires délaissent la trame argumentative et la sémantique du récit au profit d'un objet qui ne saurait exister que dans l'imaginaire du commentateur, ils côtoient l'analyse figurale. Lisons, à titre d'exemple, ce qu'écrit Donald Spoto à propos du meurtre :

> Le gros plan de la bouche ouverte et du couteau levé sont des images sexuelles d'une te rrible violence. Le viol de la femme représenté classiquement sur la gravure de Norman, est ici commis de manière sordide [31].

Sur le plan argumentatif, bien entendu, Marion n'est pas violée, mais poignardée. De toute évidence, le meurtre sous la douche ne thématise pas le viol, pas plus qu'il ne thématise le repas cannibalique ou la déjection. Le commentaire de Spoto implique donc une reconfiguration qui vient enrichir et complexifier la compréhension cognitive et argumentative de l'épisode. On remarquera que cette complexification, loin d'être aléatoire, suit un cheminement bien précis fondé sur un rapprochement analogique entre deux moments du film : soit le moment du meurtre, évoqué ici par les traits du couteau et de la bouche, et un épisode précédent, dans lequel Norman épie Marion alors qu'elle se déshabille, épisode que l'auteur évoque au moyen du tableau qui couvre le trou du mur par lequel Norman regarde la jeune femme. Or, pour que ces deux moments, consécutifs mais non contigus, se « touchent », le spectateur doit faire appel à sa mémoire et à son imagination : c'est la figure, en d'autres mots, qui sert à relier ces traits. Je vais donc m'efforcer de mettre en évidence ce qui, dans le commentaire de Spoto et dans la plupart des commentaires de ce genre, reste inavoué, tout en poussant plus loin, dans ce cas-ci, la complexification.

Disons-le tout de suite, il n'est pas difficile, sur le plan imaginaire du moins, de glisser du cannibalisme au viol. Il s'agit dans les deux cas « d'actes de chair » sur lesquels pèsent, dans nos cultures occidentales, de lourds interdits : interdits qui touchent la mort (et le meurtre) et interdits qui touchent la sexualité. Le langage témoigne bien de tels rapports en reliant métaphoriquement, et sous des formes plus bénignes, les choses du manger et du sexe de façon à ce que les amoureux apparaissent ni plus ni moins sous les traits du cannibale. C'est ainsi que l'on « consomme » un mariage, que l'on dit d'une personne qu'elle est belle à « croquer », ou d'un individu qu'il fait preuve d'un grand « appétit » sexuel, etc. Cela dit, il ne s'agit pas ici de nier ou d'oublier le travail effectué dans la section précédente mais d'y ajouter une dimension supplémentaire, la figure du meurtre sous la douche apparaissant à la fois sous les deux aspects de la consommation : alimentaire (cannibalisme) et sexuelle (viol). L'acte sexuel est également, on le sait bien, une histoire d'orifices, de tuyaux, d'écoulements... Mais avant de s'aventurer dans cette direction, arrêtons-nous d'abord à ce tableau qui sert, chez Spoto, à justifier la reconfiguration du meurtre sous la douche en viol.

Le tableau en question, je le rappelle, apparaît tout de suite après l'échange qui a lieu entre Marion et Norman dans le petit salon derrière le bureau de location. Une fois Marion sortie, Norman se dirige vers le comptoir de location pour vérifier le registre, signé par la jeune femme sous un pseudonyme (Mary Samuels). Norman revient ensuite dans le petit salon, fixe pendant une seconde une toile pendue à un mur puis, soudainement, la soulève et la retire du mur. Derrière le tableau, un petit trou fait se communiquer le petit salon et la chambre de Marion. Norman y pose son oeil et regarde Marion pendant qu'elle se déshabille devant la salle de bains. Après un court moment, le jeune homme repose le tableau sur le mur et retourne chez lui, où il s'installe à la table de cuisine (d'où provient de toute évidence l'arme du crime).

Le tableau qui nous intéresse ici n'est donc visible à l'écran qu'un court moment ; assez longtemps toutefois pour qu'on puisse en reconnaître le propos : une jeune femme à peine vêtue est agressée par deux vieillards dans un boisé. Il s'agit du thème iconographique célèbre de *Suzanne et les vieillards* [32].

C'est dans un texte deutérocanonique du *Livre de Daniel* (chapitre XIII du canon alexandrin) qu'on trouve l'histoire de Suzanne. On y raconte comment le jeune Daniel réussit à sauver la femme du riche Joakim d'une mort certaine en réfutant le faux témoignage de ses accusateurs. L'histoire se déroule à Babylone durant l'exil des Juifs. Suzanne, profitant d'une journée très chaude, se rend, sur l'heure du midi, dans le verger de son mari pour y prendre un bain et renvoie sa suite. Alors qu'elle se baigne, elle est épiée par deux vieillards. Les deux hommes, qui sont des juges, se mettent d'accord pour accoster la jeune femme et pour lui demander ses faveurs, menaçant de porter contre elle une accusation d'adultère si elle refuse. Suzanne rejette l'odieux marché et les juges, comme promis, l'accusent formellement de s'être livrée à un jeune homme dans le verger alors qu'elle prenait son bain. Le lendemain, la jeune femme est condamnée à mort à la suite du témoignage des deux juges. C'est alors qu'apparaît le jeune Daniel qui, éclairé par le Saint-Esprit et doutant de la sincérité des juges, demande qu'ils soient interrogés séparément. On somme tour à tour les juges de nommer l'arbre sous lequel les amants auraient été surpris : le premier répond « un lentisque », le deuxième « une yeuse ». Ce témoigmage contradictoire atteste la culpabilité des deux juges libidineux qui sont, suivant la loi de Moïse, condamnés et mis à mort à la place de la vertueuse Suzanne.

Au fil des siècles, l'histoire de Suzanne est devenue l'une des histoires bibliques les plus souvent illustrées par l'art chrétien. Depuis le Moyen-Âge, on la retrouve sur des sarcophages, des tapisseries, des bas-reliefs, des fresques, des tableaux. Cela dit, du Moyen-Âge à la Renaissance, l'illustration de cette histoire connaît plusieurs avatars. Au Moyen-Âge, les artistes suivent l'exégèse des théologiens et des juristes de l'époque qui voient dans l'histoire de Suzanne un *exemplum* de la justice ; tapisseries, sarcophages et bas-reliefs ont alors tendance à illustrer les scènes de l'accusation et du contre-interrogatoire des juges, ainsi que la mise à mort des vieillards. « Dans l'art chrétien primitif, explique Louis Reau, la chaste Suzanne est toujours le symbole de l'âme sauvée [33] » et, par conséquent, de la justice divine. Après la Renaissance et ce, tout particulièrement dans le domaine de la peinture, le thème de Suzanne connaît une importante mutation iconographique, et trouve son expression picturale définitive dans l'épisode du bain. A partir du 16e siècle, le thème de Suzanne s'exprime presque uniquement à travers le genre du nu, ce qui signale son « érotisation » et lui confère, du même coup, une popularité sans précédent. « Il ne s'agit plus, comme le souligne Louis Reau, d'âme sauvée, ni d'innocence retrouvée, mais plutôt de ce que Fragonard auraît appellé 'les hasards heureux du bain'. La Bible n'offre alors qu'un prétexte pour montrer une jeune femme nue au bain [34] ». Il ne fait aucun doute que ce glissement vers une incarnation érotique tire profit de l'importance que prend alors la peinture à l'huile, qui encourage l'objectification du monde par le regard et l'accroissement de plaisirs voyeuristes de plus en plus privés. A cet égard, Mary Garrard écrit :

> Few artistic themes have offered so satisfying an opportunity for legitimized voyeurism as Susanne and the Elders. The subject was taken up with relish by artists from the sixteenth through eighteenth centuries as an opportunity to display the female nude, in much the same spirit that such themes as Danae or Lucretia were approached, but with the added advantage that the nude's erotic appeal could be heightened by the presence of the two lecherous old men, whose inclusion was both iconographically justified and pornographically effective. It is a remarquable testament to the indomitable male ego that a biblical theme holding forth an exemplum of chastity should have become in painting a celebration of sexual opportunity, or, as Max Rooses enthusiastically described Rubens' version, a 'gallant entreprise mounted by two bold adventurers'[35].

D'une version picturale à l'autre, l'érotisme de l'épisode du bain se manifeste par différents motifs : il y a la pose de Suzanne (souvent inspirée par la Venus de Medici ou la Venus Anadyomède, c'est-à-dire par des modèles prototypiques de la sexualité féminine), l'usage de miroirs, la présence de bijoux, la flore luxuriante du jardin, qui connotent tous, selon l'iconographie de la peinture classique, un environnement érotique de luxure et d'abandon. En ce qui concerne la *Suzanne* de *Psycho*, peinte dans un style baroque, l'érotisme de la scène est souligné sans équivoque par le contexte champêtre, par la pose en torsade du corps presque entièrement nu de Suzanne — pose qui n'est pas sans rappeler *Le viol des Sabines* de Poussin ou *Le viol d'Europa* de Titien — et, surtout, par l'action des vieillards, laquelle détourne clairement le contenu original de l'histoire biblique pour en faire une scène de viol. Il appert donc que la *Suzanne* de *Psycho* diffère, sinon en esprit, du moins par son iconographie, des *Suzannes* que nous sommes habitués de voir. En effet, en choisissant la scène du bain, la plupart des versions connues optent pour illustrer le moment où les vieillards *abordent* Suzanne — c'est le cas, notamment, des versions peintes par Artemise Gentileschi, Carracci, Domenichino, van der Burg, Ricci, Rubens, et Rembrandt : les vieillards s'approchent de Suzanne et lui proposent leur affreux marchandage. A moins qu'on se contente, comme chez le Tintoret, de montrer les vieillards épiant Suzanne. On demeure alors dans le domaine de l'illustration du drame biblique et ce, même si le « langage » iconographique utilisé en « érotise » le propos [36]. Au contraire, la *Suzanne* de *Psycho* ajoute une dimension supplémentaire, absente de l'histoire biblique : les vieillards ne se contentent plus d'épier ou d'aborder Suzanne, voilà, de toute évidence, qu'ils la molestent ; au marchandage, ou, plus précisément, au chantage, se substitue tout simplement le viol.

L'amalgame de l'histoire de Suzanne à celle de Marion suppose évidemment une série d'analogies. Au *bain* de Suzanne se substitue la *douche* de Marion, au regard « double » des deux voyeurs se substitue celui, double également, de Norman-la mère, à l'agression que subit Suzanne se substitue le meurtre de Marion. Même le papier peint de la chambre louée par Marion trouve ici un sens : l'imprimé floral qui sert à dissimuler l'oeil de Norman se substitue au verger de Joakim où les vieillards se cachent pour épier Suzanne. Cela dit, c'est par le mouvement mentionné plus haut, mouvement qui mène du regard à l'agression, du voyeurisme au viol, mouvement présent dans le sort réservé à la Suzanne de *Psycho*, que s'affermit pleinement l'analogie entre le meurtre de Marion et l'histoire de Suzanne, et que l'épisode de la douche se reconfigure sous la forme d'un acte sexuel, voire d'un viol. Pour être plus précis, toutefois, je dirai que viol et meurtre apparaîssent ici dans une relation analogique d'inversion : le viol étant en quelque sorte « l'image » inversée du meurtre de Marion. Il faut dire que c'est grâce au dispositif scopique mis en jeu par le film que cette relation se développe. On peut voir, en effet, que le petit trou dans le mur à travers lequel Norman épie Marion reproduit le principe fondateur de l'optique monoculaire (sur lequel sont fondés la peinture classique et le cinéma) : le trou du mur recueille la lumière de la chambre de Marion et transforme l'ensemble du petit salon en un *oeil*, ou, ce qui revient au même, en une *camera obscura*. Je rappelle que le trou, tout comme le tableau qui sert à le cacher, est placé devant la salle de bains de la chambre qu'occupe Marion. C'est donc, en quelque sorte, l'image de la salle de bains, et de ce qui s'y produit, qui se forme à travers le trou par la convergence des rayons de lumière, et se projette sur la surface opposée. Cette surface est elle-même imbriquée dans le dispositif scopique : il s'agit tantôt de l'oeil de Norman, tantôt du tableau de Suzanne [37]. A cet égard, on pourrait dire que le tableau offre — comme l'oeil — une espèce de captation scopique, une saisie visuelle, de ce qui se trame dans la salle de bains : le meurtre de Marion et le viol de Suzanne apparaissent alors dans une relation d'analogie et d'inversion, conformément, à cet égard, au principe optique de la chambre obscure. Grâce au trou, le meurtre de Marion se trouve projeté plus ou moins littéralement sur le tableau, comme à travers une vitre ou un écran. Meurtre et viol s'offrent alors comme des actes analogues bien qu'inversés, le principe de la chambre obscure assurant entre eux l'identité et la différence : le tableau recueillant, en l'inversant, l'image du meurtre. Il ne s'agit pas, bien entendu, de prétendre que cette relation entre viol et meurtre est une constante « réelle » et qu'il s'agit là de deux actes toujours interchangeables ; il s'agit simplement de voir comment, par le truchement d'un dispositif scopique présent dans le film, les deux images, celle du meurtre et celle du viol, sont susceptibles, en s'interpellant mutuellement, de mettre en jeu, et sur le seul plan d'un rapprochement imaginaire, un effet de contamination ; le trou du mur et le dispositif qui lui appartient assurant la communication et la transformation — la reconfiguration — d'une image par une autre image. En somme, le tableau nous donne, en quelque sorte, une nouvelle image du meurtre : celle du viol de Suzanne représentée par l'agression des vieillards. Du point de vue du dispositif, tout se passe donc comme si le tableau constituait une surface où viennent se réfléchir et s'inverser les événements de la douche.

Le tableau que regarde Norman n'est donc pas tant une mise en abyme du meurtre sous la douche qu'un trait servant à amplifier ou à enrichir son retentissement imaginaire. Aussi, à son contact, et pour reprendre les exemples mentionnés par Spoto, l'imagination n'aura guère de difficulté à reconfigurer le couteau en fonction du sexe masculin et la bouche ouverte de Marion en fonction du sexe féminin. Il en est de même pour la tuyauterie et les liquides qui peuvent alors être reconfigurés en termes organiques et sexuels ; ainsi, comment ne pas voir dans le jet d'eau une véritable décharge ? En dérogeant de sa source biblique, la *Suzanne* de *Psycho* introduit donc l'idée du viol qui « contamine », pour le spectateur, l'intégration symbolique du meurtre de Marion.

Mais il n'y a pas que l'acte meurtrier qui s'érotise ici sous l'effet du tableau et de son dispositif scopique ; le lieu du crime, la douche, voit également sa dimension sexuelle renforcée. La douche — comme le bain — permet de transgresser l'interdit sexuel qui pèse sur la nudité tout en le soulignant [38]. Mais si la baignade est érotique, ce n'est pas seulement à cause de la nudité qu'elle mobilise, c'est aussi à cause du regard qui se pose sur cette dernière et du contexte dans lequel elle est saisie par ce regard : la nudité, en soi, n'est pas transgressive ou érotique, c'est sa vue — dans un contexte interdit — qui la rend ob*scène*. Est donc obscène, littéralement, ce qui ne saurait constituer une scène pour le regard. L'intérêt érotique de la scène du bain vient alors du fait qu'on montre ce qu'on ne saurait voir : on en profite pour profaner l'intimité d'une jeune femme. N'a-t-elle pas fermé la porte de la salle de bains avant de s'introduire dans la baignoire ? On sait que, dans l'espace architectural moderne et occidental, aucun lieu n'est plus privé et retiré du monde que la salle de bains. Enfermé derrière une porte à verrou, on y voit, dans la plus grande intimité, à l'hygiène et à la purification du corps soit par ablution, soit par déjection. Celui ou celle qui s'installe dans la salle de bains se retire donc momentanément du monde afin de ne pas être vu. La salle de bains, en ce sens, est une cachette. En fait, seul l'être humain (et c'est encore plus vrai pour la tradition occidentale) se cache pour veiller à son hygiène, comme s'il s'agissait pour lui de se démarquer du règne animal. C'est pourquoi, sans doute, l'usage de la salle de bains et de ses appareils doit faire l'objet d'un apprentissage strict chez les enfants afin d'en assurer le bon usage. Le nouveau-né ne se douche pas, pas plus qu'il n'utilise la cuvette, et c'est à force d'injonctions parentales qu'il obtiendra éventuellement le droit de se retirer du monde pour assurer, en privé, la propreté (ablution/déjection) de son corps. La présence des parents vise donc à réguler les activités de la salle de bains. Quoi qu'il en soit, la transgression de cette intimité — à laquelle se joint celle de l'interdit sexuel de la nudité — apparaît toujours comme une sorte de viol, ce que souligne sans équivoque la *Suzanne* de *Psycho* et la tradition picturale qu'elle évoque. Sensible à cet aspect du film, William Rothman écrit :

> Our views of Marion have a sensuality unprecedented in the movies. [...] We possess Marion in a succession of erotically charged views that invoque the prospect of the consummation of Marion's pleasure and our own as well. [...] Our views of Marion constitute her as a sexual object. We imagine ourselves being in her erotic proximity, all but feeling the touch of her 'fine soft flesh'. We are all but able to caress and be caressed by her, even to penetrate her body. Our views of Marion awaken an appetite that cannot be satisfied by more views, but only by transcending the act of viewing as such. [...] Ours is a fantasy of rape [39].

Or, ce n'est pas, comme je l'ai mentionné plus haut, dans la nudité *en soi* de Marion que réside l'érotisme du passage, mais plutôt, comme c'est le cas pour toute forme d'érotisme, dans la transgression d'un interdit. C'est à Georges Bataille que revient d'avoir le mieux saisi l'existence d'une logique de la transgression qui s'étend, dans une même explosion de violence, du domaine de l'interdit qui s'oppose au meurtre à celui de l'interdit sexuel, dont la nudité ou l'inceste ne représentent que des cas particuliers. Le meurtre (ou la cruauté) et l'érotisme apparaissent alors comme des « domaines voisins fondés l'un et l'autre sur l'ivresse d'échapper résolument au pouvoir de l'interdit [40] ». Le cannibalisme constitue une incarnation de cette ivresse, l'érotisme en représente une autre ; c'est pourquoi il est si aisé de glisser d'un domaine à l'autre. Par conséquent, plusieurs traits servant à reconfigurer l'épisode de la douche sous l'angle de l'alimentaire et du cannibalisme servent également à sa reconfiguration érotique. Il en est ainsi, je l'ai dit plus haut, du couteau (« phallique ») et de la tuyauterie (orifices, écoulements), qui servent tantôt à marquer l'aspect alimentaire de la figure, tantôt à marquer sa dimension sexuelle. Dans un cas comme dans l'autre, il faut voir que c'est au sein de l'expérience figurale, dans le jeu des reconfigurations imaginaires, que se déploie, au-delà de la compréhension narrative, le sens d'un trait filmique.

Pour conclure cette section, je me contenterai de signaler que l'amalgame figural du culinaire et du sexuel nous permet d'étendre le domaine de la figure et de l'enrichir avec d'autres segments du film où se substituent les choses du manger et de l'amour. En fait, dès le début, l'argumentaire de P*sycho* nous aiguille sur le principe d'une telle substitution. On y apprend, entre autre, que Marion profite du temps qui lui est alloué pour déjeuner pour rencontrer son amant et faire l'amour clandestinement dans une chambre d'hôtel. Les premières paroles du film, qui viennent après l'amour, soulignent sans équivoque la substitution : - Sam : « *You never did eat your lunch did you ?* », alors qu'un insert montre, sur une petite table, un sandwich et une bouteille d'eau gazeuse encore intacts. On apprend ensuite que Marion est insatisfaite de l'état des choses entre les amants ; Sam propose de venir la retrouver la semaine suivante, tandis que le dialogue, d'une grande richesse, poursuit, cette fois en sens inverse, la substitution de l'acte d'amour et de l'acte culinaire, ajoutant à cette équation une dimension visuelle :

> - Sam : « I can come down next week »
> - Marion : « No »
> - Sam : « Not even just to see you ? To have lunch — in public ? »
> - Marion : « Oh, we can see each other. We can even have diner — but respectably — in my house with my mother's picture on the mantle and my sister helping me broil a big steak for three ».

Non seulement les amants proposent-ils de substituer un repas à la scéance amoureuse, le « culinaire » pour le « cul », mais ils vont aussi, le dialogue nous aidant à l'imaginer, se d*évorer des yeux*... Les enjeux érotiques et scopiques de ce discours sont immédiatement soulignés par la réponse de Sam :

> - Sam : « And after the steak, do we send sister to the movies ? Turn Mama's picture to the wall ? »

Le couple érotique semble ici se démarquer par la vue. Non seulement le regard semble pouvoir se substituer (avec l'aide de la nourriture) à l'acte sexuel, mais il faut également empêcher Lila et la mère de voir, en détournant ou en masquant leur regard vers l'écran de cinéma ou vers le mur. Seuls les amants ont droit de regard. Nous ne sommes pas loin, encore une fois, de l'histoire de Suzanne qui fait également jouer de façon érotique le couple organique oeil/sexe tout en impliquant le couple bouche/anus : les vieillards, je le rappelle, épient Suzanne et l'abordent à l'heure du repas !

Ce premier passage entre Marion et Sam s'inverse ensuite lorsque Marion rencontre Norman : l'hôtel du début est transformé en motel, Norman prend la place de Sam, tandis que, contrairement à ce qui se produit alors, Marion prend quelques bouchées du dîner qui lui a été préparé. C'est au tour du jeune homme de rester à jeun. Mais, malgré l'inversion de la situation, l'équation qui, autour de Marion, relie les actes de manger et de faire l'amour poursuit son cours. Cette fois, c'est le dialogue entre Norman et sa mère — dialogue qui précède le repas — qui donne au manger sa résonnance érotique :

> - Mère : « No ! I tell you no ! I won't have you bringing strange young girls in here for supper — by candlelight, I suppose, in the cheap erotic fashion of young men with cheap, erotic minds ! »
> - Norman : « Mother, please ! »
> - Mère : « And then what, after supper ? Music ? Whispers ? »
> - Norman : « Mother, she's just a stranger ! She's hungry and it's raining out »
> - Mère : « 'Mother, she's just a stranger !' As if men don't desire strangers ! Ah ! I refuse to speak of disgusting things, because they disgust me ! Do you understand, boy ? Go on ! Go tell her she'll not be appeasing her ugly appetite with my food or with my son ! Or do I have to tell her 'cause you don't have the guts ? Huh, boy ? You have the guts, boy ? »

En définitive, donc, la mère de Norman — c'est-à-dire, en quelque sorte, Norman lui-même — semble très bien comprendre l'enjeu sexuel du repas auquel Marion est conviée, soulignant encore une fois comment manger et faire l'amour se substituent autour de la jeune femme. La figure nous permet donc d'imaginer, de voir, une profonde cohérence entre l'ouverture du film, l'épisode du petit salon et le meurtre sous la douche.

Jusqu'ici, l'imagination nous a entraîné sur le terrain d'un ensemble de substitutions, le cannibalisme et le viol se substituant tour à tour pour ajouter deux nouvelles dimensions à l'action du meurtre. Il en résulte un enrichissement et une complexification considérable de notre compréhension de l'épisode de la douche, chaque fois reconfiguré d'une façon nouvelle. Enfin, je souligne comment l'imagination trouve ici sa cohérence dans la problématique commune — ou dans l'image, comme dirait Bachelard — du franchissement des frontières du corps. Ce qui importe ici, c'est de souligner la violence avec laquelle cette problématique apparaît ; le transport entre les espaces intérieurs et extérieurs adoptant, en regard de la présentation cinématographique du meurtre de Marion, le chemin de l'horreur, de la peur, du dégoût, de l'abjection et de l'interdit. En ce sens, il semblerait que l'intégration symbolique du meurtre sous la douche mette en jeu une sorte de phobie (au sens le plus général du terme) touchant la communication du dehors et du dedans, de l'extérieur et de l'intérieur, de l'au-delà et de l'en-deçà, de l'ouvert et du fermé, du public et de l'intime. L'image charnière de cette phobie est celle du trou : trou du bain, trou de la cuvette, trous de la pomme de douche, trou dans le mur, trou noir du marais, trous dans le corps de Marion par où s'échappe le sang, trou dans la conscience de Norman par où transite l'identité de la mère, trous dans la tête squelettique du cadavre de la mère, trou laissé sur le récit par la mort de Marion..., autant de versions de ces autres trous qu'on a déjà rencontrés, soit la bouche, l'anus et l'oeil, et qui sont impliqués, comme on a pu le constater, dans les substitutions alimentaires et sexuelles du meurtre. Apparaît alors, conjointement au sentiment d'horreur que provoque le meurtre, une sorte d'angoisse du trou, car c'est par lui que se trame le passage d'un espace à un autre et que communiquent l'intérieur et l'extérieur [41]. Or, de telles communications, dès qu'elles concernent les « portes » du corps, ont toujours été une source d'inquiétude. A cet effet, il n'est pas sans intérêt de signaler que le bain a longtemps été soupçonné d'introduire des maux extérieurs à l'intérieur du corps. Dans son étude sur l'hygiène du corps, Georges Vigarello montre comment s'est intensifié, en Europe, la condamnation de la pratique du bain à partir des épidémies de peste au 15e siècle et ce, jusqu'au début du 18e siècle [42]. A cette époque, remarque Vigarello, « le bain et l'étuve sont dangereux parce qu'ils ouvrent le corps à l'air [...], la chaleur et l'eau ne feraient qu'engendrer des fissures [dans la peau] ; la peste, enfin, n'aurait qu'à s'y glisser [43] ». Aussi la douche, héritière moderne du bain et de ses associations moins heureuses, apparaît-elle comme un endroit propice pour mettre en scène, sur le plan figural bien entendu, l'angoisse de la communication des espaces du dehors et du dedans, la crainte des organismes traversés, l'image d'un corps perméable en proie, dans son *intimité* (du latin *intimus*, qui signifie « intérieur »), aux pires maux du monde extérieur. L'introduction d'un « corps étranger » (Norman-la mère) à la douche de Marion prend alors, il faut bien l'avouer, un sens bien particulier...

*

* *

La juxtaposition de la mort et des activités alimentaire (cannibalisme) et sexuelle (viol), régule donc sur le plan de l'imaginaire une constellation d'actes transgressifs, au sens spatial du verbe latin *transgredi*, qui signifie « passer outre », tout comme au sens légal d'une désobéissance face à la loi ou à l'interdit. Il s'agit là, si l'on veut, du cadre restreint de mon expérience figurale. Or, ce cadre n'épuise pas la figure et peut servir de tremplin pour l'examen d'un cadre plus général qui exprime un étage supérieur, ou mieux, une cohérence transversale, de l'expérience figurale. Cette cohérence joue sur trois lieux, trois *loci* : le liquide, l'impureté, et la Grande Mère.

Le liquide

On ne saurait parler de la mort de Marion Crane et, plus particulièrement, de la *figure du meurtre sous la douche*, sans mentionner le trait unifiant que constitue pour elle l'eau ou, de façon plus spécifique, le liquide. Partout autour de Marion, semble-t-il, les liquides abondent : pluie, eau de la douche, eau de la cuvette, sang, marais, sans compter les liquides et les écoulements figuraux qui sont liés aux activités culinaires, digestives et sexuelles dont il a été question précédemment. Parler d'eau pour désigner l'ensemble de ces liquides c'est reconnaître, comme le souligne Gaston Bachelard, que « tout ce qui coule est de l'eau, l'eau est l'unique élément liquide. La liquidité est précisément le caractère élémentaire de l'eau [44] ». De surcroît, on ajoutera à cet amalgame tout ce qui relève de la moiteur, de l'humidité, tout ce qui est composé à base d'eau. Ainsi, bien que l'eau du meurtre ne constitue, pour le processus argumentatif, qu'une dimension du cadre de l'action (motivée par la douche), sa fonction pour le processus symbolique, nous allons le voir, consiste à regrouper et à unifier un ensemble de traits plus ou moins disparates répartis sur divers moments du film.

Dans *Psycho*, l'eau, élément auquel Marion est liée figuralement par sa mort et par son nom (la grue est un oiseau qui vit près des marais), apparaît sous diverses formes et sous diverses fonctions. Par exemple, plusieurs commentateurs du film ont déjà souligné qu'en regard des premières images de la jeune femme sous la douche, l'eau évoque une symbolique baptismale : il s'agirait pour Marion de se blanchir, de se purifier, à la suite de sa décision de restituer l'argent. « We see Marion under the shower, écrit Robin Wood, and her movements have an almost ritualistic quality ; her face expresses the relief of washing away her guilt [45] ». Par ailleurs, selon Janet Leigh, Hitchcock aurait lui-même envisagé cet aspect de la douche :

> For Marion, going into the shower was more than just a need to wash away the day's grime. Hitch and I discussed the implications at great length. Marion had decided to go back to Phoenix, come clean, and take the consequences, so when she stepped into the tub it was as if she were stepping into the baptismal waters. The spray beating down on her was purifying the corruption from her mind, purging the evil from her soul. She was like a virgin again, tranquil, at peace [46].

Mais, malgré ce « baptème », Marion ne sera pas sauvée ; sa mort, de surcroît, sera une mort d'eau : à la frénésie du couteau pratiquant des ouvertures par lesquelles s'écoule cette eau précieuse qu'est le sang de Marion, se conjugue l'image de la mort dans l'eau, de l'eau qui tue, de la noyade — image reconduite un peu plus loin par l'immersion du corps de Marion dans le marais. L'eau baptismale est ainsi détournée, renversée, en eau hostile et meurtrière ; mêlée de sang, corrompue et noire, elle se déverse en dernier lieu dans le marais fangeux derrière le motel. Cette hostilité complète l'agression de la pluie qui force la jeune femme à trouver refuge et à s'arrêter au Bates Motel, préparant, en quelque sorte, la mort sous la douche avec laquelle, je l'ai mentionné plus haut, elle partage le même bruitage. Or cette eau de pluie, je le rappelle, est sale : « *Dirty night* », dira Norman en se référant à la pluie. Malgré les apparences, cette eau ne saurait laver, blanchir. C'est comme si, en regard de l'*eau imaginaire* de la figure, une eau en cachait une autre — l'eau de la vie (eau de la douche/baptème, de la pluie) dissimulant l'eau de la mort, l'eau en apparence pure dissimulant l'eau corrompue : le dispositif de la douche et de la cuvette de la salle de bains servant en quelque sorte de façade aux *eaux mortes* et boueuses qui se dissimulent à l'arrière du motel, lieu d'aboutissement où sont conduites la matière hydrante souillée et Marion [47].

Impossible, donc, d'invoquer figuralement l'eau de la salle de bains (ou la pluie) sans faire appel du même coup au marais qui la récupère une fois corrompue. L'eau n'est pas ici une substance qui nettoie, qui sauve, et qu'on avale pour rester en vie, mais une substance susceptible de corruption, qui assure la mort et qui, dans le cas de la douche et du marais, avale Marion. Alors qu'elle s'enfonce dans les profondeurs du marais, la jeune femme délaisse donc une fois pour toutes le monde des vivants pour pénétrer dans le royaume des morts.

Cette conjugaison de l'eau et de la mort invoque de son côté les traits de tout un imaginaire dont une des premières incarnations, ou figurations, remonte à l'Antiquité grecque et à l'image de l'Acheron, fleuve vaseux et presque stagnant ayant l'apparence d'un marais et dont la traversée conduit au royaume des morts. L'image du fleuve et de sa traversée confère à la mort l'aspect d'un voyage, aspect dont on sait, par ailleurs, qu'il est partagé par un grand nombre de cultures où il s'intègre, entre autres, aux rites funéraires. Aussi, d'une société à l'autre, le mort, qu'il soit enseveli, confié à la mer ou brûlé, sera souvent accompagné d'outils, d'armes, d'argent, de bijoux, d'habits, d'animaux, qui lui serviront au cours du voyage qu'il entreprend dans l'au-delà. Dans la mythologie grecque, la traversée des marais de l'Achéron jusqu'au royaume des morts est assurée par le génie Charon, dont la tâche est de faire passer les âmes d'une rive à l'autre sur sa barque funèbre. Chez les Etrusques, rappelle Pierre Grimal, Charon apparaît comme « 'le démon de la mort', celui qui *tue* le mourant et l'entraîne dans le monde souterrain [48] ». Cet imaginaire nous est d'ailleurs si familier que Bachelard évoque à son égard l'existence d'un complexe culturel, qu'il nomme *complexe de Caron*, dont les images, explique-t-il, informent, d'une légende ou d'un récit à l'autre, nos rêveries du voyage de la mort : bateau des morts des Gaulois, Voltigeur hollandais, et autres bateaux mystérieux des récits de la mer [49].

> La barque de Caron sera ainsi un symbole qui restera attaché à l'indestructible malheur des hommes. Elle traversera les âges de souffrance. Comme le dit Saintine : 'La barque à Caron était encore de service quand lui-même, devant les premières ferveurs (du christianisme), était disparu. Patience ! il va reparaître. Où cela ? Partout... Dès les premiers temps de l'Eglise des Gaules, à l'abbaye de Saint-Denis, sur le tombeau de Dagobert, on avait représenté ce roi, ou plutôt son âme, traversant le *Cocyte* dans la barque traditionnelle ; à la fin du XIIIe siècle, Dante, de sa pleine autorité, avait rétabli le vieux Caron comme nautonnier de son Enfer. Après lui, dans cette même Italie, et travaillant sous les yeux d'un pape, Michel-Ange... le représentait dans sa fresque du Jugement dernier en même temps que Dieu, le Christ, la Vierge et les saints'. Et Saintine conclut : 'Sans Caron, pas d'Enfer possible' [50].

Si je ne peux m'empêcher d'évoquer ici, à travers la mythologie, l'image de la mort comme voyage, c'est bien parce que la spectature cherche constamment à enrichir, à complexifier ses résultats par un processus d'intégration symbolique fondé sur le travail conjoint de la mémoire et de l'imagination. Trop souvent, en se cantonnant dans l'étude de la « compréhension » narrative par exemple, on laisse tomber, par un souci « d'objectivité scientifique », toute considération pour la saisie « imaginante » des images. Quant à moi, je suis frappé, je dois le dire, par la façon dont la mort de Marion s'apparente figuralement — c'est-à-dire dans la façon dont elle m'impressionne —, à l'imaginaire du voyage qui conduit du monde des vivants à celui des morts, de la lumière aux ténèbres, du jour à la nuit. Ainsi, ce qui apparaissait tantôt comme une façon pratique d'éliminer toutes les traces de la présence de la jeune femme au motel, soit l'« ensevelissement » de Marion et de ses effets personnels dans le marais, apparaît soudainement comme une figuration du voyage de la mort. Dans le jeu des inversions qui conduit de l'eau claire et pure du jet de la douche à l'eau fangeuse du marais, émerge alors l'analogue des rives de l'Achéron, dont une touche au monde des vivants et de la lumière, et l'autre à celui des morts et des ténèbres : c'est ainsi que l'éclatante blancheur de la salle de bains trouve à s'inverser dans l'opacité noire de la nuit et du marais où Marion entreprend de poursuivre son voyage chez les morts, sa descente aux Enfers.

Or, il s'agit bien d'un voyage : Marion, enveloppée dans un linceul (le rideau de douche), y descend en *voiture*, accompagnée de tous ses effets de voyage. L'auxiliaire de ce voyage, véritable passeur vers le monde des morts, n'est autre que Norman. En effet, c'est bien lui qui, après avoir poignardé Marion, conduit au marais l'automobile dans laquelle il a déposé le corps de la jeune femme ainsi que ses effets de voyage. Alors que s'enfonce lentement, péniblement, le véhicule, un commentaire de Bachelard trouve chez moi son écho :

> Tout ce que la mort a de lourd, de lent, est aussi marqué par la figure de Caron. Les barques chargées d'âmes sont toujours sur le point de sombrer. Etonnante image où l'on sent que la Mort craint de mourir, où le noyé craint encore le naufrage ! La mort est un voyage qui ne finit jamais, elle est une perspective infinie de dangers. Si le poids qui surcharge la barque est si grand, c'est que les âmes sont fautives. La barque de Caron va toujours aux enfers. Il n'y a pas de nautonnier du bonheur [51].

Marion étant coupable de fornication et de larcin, il n'y a bien sûr aucun doute en ce qui concerne la faute qui pèse sur son « âme »

— comme en témoigne figuralement le poids de la « barque » qui la transporte et qui coule lentement au fond du marais ! A ce stade, une double conclusion s'impose : les eaux claires sont des eaux corrompues en puissance (c'est le *principe de la douche*) ; les eaux corrompues correspondent aux eaux profondes et ténébreuses du royaume des morts (c'est le *principe du marais*). Forte de cette équation qui joue sur le passage de la douche au marais, la figure du meurtre sous la douche s'étend une fois de plus au-delà de l'épisode du meurtre. Elle nous permet en fait de revoir l'union avec Sam et le larcin du début à la lumière des deux principes de la corruption des eaux et de la traversée infernale. Plus précisément, il faut voir comment, sous l'emprise de la figure, l'acte sexuel et le larcin appartiennent tous les deux aux eaux troubles du marais.

D'abord le larcin. Marion, on le sait, s'approprie les 40 000 $ qui lui sont confiés par son patron. Il s'agit, bien entendu, d'argent *liquide* (*liquidities* en anglais). Mais la liquidité de cet argent est plus concrète encore que celle que lui octroie le langage. Il faut se rappeler que les 40 000 $ appartiennent initialement à Cassidy, riche Texan dont la fortune repose sur l'exploitation pétrolière : l'argent volé provient donc littéralement des fleuves souterrains de la terre, des marais de vase organique qui se trouvent sous la croûte terrestre ! L'argent apparaît alors comme le substitut ou, mieux, comme un état possible de cette eau ténébreuse, corrompue, visqueuse et putrescente, tirée des profondeurs de la terre qu'est le pétrole. L'argent volé, argent liquide et pétrole à la fois, appartient donc, en quelque sorte, aux eaux fangeuses et infernales du marais par où Marion entreprend son voyage souterrain au royaume des morts. Et quelle meilleure embarcation pour effectuer ce voyage dans les eaux souterraines et infernales qu'une *automobile*, propulsée par la combustion du pétrole ?

De son côté, l'union avec Sam, en tant qu'acte sexuel, participe également au *principe du marais*. En effet, l'acte sexuel est un acte humide qui met en jeu des eaux produites par des corps qui suent et s'échangent des sécrétions. Sur le plan imaginaire, ces sécrétions sont voisines de l'urine, des fèces, du sang, et des menstrues avec lequels elles constituent autant d'eaux corrompues. La souillure de la fornication n'est donc pas exclusivement morale, elle est également physique et liée à l'eau — aussi, dans nos moeurs, l'ablution suit-elle très souvent l'acte d'amour. En ce sens, l'union entre Marion et Sam met à jour le lien qui existe entre la souillure morale et la souillure physique. A ce titre, la figure qui émerge avec le meurtre sous la douche et à laquelle appartient la corruption des eaux (équivalence entre l'eau de la douche et l'eau du marais), reviendra hanter le début du film, où Marion gît déjà, en quelque sorte, dans la fange.

L'impureté

Dans un essai qu'il consacre aux principes du récit hitchcockien, Robin Wood souligne que le sort dont Marion Crane est victime tient de la démesure : « [...] even the most conventionally moral and judgemental viewer must see [Marion's fate] as disproportionate [52] ». Or, certains rapports déjà effectués au sein de la figure vont nous servir ici à faire sens du sort réservé à Marion.

Le premier outil mémoriel qui servira mon imagination est l'Ancien Testament. Comme il se doit, c'est le film lui-même qui motive ce choix — ce dont il sera fait état sous peu. Pour l'instant je me contenterai d'associer Marion aux textes bibliques. C'est par le biais du nom qu'on procèdera une fois de plus. Bien qu'aucun des personnages bibliques ne porte le nom de Marion Crane, le Pentateuque, en revanche, mentionne plusieurs échassiers. Or, il s'agit, nous dit la Bible, d'un oiseau *impur*. En effet, l'échassier (le gruidé) est au nombre des animaux proscrits par la Loi de Moïse en regard des prescriptions alimentaires [53]. L'impureté de cet oiseau, semblerait-il, provient de sa nature omnivore/carnivore — les oiseaux de proie comme l'aigle, le vautour, le hibou étant également au compte des oiseaux dont la chair est proscrite. On touche ici à une problématique soulevée plus haut avec la question du cannibalisme, et dont la réponse, nous dit Jean Soler, doit être cherchée dans la Genèse. On y découvre que le Paradis est végétarien tant pour les hommes que pour les animaux et que, par conséquent, « les carnassiers n'entrent pas dans le plan de la Création [54] ». On en déduira que les animaux, contrairement aux hommes, n'ont jamais acquis le droit divin à la nourriture carnée et ne peuvent pas, à l'instar des hommes, purifier rituellement leur proie en la vidant de son sang sur l'autel du culte afin d'en racheter le meurtre. Conséquemment, comme le remarque Soler, « si la nourriture carnée pose déjà un problème à l'homme, à plus forte raison s'il s'agit de manger un animal qui a lui-même consommé de la viande et qui a tué pour cela d'autres animaux. Les carnassiers sont impurs. En manger pour l'homme serait donc deux fois impur [55] ».

Nous rejoignons donc, par un chemin différent, la problématique de la « chair », avec laquelle j'ai inauguré la description de la figure : Marion est une « chair » impure parce qu'elle consomme de la « chair ». On se rappellera que cette comparaison joue sur une métaphore « cannibalisante » concernant l'acte sexuel, métaphore qui nous est en quelque sorte donnée par le film, où se substituent, dès l'ouverture, les choses de l'amour et du manger. Or, la dimension sexuelle qu'on octroie ici à la « chair » n'est pas entièrement absente des prescriptions alimentaires de la Bible. A plusieurs reprises (Ex. XXIII : 19 et XXXIV : 26 ; Deut. XIV : 21) le texte biblique proscrit la cuisson d'un chevreau dans le lait de sa mère. Selon Jean Soler, il faut « prendre ces mots au pied de la lettre » et lire : « Tu ne mettras pas dans la même casserole, pas plus que dans le même lit, un fils et sa mère [56] ». Ainsi, « tout laisse croire, comme le remarque Noëlle Châtelet, [...] que, métaphoriquement, le tabou alimentaire garantisse l'interdit sexuel et que la morale trouve en la nourriture le prétexte idéal à son maintien [57] ». Pour notre part, on verra dans le tabou alimentaire qui pèse sur l'échassier l'équivalent, traduit en termes sexuels, de l'impureté qui pèse sur Marion : celle-ci est impure parce qu'elle a un goût pour la « chair », ou, en d'autres mots, parce qu'elle s'adonne à la fornication (entendu ici au sens d'un acte d'amour hors du mariage).

Il est temps maintenant d'expliquer la fonction du texte biblique en regard de l'économie de la figure. L'Ancien Testament, je le rappelle, est présent dans le film : il est évoqué quelques minutes à peine avant le meurtre sous la douche grâce à l'image de Suzanne, cette autre baigneuse du film que nous avons rencontrée plus tôt et dont l'histoire ressemble à certains égards à celle de Marion. Mais s'il était question plus tôt de souligner ces ressemblances, la figure nous invite ici à contraster les deux récits qui, je tiens à le souligner, appartiennent l'un et l'autre à *Psycho*. Une différence fondamentale tient de toute évidence au comportement et au sort des deux héroïnes : Suzanne, femme vertueuse, sera sauvée ; Marion, femme impure, ne le sera pas. Voyons cela de plus près.

Le Livre de Daniel prend bien soin d'établir, dès les premiers versets du chapitre XIII, le caractère vertueux de Suzanne. Le texte commence comme suit :

> Or il y avait un homme habitant à Babylone, et son nom était Joakim. Et il prit une femme du nom de Suzanne, fille d'Helcias, fort belle et craignant Dieu. Car comme ses parents étaient justes, ils élevèrent leur fille selon la loi de Moïse [58].

On apprend donc, d'entrée de jeu, que Suzanne est mariée et qu'elle connaît la Loi dictée par Dieu à Moïse lors de l'exode d'Egypte. Ces informations sont importantes pour bien comprendre la suite de l'histoire en ce qu'elles donnent un cadre de référence aux actions des personnages. En effet, le refus de Suzanne de se livrer aux deux juges qui l'épient illustre bien pour le lecteur la nécessité du comportement vertueux et du refus de l'adultère et, donc, le respect de la Loi divine et ce, quel que soit le risque encouru. L'enjeu est clairement souligné par Suzanne alors même qu'elle refuse la proposition des vieillards :

> Suzanne soupira, et dit : 'Je suis dans les angoisses de toutes parts ; car si je fais cela, c'est la mort pour moi ; et si je ne le fais point, je n'échapperai pas à vos mains. Mais il est mieux pour moi de tomber sans crime en vos mains, que de pécher en la présence du Seigneur' [59].

La jeune femme, élevée selon la Loi de Moïse, connaît bien le septième commandement de Dieu (Deut., V : 18) qui interdit l'adultère ; elle connaît également le sort que la Loi réserve aux adultères : « Si un homme dort avec la femme d'un autre, l'un et l'autre mourront, c'est à dire l'homme adultère et la femme adultère [60] ». Aussi, en préservant sa vertu — c'est-à-dire en refusant l'adultère — Suzanne sera épargnée, grâce à l'intervention de Dieu, en la personne de Daniel. Ce sont les juges, au contraire, qui seront mis à mort pour avoir livré des faux témoignages. La morale et la justice sont sauves, la belle Suzanne restreignant, comme il se doit, les « impuretés involontaires » de l'acte d'amour au cadre marital [61].

Le cas de Marion, on le sait, est différent. Si la jeune femme ne se livre pas à l'adultère en tant que tel, elle s'adonne néanmoins à l'acte d'amour hors-mariage. L'ouverture du film nous livre à ce propos toutes les informations nécessaires pour comprendre la situation : Marion et Sam se retrouvent, en secret, dans un hôtel sur l'heure du déjeuner où ils font l'amour ; Marion veut épouser Sam — ce qui nous renseigne à la fois sur son désir et son état (« *I haven't even been married once yet* ! » lance-t-elle à Sam) ; Sam est divorcé et connaît des difficultés financières (« I'm tired of sweating for people who aren't there ! I sweat to pay off my father's debts and he's in his grave ! I sweat to pay my ex-wife alimony, and she's living on the other side of the world somewhere ! »). L'hôtel où se rencontrent les amants est un établissement plutôt minable et la chambre louée triste, dépouillée et monochrome. Il y a quelque chose d'avilissant dans la situation, tant dans le secret qui entoure les rencontres des amants que dans le lieu où elles se produisent, ce que reconnaît Marion. Ecoutons le dialogue entre les amoureux :

- Marion : « Hotels of this sort are not interested in you when you come in, but when your time is up. Oh, Sam, I hate having to be with you in a place like this »

- Sam : « I've heard of married couples who deliberatly spend an occasional night in a cheap motel. They say it's very exciting... »

- Marion : « Oh, when you're married you can do a lot of things deliberately »

- Sam : « You sure talk like a girl who's been married »

- Marion : « Sam — this is the last time »

- Sam : « Yeah ? For what ? »

- Marion : « For this. For meeting you in secret — so we can be secretive. You come down here on those business trips and we steal lunch hours and — Oh, Sam, I wish you wouldn't even come »

L'enjeu de cette discussion est évidemment moral. La clandestinité dans laquelle les deux amants se rencontrent souligne l'univers moral de l'histoire. En ce sens, le dialogue de Marion est sans équivoque : les personnages contreviennent à un interdit. Or, l'avilissement de Marion se poursuit aussitôt :

- Marion : « Sam, let's get married ! »

- Sam : « Yeah ! And live with me in a storeroom behind a hardware store in Fairvale ? We'll have lots of laughs ! — I'll tell you what. When I send my ex-wife alimony, you can lick the stamps ! »

- Marion : « I'll lick the stamps »

Il y a, de toute évidence, quelque chose de dégradant, voire d'abject, dans ce passage. Marion semble prête à accepter des conditions de vie humiliantes et avilissantes pour être avec Sam. Il appert, en somme, que les différentes composantes de la mise en scène et du scénario — les corps à demi-nus des personnages, le décor grossier, le dialogue — travaillent à l'unisson pour assurer une impression générale d'impudicité et de transgression morale.

Cela dit, la référence à l'histoire de Suzanne, tout juste avant le meurtre de Marion, permet de délimiter sans équivoque le cadre moral dans lequel l'épisode de la douche fait sens en nous permettant de relier, au sein de la figure, le sort de Marion à son comportement au début du film. Dit autrement, la peinture de *Suzanne et les vieillards* constitue ici le lien figural qui permet de voir un rapport de cause à effet entre l'épisode de l'hôtel du début et celui de la douche.

Le cadre moral en question n'est cependant pas celui du Pentateuque hébraïque — la Torah — mais bien celui de son interprétation catholique. Il s'agit là d'une distinction importante par rapport au récit de Suzanne et à son rôle dans la figure. Mais pourquoi parler ici d'une lecture catholique de l'Ancien Testament ? Il faut savoir en premier lieu que l'histoire de Suzanne parvient à la chrétienté par la voie d'une traduction grecque de la Bible et, deuxièmement, qu'elle n'est pas considérée comme un texte canonique par la tradition hébraïque. Par conséquent, l'histoire de Suzanne a été rejetée du canon par la plupart des Eglises réformées qui suivent le texte hébraïque en ce qui concerne l'Ancien Livre [62]. Au contraire, l'Eglise romaine confirme le statut canonique de l'histoire de Suzanne une première fois lors du concile de Trente, puis une deuxième fois lors du premier concile du Vatican en 1870. L'histoire de Suzanne participe donc, en quelque sorte, d'un horizon catholique, horizon que peut alors s'approprier la figure. Or, l'horizon catholique a ceci de particulier qu'il transforme, ou recadre, le territoire moral à partir duquel on peut comparer et contraster les histoires de Suzanne et de Marion.

Suzanne, nous l'avons vu, est faussement accusée d'adultère. Pour les Hébreux de l'époque de l'exil, l'adultère est une impureté grave, passible de mort [63]. La Loi vise surtout à régir le comportement des femmes mariées et à en protéger la propriété, puisqu'elle ne proscrit ni la polygamie, ni la prostitution [64]. La fornication n'est donc pas interdite par la Loi de Moïse [65]. Or, sans entrer dans des détails historiques et théologiques, on peut dire en toute assurance que la lecture du Pentateuque faite par l'Eglise de Rome dès le Moyen-Âge, lecture produite à travers une exégèse du Nouveau Testament, élargit l'acception des sixième et neuvième commandements (d'après la répartition de Saint-Augustin) afin de prendre en considération des pratiques non mentionnées directement par la Loi de Moïse. On harmonise ainsi l'Ancien Testament avec le Nouveau, dont on sait qu'il condamne la fornication et qu'il menace d'exclusion du Royaume de Dieu ceux qui en sont coupables [66]. Je citerai à titre d'exemple un catéchisme du 19e siècle qui réécrit de la façon suivante les sixième et neuvième commandements de Dieu : « Impudique point ne seras, de corps ni de consentement » et « L'oeuvre de chair ne désireras, qu'en mariage seulement [67] ». La fornication, comme l'adultère (qui comprend, chez les chrétiens monogames, l'union d'un homme marié avec une prostituée), devient ici un péché mortel, de la famille des « péchés d'impuretés », et voue l'âme coupable à la damnation éternelle en Enfer : « les pensées et les désirs impurs [qui sont contraires à la vertu de pureté] sont toujours, écrit le catéchisme, des péchés mortels quand on y donne son consentement [68] ».

C'est cet univers moral qui est introduit, en quelque sorte, par la présence, dans *Psycho*, de l'histoire de Suzanne — histoire dont on sait maintenant qu'elle appartient au canon de la Bible de l'Eglise romaine. Hitchcock se doutait-il des conséquences figurales liées à l'introduction de la toile de Suzanne, lui dont on sait qu'il a été éduqué par les Jésuites du *Saint Ignatius' College* de Londres ? Comment ne pas penser, par ailleurs, à la fameuse thèse de Chabrol et Rohmer pour qui « il n'est pas un des films d'Hitchcock qui ne soit plus ou moins marqué par l'idée ou la symbolique chrétienne [69] » ? Quoi qu'il en soit, nous pouvons maintenant saisir le rapport de cause à effet qui existe, d'un point de vue figural, entre l'ouverture du film et le meurtre sous la douche. Alors que ce dernier événement surprend du point du vue de la forme — la mort de Marion donnant l'impression que l'argument narratif pique soudainement vers une digression sans retour — la figure, nous allons voir, lui octroie au contraire une *implacable cohérence*.

La présence du tableau de Suzanne sur le mur du petit salon introduit l'univers moral grâce auquel Marion apparaît, dès le début du film, en situation de péché mortel. L'avilissement de la jeune femme se poursuit ensuite avec le larcin des 40 000 $. nouvelle impureté dont le motif est lié néanmoins à sa liaison avec Sam. En fait, l'argent volé doit favoriser non plus la transgression illicite de l'interdit sexuel (la fornication), mais plutôt sa *transgression licite* (le mariage) [70]. Marion est donc doublement tachée : par son union avec Sam d'une part et, d'autre part, par le larcin des 40 000 $. Qu'il s'agisse, dans un cas comme dans l'autre, d'une souillure commune, voilà qui apparaît de différentes façons selon les traits que s'approprie la figure. Dans les deux cas d'impuretés, l'image de la salle de bains joue un rôle important. Marion utilise d'abord la salle de bains du garage où elle change de voiture pour compter des dollars ; elle utilise ensuite la cuvette du motel pour jeter des morceaux de papier qui représentent ce même argent. (je ne fais ici que reconduire, dans un réseau différent, cet aspect de la figure qui voyait dans l'argent une forme d'excrément, et donc d'impureté). A partir du vol, par ailleurs, Marion portera littéralement sa tache : ses dessous, partie la plus intime du vêtement, passent du blanc au noir. Nul besoin d'évoquer ici toutes les symboliques du noir pour comprendre ce changement vestimentaire sous l'angle d'une dévalorisation, voire d'une forme d'avilissement : seule la souillure, la saleté, transforme le blanc en noir. Or, l'intérêt des sous-vêtements est de souligner l'aspect fondamentalement sexuel de la souillure : ce sont les parties intimes du corps de Marion qui sont stigmatisées, tachées. Présents au moment même où l'on réalise que la jeune femme commet un vol, *ces dessous nous rappellent que le larcin en question est un délit passionnel et non de lucre* : Marion vole pour retrouver Sam. Enfin, la douche, autre composante de la salle de bains, marque également l'impureté de Marion : on prend une douche par besoin de se laver, de se purifier. (S'agit-il de sa première ablution depuis son union à Sam ?). Au bout du compte, il appert que c'est la fornication de Marion, souillure morale tout autant que physique, et à laquelle est lié le larcin des dollars, qui sert de référent figural aux impuretés de la jeune femme et à l'acte d'ablution qui suit. C'est pourquoi la décision de restituer l'argent, prise juste avant d'entrer sous la douche, ne sera pas suffisante pour sauver Marion.

D'un point de vue figural, donc, le meurtre sous la douche acquiert la valeur symbolique d'un passage, d'une descente, vers la mort éternelle de l'Enfer. C'est la logique du péché et du châtiment qui prévaut ici, et qui fait de Marion une Suzanne inversée, ayant perdu sa vertu. Aussi, ce qui s'explique du côté de la forme d'une façon psychologique (le discours du psychiatre à la fin du film qui interprète le meurtre de Marion en fonction de l'Oedipe non résolu de Norman) trouve ici, dans la figure, une signification fort distincte. A titre de femme impure, coupable de fornication, Marion ne saurait être sauvée de ses agresseurs (le couple psychotique Norman-la mère) par un quelconque *deus ex machina*, comme c'est le cas pour Suzanne. On comprend mieux, du fait même, la dérogation du tableau accroché au mur du petit salon, dérogation tant par rapport au récit biblique qu'à l'histoire picturale du thème de Suzanne. En effet, comme je l'ai mentionné plus tôt, non seulement cette image est-elle une représentation inexacte de l'histoire racontée dans la Bible, mais elle fait également exception à toute une tradition picturale autour du même thème. Aussi n'est-ce plus, sous le poids de la reconfiguration figurale, Suzanne et les vieillards que montre la toile, mais bien *Marion et les vieillards*. En *imaginant* Marion dans la situation de Suzanne, ce que le tableau — par sa *déviance* — nous invite à faire, on comprend tout de suite que la jeune femme ne saurait être sauvée, car ce qui sauve Suzanne n'est autre que sa vertu et sa pureté devant Dieu. Apparaît ainsi ce que j'ai appelé plus tôt l'*implacable cohérence* de la figure, qui conduit inexorablement du péché d'impureté au châtiment.

Enfin, la topique de l'impureté qui se manifeste ici ne relève pas uniquement de Marion. La personalité de Norman est également un comble d'impuretés, comme le souligne justement Noël Carroll :

> He is Nor-man : neither man nor woman but both. He is son and mother. He is the living and the dead. He is both victim and victimizer.

> He is two persons in one. He is abnormal because he is interstitial. [...] he is a powerful icon of impurity [...][71].

Or, de cette impureté psychologique et de son mariage à l'imagination émerge par ailleurs la prochaine topique: la Grande Mère.

La Grande Mère

Au coeur de *Psycho* se trame, c'est bien connu, un drame familial : avant même que commence le film, Norman Bates s'est rendu coupable d'un matricide. Sur le plan de l'argument, de la forme narrative, ce drame est d'ailleurs central pour la compréhension finale du sort de Marion : la jeune femme aurait été tuée dans la suite, on pourrait dire, du matricide initial. C'est même là, en quelque sorte, la révélation finale du film : c'est le sens qu'il faut donner au discours du psychiatre qui « explique » le comportement de Norman et le meurtre de Marion, comme résultant d'un Oedipe non résolu. A l'instar de ce personnage, on peut résumer le « cas Bates » de la façon suivante : le jeune Norman, élevé par sa mère après la mort du père, se serait entièrement identifié au désir maternel (c'est-à-dire au phallus), jusqu'à ce qu'un beau jour la mère prenne un amant (Norman dira tristement à Marion : « *A son is a poor substitute for a lover* »). C'est alors la crise, provoquée par l'introduction d'un tiers qui, en vertu de la place qu'il occupe en regard du désir de la mère, menace le jeune homme de castration. Norman réagit en tuant sa mère et son amant. Il récupère ensuite le cadavre maternel, qu'il empaille pour lui redonner vie, de façon à reconstituer l'Un — soit l'unicité présymbolique qui existait entre mère et fils avant l'arrivée du tiers. La psychose se manifeste dès lors chez le jeune homme par le rejet, ou la « forclusion », du matricide : Norman donne une voix au cadavre de sa mère, qui constitue en fait un écho de sa propre voix [72] (il est intéressant de remarquer, à cet effet, toute la réverbération du premier « dialogue » entre Norman et « la mère » sur la bande-son), grâce à quoi il rejette entièrement sa mort, son absence. Par conséquent, on peut concevoir, avec Slavoj Zizek, les différentes apparitions de « la mère » comme le retour de la chose forcluse sous la forme d'un objet-tache traumatique dont l'intrusion vient remplir le trou laissé par le non-symbolisable [73]. Il ne fait pas de doute, à ce titre, que c'est le rapport entre Norman et sa mère — à la fois réelle et hallucinée — qui sert de moteur au déroulement du meurtre sous la douche ; or, ne serait-ce que pour cette raison, « la mère » appartient aux composantes de cet épisode.

Mais, indépendamment de la mécanique oedipienne (ou plutôt préoedipienne) à laquelle est soumis Norman — mécanique qui, telle qu'étayée ci-dessus, ressort, somme toute, du récit et de son interprétation psychanalytique —, le spectateur de *Psycho* qui travaille à partir d'un ensemble de représentations du personnage de « la mère » (répliques, images) a en sa possession des traits qui lui permettront d'ajouter à la figure du meurtre sous la douche une importante composante « maternelle ».

Le meurtre sous la douche, on le sait, met en scène Norman Bates sous les traits de sa mère. Mais c'est « la mère » — celle que construit Norman dans sa folie — qui commet le meurtre. Prenons cet aspect « maternel » du meurtre au pied de la lettre : c'est bien ce que l'argument du film va essayer de nous faire croire par la suite, histoire de ralentir la résolution de l'énigme et d'assurer le choc final. Surgit dès lors un nouvel aspect de la figure, dont la cohérence repose une fois de plus sur l'arme du meurtre. Voyons de quoi il s'agit.

Pour Barbara Creed, qui adopte une perspective psychanalytique, la conjonction de « la mère » et du couteau correspond à l'image de la mère castratrice :

> The notion that man fears the mother because she is the punishing, castrating parent provides us with another way of interpreting the shower-scene murder. The 'Mother' who attacks Marion in the shower is the castrating parent. The knife does not just represent a phantasm, the phallus 'immemorially attributed to the mother' ; it also represents an actual threat posed by the mother — the threat of castration which she poses directly through her actions. Norman 'becomes' mother largely to turn the tables on mother, to ensure his own survival — to castrate rather than be castrated. 'Mrs Bates' punishes/mutilates Marion for taking pleasure in her body in the shower — a punishment Mrs Bates no doubt threathened Norman with for his own illicit practices [74].

Certes, les remontrances continuelles de « la mère » face à Norman — remontrances qui, comme elles émanent de Norman, laissent entrevoir une dimension masochiste à sa psychose passionnelle — permettent d'envisager madame Bates sous l'angle d'un agent de répression sexuelle. En effet, dès sa première intervention, on entend « la mère » accuser Norman de vouloir coucher avec la jolie pensionnaire du motel et, qui plus est, le lui interdire. A ce titre, on peut ajouter aux remarques de Creed, tout en abondant dans le même sens, que le meurtre de Marion assure la chasteté de Norman. Ce dernier, « impuissant » à faire quoi que ce soit, n'aura d'autre choix que de nettoyer le lieu du crime. Mais on ne saurait s'arrêter là. A bien y regarder on s'aperçoit que « la mère » n'est pas seulement armée d'un couteau, elle est armée, on s'en souviendra, d'un *couteau de cuisine* — ce que ne remarque pas Creed. Or, quelle conséquence nouvelle l'imagination peut-elle tirer de cette observation ?

Je rappellerai comment la spécificité du couteau a déjà été exploitée par l'imagination en nous renvoyant plus tôt à des considérations sur l'alimentation (sont alors apparus comme faisant partie de la figure le cannibalisme et le tractus digestif). Il s'agit ici de poursuivre une fois de plus la complexification de l'objet figural en considérant cette fois ce que l'imagination découvre dans la juxtaposition filmique de l'outil de cuisine et de « la mère ». Or, il émerge de cette mise en relation une image si commune d'une culture à l'autre et d'une époque à l'autre, si permanente dans l'histoire des arts et si profondément ancrée dans l'expérience de tout un chacun, qu'elle constitue, à en croire Jung et d'autres à sa suite, la représentation d'un véritable archétype [75]. En effet, qui ne saurait entrevoir, à travers ces seuls traits figuraux que sont le couteau de cuisine — outil servant à la préparation des aliments — et « la mère », l'image fondamentale, première, de la mère nourricière ?

Chez les Grecs, cette image maternelle trouvait à s'incarner dans les trois grandes déesses de la mythologie liées à la terre et à la fertilité : Gaïa, Rhéa, et Déméter, soit la mère des dieux, la mère des Olympiens, et la déesse maternelle de la Terre ; trois incarnations telluriques de la Grande Mère. Si je mentionne ces incarnations mythologiques, c'est qu'elles ont l'avantage, par rapport à mon propos, de bien mettre en évidence quelques-uns des différents aspects qui font de la Grande Mère une image d'une grande complexité. Aussi, chacune de ces déesses-mères est-elle à la fois « bonne » et « terrible ». L'incarnation la plus intéressante en ce qui nous concerne sera Déméter, la déesse du blé, à qui revient, dans le partage des fonctions de la Grande Mère grecque, la dimension nourricière de la Terre-Mère. Les récits légendaires qui accompagnent l'initiation aux mystères d'Eleusis rendent bien le double aspect — positif et négatif — de la déesse. On y apprend, entre autres, que Déméter peut refuser de remplir ses fonctions divines qui consistent à assurer la fécondité de la terre et l'abondance des récoltes ; c'est alors la stérilité, la famine et la mort [76]. Il s'agit là de l'aspect terrible de la Grande Mère, image d'une mère — la Déméter des profondeurs — qui refuse de nourrir et qui tue. Cet aspect terrible de la mère nourricière est particulièrement utile pour saisir ce que j'ai appelé plus haut la « composante maternelle » de la figure du meurtre sous la douche. Aussi n'est-ce pas à la bonne mère nourricière — celle qui est installée dans la cuisine et qui utilise son couteau pour préparer le repas — que nous avons affaire ici, mais plutôt à la mère terrible, meurtrière, qui utilise ses outils de cuisine — c'est-à-dire son pouvoir de nourricière, son pouvoir sur l'aliment — pour tuer. Il s'agit bien, du point de vue de la figure, d'une Déméter des profondeurs qui tue Marion après avoir refusé de la nourrir (on se rappellera les paroles entendues par Marion lors du conflit entre Norman et « la mère » : « *Go tell her she'll not be appeasing her ugly appetite with my food or my son !* »).

Enfin, ce n'est plus seulement Norman-la mère qui s'abat sur Marion, mais la nature sous différents aspects : l'orage qui se déchaîne et force la jeune femme à trouver refuge au Bates Motel ; les eaux de la douche et du marais infernal qui l'attendent patiemment ; le paysage agreste et nocturne autour du motel qui s'oppose aux images de Phoenix. N'est-ce pas, par ailleurs, avec toute la soudaineté et la violence d'un orage ou d'une tempête — c'est-à-dire d'un acte irrationnel, naturel, aveugle — que Marion sera foudroyée ? Voilà autant d'aspects de la Grande Mère-nature négative dont l'image va se poursuivre jusqu'à la fin du film, avec la révélation du cadavre desséché, aveugle, véritable Déméter des profondeurs qui se dissimule sous la terre dans le cellier à fruits de la maison maternelle.

*

* *

C'est ainsi que s'interrompt ma sémiose figurale. Il faut bien s'arrêter quelque part. Pourquoi ici ? Tout simplement parce que j'ai le sentiment d'avoir épuisé, non pas la figure (laquelle reste ouverte), mais ma capacité de poursuivre sa complexification pour l'instant. Demain, peut-être, de nouveaux interprétants, de nouvelles topiques viendront saisir de nouveaux traits. Or, même interrompue, la figure n'est pas « morte » pour autant. Elle interagit avec le contenu de ma mémoire et risque à la fois de réémerger lors de ma spectature d'autres films et de s'étendre sur les souvenirs plus ou moins flous que je conserve d'autres films, voire même de les « contaminer » en produisant alors une *memoria hallucinée*. C'est le sujet du prochain chapitre.

Enfin, inutile de souligner une fois de plus que la sémiose figurale ne cherche pas à mettre à jour une *intentio operis* ou une *intentio auctoris*, pas plus qu'elle ne constitue une explication de texte ou une herméneutique de la forme, telle que présentée au chapitre précédent. Elle correspond plutôt à la « libération » de cette dernière, à son exploitation imaginaire et mémorielle. Je n'ai donc pas cherché à produire une sémantique du récit ou à mettre à jour une quelconque signification cachée ou dissimulée dans le texte filmique. J'ai toutefois le sentiment d'avoir fait sens du meurtre sous la douche en le sémiotisant, c'est-à-dire en me l'appropriant et en l'intégrant à des système de signes qui me définissent comme individu et qui définissent, à travers moi, la culture à laquelle j'appartiens. Aussi curieux que cela puisse sembler pour un sémiologue structuraliste/formaliste, je n'ai pas « inventé » la figure : je me suis contenté d'en faire la traduction, c'est-à-dire, de traduire en des termes mémoriels et imaginaires (c'est l'interprétance sur quoi repose la sémiotisation) ce qui m'était d'abord apparu comme le contenu d'une forme narrative.

NOTES

1. Au sujet du tournage de *Psycho*, cf. l'ouvrage de Stephen Rebello, *Alfred Hitchcock and The Making of Psycho*, *op. cit.*

2. Cet usage, vieilli en français, existe toujours en anglais où l'on utilise le mot '*figure*' pour désigner le contour du corps.

3. Jean-François Lyotard, *Discours, figure*, Paris, Klincksieck, 1971.

4. Louis Hjelmslev, *Prolégomènes à une théorie du langage*, *op. cit.*

5. Erich Auerbach, « Figura », *Scenes from the Drama of European Literature*, Minneapolis, University of Minnesota Press, 1984.

6. Mary Carruthers, *The Book of Memory. A Study of Memory in Medieval Culture*, Cambridge, Cambridge University Press, 1990.

7. Platon, *Théétète, Oeuvres complètes*, vol. VIII, trad. Auguste Diès, Paris, Les Belles Lettres, 1965, §191d.

8. Aristote, *De memoria et reminiscentia*, trad. René Mugnier, Paris, Les Belles Lettres, 1953, §450a25.

9. *Ibid.*, §450a22

10. Comme le remarque Mary Carruthers, « Visual coding, like writing, allows the memory to be organized securely for accurate recollection of a sort that permits not just reduplication of the original material, but sorting, analysis, and mixing as well, genuine learning, in short, rather than simple repetition ». A titre d'exemple, Carruthers cite le *Liber de memoria et reminiscentia* d'Albertus Magnus : « Albertus says that the iteration, or rote repetition, of knowledge is not at all a task of *memorial* recollection or 'memoria'. He defines reminiscence or recollection as the 'tracking down' (*investigatio*) of what has been 'set aside' (*obliti*) through and by means of memory; this process differs in nature from 'rote repetition' (*iterata scientia*). Recollection occurs consciously through association : one finds or hunts out the stored memory-impressions by using other things associated with it either through a logical connection or through 'habit' (*consuetudo*), the sort of associations taught by the various *artes memorativa*. Rote repetition, since it is not 'found out' by any heuristic scheme, is not considered recollection or true memory (*memoria*) ». Mary Carruthers, *The Book of Memory. A Study of Memory in Medieval Culture, op. cit.*, pp. 19-20.

11. Voir notamment l'ouvrage de David Freedberg, *The Power of Images*, Chicago, University of Chicago Press, 1989.

12. Gilles Thérien, « La construction de l'objet-cinéma », *Hors-cadre* 10, 1992, p. 36.

13. Raymond Bellour, « Psychose, névrose, perversion », *op. cit.*, p. 310.

14. La grue est un oiseau omnivore ou « *homme-nivore* », petit jeu de mots du spectateur francophone dont nous trouverons quelques échos plus loin.

15. Selon l'explication du psychiatre à la fin du film, Norman aurait tué sa mère par jalousie. Quant aux oiseaux, on voit bien que nous ne sommes pas très éloignés de *The Birds*, qui, dans la filmographie d'Hitchcock, suit immédiatement *Psycho* ! En fait, plusieurs commentateurs ont souligné la récurrence des oiseaux dans l'oeuvre du cinéaste. A ce sujet, voir notamment le travail d'Elisabeth Weis, *The Silent Scream : Alfred Hitchcock's Sound Track*, Rutherford, Fairleigh Dickinson University Press, 1982.

16. Jean Pouillon, « Manières de table, manières de lit », *Nouvelle revue de psychanalyse*, n° 6, 1972, pp. 18-19.

17. Jean Soler, « Sémiotique de la nourriture dans la Bible », *Annales*, vol. 28, n° 4, 1973.

18. On trouve l'anecdote suivante dans l'ouvrage de Stephen Rebello : « Hitchcock developed a fascination to convey the sound a knife makes when jabbing a body. 'He told prop man [Robert Bone] to go out and get a watermelon which we'd stab', recalled Marshal Schlom. 'Knowing Hitchcock, the prop man knew he had to come back not only with watermelons of all sizes, but with casabas, cantaloupes, and honeydews [...]'. In a recording studio, prop man Bone auditioned the melons for Hitchcock, who sat listening with his eyes closed. When the demonstration table was littered with shredded fruit, Hitchcock opened his eyes, and intoned simply : 'Casaba' ». Stephen Rebello, *Alfred Hitchcock and The Making of Psycho*, *op. cit.*, p. 118.

19. Carol J. Clover, *Men, Women, and Chain Saws*, Princeton, Princeton University Press, pp. 31-32.

20. Il est difficile d'envisager au cinéma l'image d'un couteau générique, bien qu'il soit possible de dissimuler certaines spécificités de l'objet : l'image de l'ombre d'un couteau, par exemple, peut rendre difficile la tâche d'identifier avec certitude le type de couteau qui est utilisé. Ce n'est certes pas le cas ici.

21. Noëlle Châtelet, *Le Corps à corps culinaire*, Paris, Seuil, 1977, p. 34.

22. *Idid.*, p. 33.

23. Donald Spoto, *La Face cachée d'un génie. La vraie vie d'Alfred Hitchcock*, trad. François Lasquin et Paule Pagliano, Paris, Albin Michel, 1989, p. 451.

24. Georg Groddeck, « Du ventre humain et de son âme », *Nouvelle revue de psychanalyse*, n° 3, 1971, p. 217. C'est moi qui souligne.

25. Claude Lévi-Strauss, *Le Cru et le cuit*, Paris, Plon, 1964, pp. 144-145.

26. Noëlle Châtelet, *Le Corps à corps culinaire, op. cit.*, p. 95.

27. La valeur excrémentielle du marais est soulignée également par Raymond Durgnat : « [...] the bathroom scene, very glossy and white, and devoted to the theme of cleanliness, is followed by a scene in which everything disappears into a black sticky cesspool. Norman has pulled the chain ». Raymond Durgnat, *The Strange Case of Alfred Hitchcock*, London, Faber and Faber, 1974, p. 326.

28. On se souviendra, par ailleurs, que les morceaux de papier que Marion jette à la cuvette des W.-C. sont des représentations d'argent. Aussi, plus loin dans le film, après que la soeur de Marion eût découvert un résidu de ces morceaux, Sam rangera soigneusement celui-ci dans son porte-monnaie.

29. David Sterritt, *The Films of Alfred Hitchcock*, Cambridge, Cambridge University Press, 1993, pp. 103-104.

30. Je ne peux m'empêcher de faire ici une remarque sur la provenance de cette plaque minéralogique et sur la valeur de cette dernière en regard de la théorie de la figure. Dans les faits, la plaque en question appartenait au second réalisateur de l'équipe de tournage, Hilton Green. Ce dernier aurait prêté à Hitchcock la plaque

de sa propre voiture pour éviter les délais et les coûts encourus par l'émission d'une « véritable » immatriculation californienne pour la seule durée du tournage des plans requis. N'est-ce pas alors un pur effet du hasard qui explique sa présence dans le film ? Si tel est le cas, comment légitimer sa place au sein du réseau figural ? La question n'est pas aussi embêtante qu'on pourrait le croire à première vue. Il s'agit de garder à l'esprit que la figure, comme je l'ai souligné au premier chapitre, est un pur effet de spectature. C'est-à-dire qu'elle n'existe qu'en fonction du rapport que l'imaginaire du spectateur entretient avec ce qu'il voit et entend. En ce sens, la reconfiguration de la plaque minéralogique en trait figural prend l'allure d'un véritable témoignage de la force organisationnelle et structurante de l'ensemble du réseau figural. C'est en ce sens que l'expérience figurale défie toute espèce de recours à une quelconque autorité auctoriale.

31. Donald Spoto, *L'Art d'Alfred Hitchcock*, trad. Christian Roseboom, Paris, Edilig, 1976, p. 252.

32. Ce tableau constitue un des ajouts de la production filmique au roman de Robert Bloch. Dans ce dernier, en effet, le trou est couvert par un permis encadré (le texte dit « *framed licence* »). Sans doute s'agit-il d'un permis d'exploitation pour le motel. On pourrait bien sûr y voir une espèce de « droit de regard »...

33. Louis Reau, *L'Iconographie de l'art chrétien*, tome II, Paris, PUF, 1957, p. 394.

34. *Ibid.*, pp. 395-396.

35. Mary D. Garrard, « Artemisia and Susanna », dans *Feminism and Art History : Questioning the Litany*, Norma Broude et Mary D. Garrard (dir.), New York, Harper and Row Publishers, 1980, pp. 149-150.

36. Je suis d'accord, en ce sens, avec Mary Garrard, qui écrit : « In the sense that the imagined consequence of the action is the possession of a woman who has firmly said 'No', the covert subject of the Susanna theme in Western art is not seduction but rape, imagined by artists - and presumably also by their patrons and customers — as a daring and noble adventure. [...] Susanna, however, as a potential rape victim who had emphatically halted the proceedings, is a rare heroine in biblical mythology - her extremism in defense of virtue is topped only by that of Lucretia - and Susanna's unusually well-defined resistance throws into bold relief the extent to which she has been distorted into a half-willing participant in post-Renaissance art ». Mary D. Garrard, « Artemisia and Susanna », *op. cit.*, pp. 150-152.

37. La caméra d'Hitchcock occupe également cet espace alors qu'elle « montre », par un plan subjectif, le point de vue de Norman.

38. C'est le sens qu'il faut donner, il me semble, au cache utilisé par Hitchcock pour recadrer l'image et dissimuler les seins de Janet Leigh. La nudité est ainsi suggérée plus que montrée. « On ne voit jamais, aimait à dire Hitchcock, une partie tabou du corps de la femme [...] », dans François Truffaut, *Hitchcock/Truffaut*, *op. cit.*, p. 235.

39. William Rothman, *Hitchcock. The Murderous Gaze*, *op. cit.*, p. 295-296.

40. Georges Bataille, *L'Érotisme*, Paris, Minuit, 1957, p. 89.

41. La mythologie romaine nous donne peut-être une piste supplémentaire à suivre avec l'histoire de la nymphe Crané. Vouée à la virginité, Crané est violentée par Janus. En guise de compensation, ce dernier lui offre un pouvoir sur tous les gonds des portes ainsi que le pouvoir d'écarter les maléfices des ouvertures de la maison. Crané a également pour mission d'écarter les striges, ces démons féminins ailés — mi-oiseaux mi-femmes — qui sont munis de serres semblables à celles des oiseaux de proie et qui sucent le sang des enfants nouveaux-nés. Marion Crane apparaîtrait alors comme une sorte d'inversion de cette nymphe à laquelle son nom l'identifie : contrairement à Crané, Marion a perdu le pouvoir sur les gonds des portes et ne pourra empêcher la femme-oiseau (empaillée par Norman) de venir

lui voler son sang à coups de serre... Cette piste renforce la dimension sexuelle : d'une nymphe vouée à la virginité ayant un pouvoir sur les gonds des portes, on passe à une jeune femme qui s'adonne à des relations hors-mariage n'ayant aucun pouvoir sur les ouvertures de la maison ! Cf. Pierre Grimal, article « Carna », *Dictionnaire de la mythologie grecque et romaine*, Paris, PUF, 1969.

42. Georges Vigarello, *Le Propre et le sale. L'hygiène du corps depuis le Moyen Age*, Paris, Seuil, 1985.

43. *Ibid.*, p. 17.

44. Gaston Bachelard, *L'Eau et les rêves. Essai sur l'imagination de la matière*, Paris, José Corti, 1942, p. 110.

45. Robin Wood, *Hitchcock's Films Revisited*, *op. cit.*, p. 146.

46. Janet Leigh et Christipher Nickens, *Psycho. Behind the Scenes of the Classic Thriller*, *op. cit.*, pp. 69-70.

47. Cette inversion de l'eau de la vie et de l'eau de la mort participe d'une symbolique ou d'une image de la mort qui fait d'elle, comme le remarque Edgar Morin, « une sorte de vie, qui prolonge, d'une façon ou d'une autre, la vie individuelle ». Ainsi, « Achille, plongé dans les eaux de la mort, sera invulnérable à la mort, car les eaux de la vie sont les eaux de la mort, et les eaux de la mort sont les eaux de la vie ». La richesse imaginaire de l'eau réside en partie dans la facilité avec laquelle elle supporte de telles inversions. Edgar Morin, *L'Homme et la mort*, Paris, Seuil, 1970, p. 34 et p. 142.

48. Pierre Grimal, article « Charon », *Dictionnaire de la mythologie grecque et romaine*, *op. cit.*, p. 89.

49. Gaston Bachelard, *L'Eau et les rêves. Essai sur l'imagination de la matière*, *op. cit.*, en particulier pp. 85-95.

50. *Ibid.*, p. 94.

51. *Ibid.*

52. Robin Wood, *Hitchcock's Films Revisited*, *op. cit.*, p. 243.

53. La Bible (Lévitique XI : 13-19 et Deutéronome XIV : 12-18) est passablement obscure en ce qui concerne l'identification — en termes modernes — des espèces d'oiseaux dont la chair est proscrite. Dans son commentaire, l'anthropologue Mary Douglas évite même de discuter les règles alimentaires concernant les oiseaux mentionnés par le Pentateuque : « Birds I can say nothing about, because [...] they are named and not described and the translation of the name is open to doubt », Mary Douglas, *Purity and Danger. An Analysis of the Concepts of Pollution and Taboo*, New York, Routledge, 1994, p. 56. Cela dit, les différentes traductions mentionnent toujours certains oiseaux qui appartiennent à l'une ou l'autre des 11 familles modernes de l'ordre des échassiers : le héron, l'ibis, le pluvier, par exemple. En ce qui concerne la grue proprement dite, il faut savoir, d'une part, que le Grand Héron est souvent incorrectement appelé 'grue', et, d'autre part, que dans la version anglaise citée par Douglas (la New Revised Standard Translation) on mentionne la poule d'eau (*water hen*), qui appartient à la famille des gruidés.

54. Jean Soler, « Sémiotique de la nourriture dans la Bible », *op. cit.*, p. 948.

55. *Ibid.*

56. *Ibid.*, p. 953.

57. Noëlle Châtelet, *Le Corps à corps culinaire*, *op. cit.*, p. 13.

58. Daniel, XIII : 1-3.

59. *Ibid.* : 22,23.

60. Deutéronome, XXII : 22.

61. L'acte d'amour, même en mariage, plonge toujours celui ou celle qui s'y adonne dans un état d'impureté. Au chapitre XV du Lévitique, chapitre consacré à la loi touchant les impuretés involontaires des hommes et des femmes, on peut

lire, aux versets 16 à 18 : « Un homme qui a usé du mariage lavera dans l'eau tout son corps, et il sera impur jusqu'au soir. Il lavera dans l'eau le vêtement ou la peau qu'il avait sur lui, et elle sera impure jusqu'au soir. La femme, dont il se sera approché, se lavera dans l'eau, et elle sera impure jusqu'au soir ».

62. La Bible traduite par Luther conserve l'histoire de Suzanne, mais en annexe, à titre de texte apocryphe. Luther voyait dans Suzanne l'image de la nouvelle Eglise injustement accusée par l'ancienne.

63. C'est à partir de l'exil que l'aspect juridique de la Loi de Moïse prend progressivement de l'importance au sein du monde juif.

64. Un homme marié peut donc avoir des rapports sexuels avec une femme autre que son épouse sans risquer l'adultère, pourvu que la femme en question ne soit ni fiancée, ni mariée.

65. Cela ne signifie pas, bien entendu, que la sexualité hors-mariage soit chose commune chez les Hébreux de l'époque, surtout en ce qui a trait aux femmes. Encore faut-il savoir distinguer entre la Loi et la pratique courante : sauf de rares exceptions, seules les prostituées sont actives sexuellement hors du mariage.

66. Cf. en particulier les Lettres de Saint-Paul : Lettre aux Galates, V : 9; Lettre aux Ephésiens, V : 5; Première Lettre aux Corinthiens, VII : 2.

67. *Le catéchisme des provinces écclésiastiques de Québec, Montréal et Ottawa. Approuvé le 20 avril 1888, par les Archevêques et Evêques de ces provinces et publié par leur ordre. Edition officielle, conforme aux récentes modifications du droit canonique*. Québec, 1944, p. ix.

68. *Ibid.*, p. 98.

69. Claude Chabrol et Eric Rohmer, *Hitchcock*, Paris, Editions Universitaires, 1957, p. 116.

70. Sur le mariage comme transgression de l'interdit sexuel, voir Georges Bataille, *L'Erotisme*, *op. cit.*

71. Noël Carroll, *The Philosophy of Horror*, New York, Routledge, 1990.

72. Les mots que Norman prête à sa mère, et qui sont aussi les siens, ne sont-ils pas également ceux qu'il aurait aimé lui dire — ceux qu'il a peut-être dits — alors qu'elle était en compagnie de son amant ? Une remarque du psychiatre inscrit cette idée au sein même du film : « *And because he [Norman] was so pathologically jealous of her [sa mère], he assumed that she was as jealous of him* ».

73. Slavoj Zizek, « In His Bold Gaze My Ruin Is Writ Large », dans *Everything You Always Wanted To Know About Lacan (But Were Afraid To Ask Hitchcock)*, Slavoj Zizek (dir.), London, Verso, 1992.

74. Barbara Creed, *The Monstrous-Feminine. Film, Feminism, Psychoanalysis*, New York, Routledge, 1993, p. 148.

75. Cf. notamment le travail d'Erich Neuman, *The Great Mother. An Analysis of the Archetype*, Princeton, Princeton University Press, 1955.

76. Selon la légende, Déméter était descendue de l'Olympe pour retrouver sa fille Perséphone, laquelle avait été enlevée par Hadès et emmenée par lui au monde des Enfers. Une fois sur la terre, la déesse, déguisée en vieille femme, décida d'y rester et d'abdiquer ses fonctions divines jusqu'à ce qu'on lui rende sa fille. L'absence de Déméter rendit la terre stérile et mortelle. Zeus dut intervenir et un compromis fut fait entre Déméter et Hadès : une fois Déméter revenue au ciel, Perséphone partagerait l'année entre sa mère et le monde souterrain. Le résultat est le cycle des saisons qui assure la fertilité de la terre au printemps et durant l'été (mois ou Perséphone et Déméter sont réunies), et la stérilité durant les mois d'hiver. Cf. Pierre Grimal, articles « Démeter » et « Perséphone », *Dictionnaire de la mythologie grecque et romaine*, *op. cit.*

IV

De la série comme musée imaginaire

Une fois la figure du meurtre sous la douche esquissée, une fois son réseau imaginal ouvert, il s'agit maintenant de s'interroger sur sa fonction, à titre de mémoire, au sein de la vie imaginaire du spectateur. La figure, je l'ai mentionné au chapitre précédent, est susceptible de connaître certaines variations d'un visionnement à l'autre d'un même film. Mais elle est également susceptible d'apparaître et de se transformer lorsque le spectateur pratique la spectature d'autres films puisqu'elle compte au nombre des *imagines* de sa *memoria*, et que cette dernière participe toujours à l'acte de spectature. C'est-à-dire qu'au fil des spectatures, la figure pourra, par exemple, se complexifier davantage et s'enrichir de nouveaux traits. Aussi est-ce l'étude des différents avatars de la figure au sein d'un corpus, d'une *série* de films, qui constitue l'objet de ce chapitre.

*

* *

Qu'est-ce qu'une *série* ? C'est, au sens où je l'entends, une façon qu'a un spectateur d'organiser, au sein de sa mémoire et autour d'une figure, un corpus de films. Je souligne d'abord que l'expérience qu'on a du cinéma se présente toujours, d'un point de vue concret, comme une suite de films vus ; en fait, on peut dire que l'histoire spectatorielle d'un individu correspond essentiellement à la chronologie des actes de spectature qu'il a pratiqués. Pendant longtemps, l'ordre de cette suite a été déterminé presque entièrement par la chronologie des parutions : jadis et ce, nonobstant quelques rares exceptions (ciné-clubs, nouvelle sortie en salle d'un vieux film), c'était au moment de leur sortie en salle que les films étaient vus, de sorte qu'un film paru en 1925, par exemple, était pratiquement toujours vu avant un film paru en 1930. Il ne fait nul doute qu'un des effets les plus importants de l'apparition de la télévision et de la vidéo a été de rendre encore plus souple cette chronologie, de sorte qu'il est possible aujourd'hui, pour s'en tenir au seul cas d'Hitchcock, de voir *North by Northwest* (1959) avant d'avoir vu *The Lady Vanishes* (1938). La spectature possède donc son propre ordonnancement qui, même s'il est soumis à la marche inexorable du temps et de l'histoire du cinéma (on ne peut pas voir un film avant qu'il soit produit !), s'affranchit partiellement de sa tyrannie en demeurant relativement distinct de l'ordre de parution des films. L'histoire du cinéma — histoire « objective » de la *production* des films — cède alors sa place à l'histoire de la spectature, dont l'ordre chronologique se déploie au fil des intérêts et des hasards qui nous conduisent à regarder un film à un moment donné. Mais, au-delà de ce qui demeure toujours une pure chronologie, les films vus sont également soumis à l'économie symbolique de l'imaginaire spectatoriel. Le spectateur voit des liens, découvre des affinités qui lui permettent de relier le film qu'il regarde avec ce qu'il a retenu d'un autre film, avec une figure ou une amorce de figure. C'est alors que la série figurale prend son essor.

Or, les liens que découvre le spectateur ne sont pas forcément identiques à ceux qui ont été institutionnalisés par les études cinématographiques. Je dirais même qu'ils leur sont plutôt indifférents. En effet, l'institution nous oblige souvent à découper la matière filmique selon des catégories toutes faites : genres, auteurs, périodes historiques, appartenance nationale, thèmes communs. Voilà comment les ouvrages de cinéma, comment les cours de cinéma procèdent habituellement pour construire des corpus de films et justifier leur cohérence. De son côté, la série figurale se démarque des grandes séries déployées par l'institution cinématographique dans la mesure où sa cohérence ne s'élabore pas sur une base immanente, sur une « vérité objective », mais au contraire sur les résultats subjectifs de la spectature. Organisée autour d'une figure, la série regroupe des films qui constituent, en quelque sorte, une *famille figurale*. Cette dernière expression doit toutefois être vidée de toute connotation génétique — au sens de certaines approches immanentistes de l'intertextualité. En effet, les liens qui unissent les membres de cette « famille » sont purement phénoménologiques ; il s'agit essentiellement de « ressemblances de famille [1] », entendues ici comme un ensemble de relations analogiques obtenues lors de l'acte de spectature, et qui permettent de relier ensemble des films indépendamment des grands découpages de l'institution cinématographique. Dit autrement, une série figurale émerge lorsque la spectature d'un film met en jeu une figure que le spectateur a déjà rencontrée antérieurement et ce, quel que soit l'ordre dans lequel les films en question ont été produits, quels que soient leur genre, leur nationalité ou leur auteur. Bien entendu, il n'est pas exclu de découvrir que certaines figures tendent à émerger à partir de films propres à une époque particulière, à un genre, à une formation thématique, à l'expression d'une nation ou dans les films d'un auteur. Néanmoins, toute spécificité historique, générique, thématique, nationale ou auctoriale de la série figurale doit être conçue comme secondaire et soumise d'abord à des considérations spectatorielles.

Enfin, pour mieux saisir l'organisation de la série ainsi que sa fonction, je propose de la concevoir ni plus ni moins comme une sorte de *musée imaginaire*. Cette dernière expression, on le sait, appartient d'abord à André Malraux, qui l'utilise pour rendre compte des effets produits sur le monde de l'art par la reproduction — surtout photographique — des oeuvres [2]. Pour Malraux, le musée sans murs répond à cet aspect du musée d'art qui, à partir d'une réunion nécessairement incomplète des oeuvres, consiste à convoquer pour l'esprit tout le possible de l'art. Même le plus grand musée est, à cet égard, incomplet :

> De quoi est-il privé ? De ce qui est lié à un ensemble (vitraux, fresques) ; de ce qui est intransportable ; de ce qui ne peut être aisément déployé (ensemble de tapisseries) ; de ce qu'il ne peut acquérir. Même dû à l'emploi de moyens immenses, un musée vient d'une succession de hasards heureux. Les victoires de Napoléon ne permirent pas à celui-ci d'apporter la Sixtine au Louvre, et nul mécène n'apportera au Metropolitan Museum le Portail royal de Chartres, les fresques d'Arezzo. Du XVIIIe au XXe siècle, on a transporté seulement ce qui était transportable ; et on a vu passer en vente plus de tableaux de Rembrandt que de fresques de Giotto. Ainsi le musée, né lorsque le tableau de chevalet représentait seul la peinture vivante, se trouve-t-il musée, non de la couleur, mais des tableaux ; non de la sculpture, mais des statues [3].

Chez Malraux, le musée imaginaire a donc pour objet — et c'est là une de ses fonctions premières — de compléter autant que possible le répertoire muséal. Bien entendu, l'entreprise n'est pas sans conséquence. Alors que sont rapprochées pour la première fois (par le cadrage de la reproduction, par le noir et blanc ou la couleur, par le jeu de l'éclairage, etc.) des oeuvres diverses, de nouvelles hiérarchies s'imposent, des styles ressuscitent, de nouveaux liens de parenté apparaissent. En outre, souligne Malraux,

> [...] la photographie en noir « rapproche » les objets qu'elle représente, pour peu qu'ils soient apparentés. Une tapisserie, une miniature, un tableau, une sculpture et un vitrail médiévaux, objets forts différents, reproduits sur une même page, deviennent parents. Ils ont perdu leur couleur, leur matière (la sculpture, quelque chose de son volume), leurs dimensions. Ils ont presque perdu ce qu'ils avaient de spécifique, au bénéfice de leur style commun [4].

Le musée imaginaire de Malraux assure ainsi l'émergence de regroupements — de *séries* — inédits en ce qu'il fait se côtoyer des oeuvres que la tradition, que l'institution, isolent : miniature, tapisserie, peinture, vitrail, sculpture. Il permet ainsi de rapprocher et de comparer pour la première fois des objets aussi différents que la peinture de vases grecs et la fresque, la miniature et le bas-relief. C'est bien entendu cette problématique du rapprochement inédit, non institutionnel, fondé sur une contiguïté « fictive », qui permet de faire le pont entre la notion de série figurale et celle de musée imaginaire : la reproduction photographique recouvre à cet égard une fonction analogue à celle de l'imagination et de la mémoire dans l'élaboration de la série figurale, dans la mesure où elle rend possible un rapprochement non sanctionné par l'institution. Il ne reste plus, enfin, qu'à prolonger la réflexion initiale de Malraux dans la direction empruntée ici en ajoutant que le *musée imaginaire du cinéma*, véritable musée sans murs où l'on conserve notre mémoire du cinéma, est en réalité *doublement imaginaire* : du fait que ce n'est plus sur la page où se côtoient les planches photographiques qu'a lieu le rapprochement des artefacts mais bien dans l'esprit du spectateur, et du fait que les artefacts en question sont reliés autour d'une construction (c'est la figure) qui, on l'a vu, est purement imaginaire.

Enfin, et c'est ce qu'il faut retenir surtout, l'analogie série/musée comporte un avantage heuristique important. En effet, tandis que la série demeure une notion relativement abstraite, sa comparaison avec le musée lui confère — par une sorte de contamination sémantique — un caractère beaucoup plus concret qui nous aidera à mieux saisir son organisation et sa fonction culturelle.

C'est dans la mémoire du spectateur, donc, que la série se déploie ; on dira même qu'il s'agit d'une fonction de sa mémoire. A ce titre, l'analogie muséale renforce la métaphore de la mémoire comme espace, comme lieu. Cette dernière, on le sait, est très ancienne et remonte à l'Antiquité où elle côtoie, dès le *Théétète* de Platon, l'image de la tablette de cire mentionnée précédemment. Aussi est-ce toute la tradition classique qui comparera tour à tour la mémoire à un entrepôt, à une bibliothèque, à une ruche d'abeilles (*thesaurus*, *bibliotheca*, *loculamenta*, *cella*, etc.). L'image du musée — même imaginaire — recoupe alors de très anciennes images de la mémoire, puisqu'elle représente d'abord un lieu. Or, si chacune de ces images est susceptible de « contaminer » l'idée que l'on se fait de la mémoire, celle du musée, on va voir, se prête tout spécialement au travail d'élaboration sérielle. A cet égard, on retiendra surtout deux traits du musée : l'organisation hiérarchique de son espace en regard des artefacts qui y sont exposés et sa fonction culturelle.

Le musée n'est pas un espace neutre. Au contraire, il s'agit d'un lieu hautement hiérarchisé qui témoigne toujours d'un certain ordre des choses. C'est la thèse adoptée notamment par Eilean Hooper-Greenhill [5] pour démontrer que les premiers musées étaient soucieux de reproduire l'ordre du monde postulé par l'épistémè de la Renaissance décrit par Foucault : c'est le Palazzo Medici de Florence (réalisé vers 1440) ou encore les célèbres cabinets de curiosités, ces *Wunderkammer* ou *Kunstkammer* dont on peut tracer l'émergence à partir des 15ᵉ et 16ᵉ siècles, et dont les collections — classées selon le jeu des similitudes étudié par Foucault — s'offrent comme représentations de l'ordre du monde pré-classique. De surcroît, il faut bien le dire, le musée n'est pas non plus un espace démocratique où tous les artefacts qui s'y trouvent seraient égaux. Certaines oeuvres, on le sait bien, occupent des places de choix, selon les principes qui guident leur sélection et leur disposition dans les collections. Ce principe scalaire vaut également pour les expositions regroupant des oeuvres par thème, par style ou par auteur. Aussi n'est-il pas rare qu'une exposition utilise, en même temps, différentes salles, dont une salle centrale (les oeuvres d'un grand maître) et plusieurs salles périphériques (les oeuvres de son atelier). Or, c'est précisément de cette façon que je conçois l'agencement de la série, à la différence près que c'est autour d'une figure — et non d'un thème ou d'un auteur — que sont rassemblées les différentes oeuvres qui forment ce que j'ai appelé plus tôt la *famille figurale*. A ce titre, on verra plus loin, en décrivant la série du meurtre sous la douche, comment l'air de famille qui sert de principe de cohérence au regroupement se distribue différemment parmi les artefacts qui composent le musée imaginaire. Dit autrement, les ressemblances que découvre le spectateur — et qui lui permettent de relier un film ou un segment filmique avec une figure déjà formée à partir d'un texte (ou film) fondateur — jouent sur des paramètres potentiellement différents. Dans certains cas la relation de ressemblance sera plus « distante », plus « périphérique », dans d'autres cas elle apparaîtra plus directe, plus évidente. Dans chaque cas, bien entendu, la figure sera évoquée.

L'analogie muséale nous offre ainsi un modèle pour concevoir de façon plus concrète l'organisation de la série. Mais il y a plus. Le musée d'art, c'est bien connu, est un lieu de culture : on est susceptible d'y acquérir une culture picturale ou sculpturale, par exemple. C'est également ce qui distingue le musée, et tout spécialement l'exposition muséale, du simple entrepôt. Or, à l'instar du musée, la série comporte également une dimension culturelle. Elle constitue en fait l'expression d'une *culture filmique*, cette dernière étant entendue ici comme la stratification du domaine cinématographique selon les critères de l'émergence figurale et de l'élaboration sérielle. La culture, c'est bien connu, se fonde toujours sur des hiérarchies de façon à constituer un champ stratifié de pratiques ou de textes [6]. De même, la culture filmique a ses textes fondateurs ; c'est le rôle joué notamment par le meurtre sous la douche de *Psycho* qui lance la série qui nous occupe et qui, à ce titre, se trouve à acquérir une grande valeur culturelle. La formation d'une série apparaît alors comme un fait de culture et sa mise au jour comme une forme de dissémination culturelle. Cela dit, il n'est pas sans intérêt de noter que cette conception de la culture filmique se démarque fondamentalement des approches usuelles de la culture littéraire ou picturale — de la culture artistique en général — puisque la stratification sur laquelle elle repose n'est ni artistique, ni historique. En outre, il ne s'agit pas de légitimer une pratique artistique ou de légitimer le cadre social qui permettrait de l'apprécier, ni même de confirmer la valeur esthétique d'une oeuvre ou d'un médium. Dit autrement, la valeur culturelle du meurtre sous la douche ne réside pas dans la signature d'Alfred Hitchcock ou dans une quelconque valeur intrinsèque et éternelle selon laquelle *Psycho* serait un « grand » film. Plutôt, le capital culturel de ce passage filmique dépend essentiellement de la place qu'il occupe dans l'économie symbolique de mon imaginaire, c'est-à-dire dans la façon dont il me touche ou, plus spécifiquement, dans sa figurabilité même.

Bien entendu, la valeur culturelle n'est pas identique pour toutes les oeuvres servant de support à une figure. Aussi, l'amplitude de la série constitue un important facteur de valorisation culturelle : plus la série est grande, plus elle compte de films et plus la valeur culturelle du texte fondateur sera grande [7].

Enfin, avant de procéder au déploiement de la série, il est une dernière précision qui s'impose à son sujet et qui concerne sa situation en regard du domaine de l'intertextualité. Il est légitime, en effet, de se demander pourquoi je n'ai pas situé d'emblée la série figurale dans une perspective intertextuelle. La série, après tout, nécessite le rapprochement d'au moins deux films. Or, nous allons voir que la problématique de l'intertextualié doit être distinguée de la démarche sérielle, ne serait-ce qu'à cause de l'encadrement structuraliste dans lequel s'est développé l'essentiel de la réflexion intertextuelle depuis vingt-cinq ans.

Il faut reconnaître que ce qu'on désigne aujourd'hui par « intertextualité » recouvre un vaste ensemble de phénomènes et que la notion même d'intertextualité est plutôt floue. Cette dernière, c'est bien connu, est née de la plume de Julia Kristeva pour relier la notion de dialogisme chez Bakhtine avec celle de « texte » élaborée par la critique française de l'époque. L'intertextualité sert alors de principe fondateur à toute écriture : « tout texte, écrit Kristeva, se construit comme [une] mosaïque de citations, tout texte est absorption et transformation d'un autre texte [8] ». Comme chez Bakhtine, le croisement des discours correspond ici à la dimension idéologique de la production textuelle. Le texte apparaît en définitive comme une construction hétérogène, comme un lieu de tension polyphonique, et son auteur comme un sujet fragmenté qui parle sa voix et la voix des autres. Depuis, l'intertextualité a donné lieu à divers « remaniements », au point où le principe initial d'un croisement dans un texte d'énoncés pris à d'autres textes s'est rapidement mis à migrer « [...] un peu partout sans que jamais il n'implique que le chercheur endosse la *sémanalyse et la gnoséologie matérialiste* dont Kristeva, dans *Sêmêiotikê*, offrait les linéaments [9] ». De sorte que la problématique intertextuelle recouvre aujourd'hui un vaste champ de recherches pas toujours complémentaires : certains y voient une définition de la littérarité ou de la poéticité, d'autres une esthétique, d'autres encore une version au goût du jour des études d'influence.

Face à l'élargissement tous azimut du champ intertextuel, on est bien obligé de reconnaître que ce dernier n'est pas inconciliable avec des perspectives qui, pour l'essentiel, sont incompatibles avec la série figurale. Il en est ainsi, par exemple, des études qui occultent le rôle de la lecture ou de la spectature dans le rapprochement des textes. En effet, c'est un fait notoire qu'aucun des plus célèbres théoriciens de l'intertextualité ne considère la lecture ou la spectature. L'intertextualité sert alors le parti d'une théorie de la production textuelle (Bakhtine, Kristeva) ou celui d'une nomenclature immanentiste des relations qu'entretiennent entre eux les textes (Genette). Il en est ainsi, également, des études qui conçoivent le rapport du texte « fondateur » à son intertexte comme une relation d'*antériorité nécessaire* — le texte « fondateur » apparaissant le premier dans l'ordre chronologique de la parution des textes. Cette dernière distinction recouvre à la fois les études d'influence et les études — comme celle de Genette — fondées sur l'examen des relations de transformation ou d'imitation entre deux textes, le plus ancien étant alors transformé ou imité par le plus récent [10]. Bien entendu, rien ne nous empêche de découvrir des parodies ou des pastiches au sein de la série, notamment lorsque la figure se constelle à partir d'un film qui précède historiquement ceux qui composent la suite de la série — comme c'est la cas dans la série décrite plus loin. Ce qu'il faut retenir toutefois, c'est que *le rapport du texte fondateur aux autres films de la série ne respecte pas forcément l'ordre de parution des films*.

Mais il est encore une différence plus profonde entre la série figurale et les rapprochements intertextuels et qui concerne, comme je le mentionnais plus haut, l'encadrement structuraliste de la réflexion sur l'intertextualité. Aussi, malgré les divergences d'opinion d'un chercheur à l'autre, malgré la variété des filiations, des points de vue, des courants méthodologiques et des remodelages, il me semble qu'on peut dégager une sorte de noyau commun à la plupart des « théories » de l'intertextualité et qui consiste, pour l'essentiel, à assurer la reconnaissance d'une ressemblance ou d'une homologation *formelle* entre deux ou plusieurs textes et son inscription dans une structure. Cette remarque, nous allons voir, nous pousse à toucher la frontière de l'intertextualité.

L'intertextualité présuppose toujours qu'au moins deux textes puissent être rapprochés l'un de l'autre. Les termes de ce rapprochement peuvent changer d'un chercheur à l'autre, mais tous seront d'accord pour affirmer que la *forme* des textes y est pour quelque chose. On n'a, pour s'en assurer, qu'à considérer le sort des unités lexicales en matière d'intertextualité littéraire. En effet, ces dernières restent en marge de toute intertextualité tant et aussi longtemps qu'elles ne sont pas liées à une forme quelconque. C'est pourquoi l'unique présence d'un mot commun à deux textes ne saurait suffire pour tracer entre eux des liens intertextuels ; on risquerait autrement de retrouver le point de vue borgésien selon lequel le dictionnaire — ce livre qui contient tous les mots — sert d'intertexte à l'ensemble de la littérature [11] ! Au contraire, la valeur intertextuelle des unités lexicales est sans équivoque lorsqu'il s'agit d'une citation. Mais ce n'est plus en tant qu'unité lexicale que le mot (ou le groupe de mots) cité acquiert une valeur intertextuelle, c'est en tant qu'unité de *discours*, en tant qu'élément *formel*, en tant qu'argumentaire ou partie constituante d'un argument. C'est le mot en tant qu'il appartient au discours d'un auteur, d'un groupe, d'une oeuvre, à un style, à une époque, bref à tout ce qui peut être cité. Et c'est à ce titre qu'il s'inscrit dans une *structure* d'homologation qu'on appelle ici « citation », et qui relie au moins deux unités formelles. La tâche du critique consiste alors à intégrer des traits formels au sein d'une structure close, laquelle correspond à une relation d'influence, d'imitation, de transformation, etc., grâce à quoi l'intertexte acquiert son identité (citation, parodie, pastiche, etc.). Par conséquent, l'absence de rapports formels entre deux textes ou, plus spécifiquement, l'absence de liens « massifs » et « déclarés », pourra servir de seuil ou de frontière aux relations intertextuelles [12].

Bien entendu, cette démarche est fondée sur un souci d'« objectivité » et de « scientificité ». C'est en ce sens, par exemple, que Michael Riffaterre distingue entre « intertextualité obligatoire » et « intertextualité aléatoire » au profit de la première [13]. Selon Riffaterre, l'intertextualité obligatoire implique l'existence d'un intertexte comme présupposition au texte à titre de propriété même de ce dernier ; elle « laisse dans le texte une trace indélébile, une constante formelle qui joue le rôle d'un impératif de lecture [14] ». L'intertextualité aléatoire, par contre, n'est pas sans rapport avec mon projet puisqu'elle correspond à

> l'ensemble des oeuvres qu'un lecteur peut rapprocher [du texte] qu'il a sous les yeux, l'ensemble des passages qui lui rappelle tel morceau qui lui plaît [...]. Ainsi compris, l'intertextualité varie selon le lecteur : les passages que celui-ci réunit dans sa mémoire, les rapprochements qu'il fait, lui sont dictés par l'accident d'une culture plus ou moins profonde plutôt que par la lettre du texte. [...] La perception est donc aléatoire puisqu'elle nécessite un certain degré de culture, de lectures préalables [15].

Mais en rejetant cette conception somme toute marginale et pas assez structuraliste de l'intertextualité, Riffaterre évite soigneusement de spécifier ses contours et de définir la façon dont de tels rapprochements peuvent avoir lieu. Je lui laisse le soin de le faire, de sorte qu'il n'en sera pas question ici. Il ne fait aucun doute toutefois que la préférence pour « l'intertextualité obligatoire » souligne les aspirations « scientifiques » des études intertextuelles, fondées sur l'opposition entre une manifestation « objective » et « vérifiable » de la lecture et ce qui risque au contraire d'apparaître comme le produit d'une pure subjectivité [16].

Voyons maintenant ce qui se produit du côté du rapprochement sériel. Ce dernier, il est important de le souligner, constitue un prolongement de l'expérience figurale du spectateur. L'élaboration de la notion de série ne vise donc pas à illustrer une théorie du discours ou de sa production, mais plutôt à poursuivre la description de l'expérience spectatorielle du sens. Cela dit, la distinction la plus flagrante entre la série figurale et l'intertextualité concerne le rôle conféré à la forme — et à ses segments constitutifs — dans le rapprochement de deux ou plusieurs films. *Du côté de la série, le rapprochement n'est pas tant formel que figural.* C'est-à-dire que la formation d'une série — le rapprochement du film fondateur avec d'autres films, suite à la reconnaissance d'un « air de famille » — n'est pas fondée uniquement sur des qualités formelles, *mais sur la façon dont de telles qualités s'intègrent à l'univers symbolique du spectateur, à son imaginaire, à sa mémoire.* Conséquemment, l'homologation formelle (massive ou ténue, attestée ou non) entre deux films constitue une condition nécessaire mais non suffisante de la sériation. Bien entendu, il ne faut pas perdre de vue que l'émergence de la figure à l'esprit du spectateur repose toujours sur la matérialité filmique et qu'elle est, par là même, documentée par des traits filmiques qui lui servent à la fois de trace et de support. Aussi la dimension matérielle de l'expérience figurale suppose-t-elle presque inévitablement l'existence de chevauchements entre corpus sériel et corpus intertextuel, lesquels sont susceptibles, à y regarder trop hâtivement, de gommer la distinction entre série figurale et intertextualité. Or, comme nous le verrons plus loin, il est des cas où, malgré la présence de liens intertextuels massifs et attestés entre un film donné et le meurtre sous la douche de *Psycho*, l'expérience figurale n'est tout simplement pas reconduite. D'un point de vue figural, de tels films sont de très lointains parents du film fondateur, liés à ce dernier uniquement par la forme ; en fait, ils sont si lointains qu'ils n'appartiennent même plus, au sens strict, à la série figurale. Malgré tout, il n'est pas improbable que ces films réussissent à activer, chez le spectateur, le *souvenir* de l'expérience figurale. Mais il ne reste plus ici que le fantôme de la figure qui, accroché à une forme par un pur effet d'association, vient hanter le spectateur sans pour autant se présenter à lui. Voilà donc ces artefacts relégués, par le fait même, aux espaces les plus périphériques du musée imaginaire. Enfin, à l'inverse de cette situation, nous verrons que certains films de la série jouent sur une homologation formelle plutôt ténue avec le film fondateur ; ces films ne justifient donc pas qu'on parle d'intertextualité à leur sujet, bien qu'ils participent de la série figurale. Dans certains cas, l'homologie sur quoi repose la figure est segmentale et relève du processus cognitif plutôt que du processus argumentatif, de sorte qu'on s'éloigne une fois de plus de l'intertextualité : c'est alors une action ou la composante d'une action, ou toute information pertinente à la compréhension d'une action, qui sert à supporter l'expérience figurale.

Cette introduction m'aura permis de présenter brièvement les grandes lignes qui donnent corps à la notion de série figurale. Il est temps maintenant d'ouvrir les portes du musée imaginaire et d'exposer la série. Bien entendu, plusieurs parcours sont possibles une fois à l'intérieur. Il fallait néanmoins en proposer un, c'est le mien. Libre aux visiteurs d'en proposer un autre, d'ajouter des artefacts, d'en retrancher, c'est-à-dire de faire travailler leur mémoire et leur imagination. Quant au parcours qui est proposé ici, il m'a semblé utile de reprendre les trois situations mentionnées ci-dessus ne serait-ce que parce que cela permet de mettre en scène les relations forme/figure et segment/figure et ce, tout en respectant le principe hiérarchique énoncé plus haut (certains artefacts sont, je le rappelle, plus importants, et d'autres plus périphériques). Je procéderai donc comme suit : j'aborderai d'abord des cas où l'expérience figurale profite d'une homologation formelle pouvant justifier à son sujet la mention d'intertextualité ; je parlerai ensuite des cas où l'expérience figurale repose sur des traits qui, bien qu'homologuables à ceux qui supportent la figure au sein du film fondateur, entretiennent envers ces derniers des liens formels ou segmentaux trop ténus pour qu'on puisse, sans équivoque, évoquer à leur égard la notion d'intertextualité ; pour finir il sera question d'un cas où, malgré la présence de liens intertextuels massifs et attestés avec le film fondateur, l'expérience figurale n'intervient pas. Bien entendu, les deux premières « catégories » ne sont pas étanches, et il n'est pas impossible que la distinction apparaisse parfois arbitraire. Aussi, nous retrouverons plusieurs des différentes topiques que nous avons rencontrées au chapitre précédent et qui donnent à la figure une partie de son identité, de même que de nouveaux traits susceptibles de l'enrichir. Une dernière chose reste à souligner : les quelques films présentés ici constituent, comme je l'ai mentionné dans l'Introduction, un corpus « type » et donc aucunement exhaustif. La série est un regroupement ouvert de films, dont l'extension est indéfinie et limitée uniquement par les expériences du spectateur. Le lecteur de ce chapitre est donc invité à ajouter à l'ensemble les films qui lui paraissent participer de l'expérience figurale. Enfin, le lecteur remarquera que la première section est la plus étendue : les descriptions des artefacts qui supportent la figure tendent à être plus longues parce qu'elles nécessitent que l'on tienne compte des différents aspects d'une homologation formelle sans équivoque avec le meurtre sous la douche. Par contraste, plus l'homologation formelle est ténue, plus elle repose sur de simples unités de segmentation, moins elle met en jeu d'éléments et plus la description sera économique.

*
* *

La série

Le corpus qui forme cette première section du musée imaginaire, corpus intertextuel où le meurtre sous la douche est plusieurs fois repris sous le mode du *remake* — lequel touche ici, dans la majorité des cas, tant l'événement que sa mise en scène — est composé de 11 films américains réalisés entre 1974 et 1990. Cela ne saurait surprendre et ce, pour plusieurs raisons. D'une part, le *remake* suppose une antériorité du film repris : on ne peut pas imiter ou transformer un film qui n'a pas encore été produit. D'autre part, en ce qui a trait plus spécifiquement à la période en question, il faut voir qu'elle correspond à une époque grandement autoréférentielle et intertextuelle du cinéma américain, ce qui a été noté par plusieurs commentateurs. Noël Carroll, par exemple, soutient que le cinéma hollywoodien est en grande partie devenu, depuis les années soixante-dix, un cinéma intertextuel :

> Allusion, specifically allusion to film history, has become a major expressive device, that is, a means that directors use to make comments on the fictional universe of their films. *Allusion*, as I am using it, is an umbrella term covering a mixed lot of practices including quotations, the memorialisation of past genres, the reworking of past genres, *homages*, and the recreation of « classic » scenes, shots, plot motifs, lines of dialogue, themes, gestures, and so forth from film history, especially as that history was crystallized and codified in the sixties and early seventies [17].

Cette période est aussi celle qui a vu l'émergence du film d'horreur moderne de type *slasher* et *gore*, pour lequel *Psycho* — grâce surtout au meurtre sous la douche — est un important prédécesseur. Aussi ne sera-t-on pas surpris de trouver ici quelques titres appartenant à ce genre.

Mon propos toutefois n'est pas de proposer une taxinomie des formes intertextuelles, mais de voir comment celles-ci interagissent avec l'émergence de la figure. Cette dernière, on le sait, nécessite toujours un support cognitif et/ou formel ; il s'agit donc d'examiner ici l'émergence de la figure dans un cadre où l'homologation d'un film avec le film fondateur de la série est telle qu'elle justifie qu'on parle d'intertextualité à son sujet.

S'il est un endroit où l'on peut s'attendre à retrouver l'expérience figurale dans un cadre intertextuel, c'est peut-être dans les différentes suites — ou *sequels* — qu'on a données à *Psycho* : *Psycho II*, *Psycho III*, et *Psycho IV* [18]. Réalisations pour l'ensemble très médiocres profitant, entre autres, de la popularité des films d'horreur de type *slasher* et *gore* pendant les années quatre-vingts, ces trois films nous replongent dans l'univers diégétique de *Psycho*. Par ailleurs, il faut bien le souligner, ces films ont un statut sériel particulier au sein du corpus qui constitue ce chapitre : en tant que suites de *Psycho*, chacun est numéroté de façon à former une série en soi sur le plan institutionnel. Aussi est-ce dans cet ordre qu'ils seront traités ici.

Psycho II (Franklin, 1983) se déroule vingt-deux ans après les événements racontés dans le premier film. Norman Bates, suite à un traitement psychiatrique, est mis en liberté et retourne habiter dans la maison de sa mère. Furieuse de cette décision de la cour, Lila Loomis — la soeur de Marion Crane et la veuve de Sam Loomis — va chercher, avec l'aide de sa fille Mary, à faire sombrer Norman dans la folie encore une fois en tentant de « ressusciter » à ses yeux le fantôme de sa mère dans l'espoir qu'il soit incarcéré de nouveau. Cette initiative toutefois ne réussira qu'à moitié et les deux femmes perdront la vie. Par ailleurs, on découvre que Mme Bates n'était pas réellement la mère de Norman, mais plutôt sa tante. La véritable mère, Mme Spool, incarcérée dans un asile psychiatrique depuis la naissance de Norman, responsable de deux des meurtres du film, sera tuée par Norman qui, à la fin du film, se retrouve de façon invraisemblable dans une situation identique à celle qui inaugure le film d'Hitchcock.

Psycho III (Perkins, 1986) se déroule à peine un mois après les événements du film précédent. On y apprend que Norman a bel et bien empaillé sa « nouvelle » mère et qu'il a repris ses activités meurtrières. Alors qu'il se rend dans la chambre numéro 1 du motel pour tuer une jeune locataire du nom de Maureen Coyle, Norman-la mère s'aperçoit que cette dernière s'est installée dans la baignoire pour se suicider. Norman sauve la jeune femme et lui offre de rester quelques jours au motel. Entre temps, il tuera deux autres jeunes femmes. Après la mort accidentelle de Maureen dans la maison de Norman, une journaliste révélera à ce dernier qu'Emma Spool n'était pas vraiment sa mère mais bien sa tante et qu'elle avait été amoureuse du père de Norman. Ce dernier lui aurait toutefois préféré sa soeur, Norma, la véritable mère de Norman, mieux connue sous le nom de Mme Bates. Emma Spool aurait alors tué le père de Norman et kidnappé l'enfant avant d'être capturée et envoyée dans un asile pour aliénés.

Psycho IV (Garris, 1990) ajoute de nouvelles complications. Il s'agit d'un film à deux temps : temps présent et passé (flashback). Le présent se déroule quatre années après les événements du film précédent. Norman, qui est maintenant marié, se trouve à la maison où il écoute une émission de radio dont le propos est le matricide. Il téléphone à l'animatrice et lui raconte son histoire, ce qui introduit le flashback qui nous reporte à son enfance. Le film est donc à la fois un *sequel* et un *prequel* de *Psycho*. Aucune mention n'est faite du personnage d'Emma Spool et la mort du père de Norman est présentée comme accidentelle : il aurait été victime d'une attaque d'abeilles. Le film raconte les premiers meurtres de Norman. On le voit empoisonner sa mère et son amant, puis tuer deux jeunes femmes en personnifiant pour la première fois sa mère, alors qu'il n'a qu'une quinzaine d'années. De retour au présent, Norman explique à l'animatrice de radio qu'il compte tuer sa femme qui est enceinte de peur qu'elle mette au monde un autre meurtrier. Après une brève confrontation avec son épouse, Norman réalise qu'il est bel et bien guéri (!), se réconcilie avec elle, et détruit la maison de sa mère en y mettant le feu.

Il ne fait aucun doute que la valeur intertextuelle de ces films assure pour chacun d'entre eux la construction d'un cadre expérientiel propice à l'émergence de la figure. De fait, la spectature des trois *sequels* de *Psycho* illustre ce qu'on pourrait appeler la dimension « parasitique » de la figure : je me rends compte que cette dernière habite, au sein de ma mémoire, l'univers entier de *Psycho* et qu'il m'est difficile (impossible ?) de penser à ce film sans évoquer à son égard ne serait-ce que le souvenir de l'expérience figurale. Aussi le titre de chacun des trois films, tout comme la présence des personnages (la présence des acteurs ? Puis-je regarder Anthony

Perkins — dans *The Trial* de Welles (1963), par exemple — sans penser à la figure du meurtre sous la douche ?), ou de certains lieux qui composent l'univers de *Psycho* (la maison des Bates, le Bates Motel) peuvent tour à tour servir à déclencher mon souvenir de la figure et ainsi participer à la construction d'un cadre expérientiel propice à sa réémergence. De surcroît, et c'est ce que je vais essayer de montrer ici, chacun des *sequels* se déroule à sa manière sous le signe du meurtre sous la douche et de sa figure.

L'importance du meurtre sous la douche pour le projet de *Psycho II* m'apparaît dès l'ouverture du film. Le meurtre de Marion Crane y est joué de nouveau au moyen d'une citation du film d'Hitchcock qui inaugure le *sequel* avant même que soit présenté le générique. Or c'est dans l'ombre de cette section initiale que la suite du film se déroule et que se poursuit — pour le spectateur que je suis — l'expérience figurale. Mais de quoi cette expérience a-t-elle besoin pour se poursuivre ? Sous quelles conditions la figure réémerge-t-elle ? Ce qui compte d'abord, comme je l'indiquais ci-dessus, c'est le contexte intertextuel du film qui trace un cadre expérientiel propice à la poursuite de l'expérience figurale : je ne saurais oublier l'investissement figural de ma spectature de *Psycho* dans certains traits ou composantes segmentales : le nom « Bates », le couteau de cuisine, la salle de bains et sa tuyauterie, le marais, la maison, le motel, la mère, la faute de Marion, le tableau de *Suzanne et les vieillards*, etc. L'univers de *Psycho* — redéployé dans *Psycho II* — est un monde marqué par mon expérience figurale, rempli de traits prédisposés à faire émerger la figure, toujours prêts à être captés par mon imagination et ma mémoire. Ainsi, quand je vois Mary « Samuels » (il s'agit de Mary Loomis qui fait usage du pseudonyme préalablment utilisé par Marion — lors du premier film — pour signer le registre du motel) prendre une douche dans la maison de Norman, je ne peux m'empêcher de réactiver la figure du meurtre sous la douche. Bien entendu, je trouve ici tout un dispositif formel et iconographique qui m'aide à voir dans ce passage un *remake* de l'épisode de la douche de *Psycho* : Mary entre dans la salle de bains, laisse tomber son peignoir à ses pieds et disparaît derrière le rideau de douche. La mise en scène du script *$DOUCHE* calque celle d'Hitchcock, et l'on a même droit à des inserts en contre-plongée et de profil d'un bec de douche similaire à celui qu'on trouve dans *Psycho*. Enfin, quelqu'un épie Mary par un petit trou pratiqué dans le mur de la salle de bains et dissimulé dans la tapisserie florale. Ce dernier segment ouvre l'éventualité d'une forme narrative identique à celle du meurtre sous la douche :

avant de tuer Marion, Norman l'épie par une petit trou pratiqué dans le mur qui relie le petit salon et la chambre de la jeune femme. Il est clair, en définitive, que la réactivation de la figure profite ici d'un agencement formel (*$DOUCHE+ $PETIT-TROU-VOYEUR*) qui supporte de surcroît l'intertextualité de *Psycho II*.

Mais, au-delà du calque iconographique et formel, l'expérience figurale et la sériation supposent qu'émerge, autour des traits qui soutiennent la figure, une image mentale — une constellation imaginaire — entretenant un air de famille avec celle qui émerge lors de ma spectature de *Psycho* et dont j'ai initié la description au chapitre précédent. Or il en est ainsi, principalement, grâce au lien qui existe dans cette section du film entre la cuisine et la salle de bains. Un montage alterné sert en effet à montrer Norman s'affairant à nettoyer la cuisine et à laver la vaisselle alors que Mary pénètre sous la douche. Ces deux espaces, qui sont séparés à l'intérieur de la maison (la cuisine est au rez-de-chaussée, la salle de bains est à l'étage), sont subitement mis en correspondance par la tuyauterie qu'ils partagent : sous le regard médusé de Norman, voilà que le débit du robinet de la cuisine s'affaiblit alors que Mary actionne le robinet de la douche — situation qui est par ailleurs soulignée au moyen d'une musique soudainement ténébreuse. Salle de bains/ douche — cuisine/repas (Norman lave la vaisselle du repas, lequel participe par conséquent de l'environnement cognitif de l'épisode) : il n'y a ici que la figure du meurtre sous la douche pour veiller, dans ce contexte intertextuel, à la cohérence imaginaire de ces traits. Comment en effet pourrais-je éviter l'impression soudaine d'avoir déjà rencontré cette constellation imaginaire fondée sur les fonctions alimentaire et digestive du corps et présentée ici, grâce à la tuyauterie, à travers le principe des vases communiquants ? Dès lors, la topique culinaire de la figure peut également s'étendre sur d'autres traits répandus dans le film. Aussi est-ce le même imaginaire qui est reconduit à chaque fois que l'iconographie du film juxtapose Norman et un couteau de cuisine. C'est aussi la figure du meurtre sous la douche qui donne un sens particulier au fait qu'à sa remise en liberté, Norman se voit confié du travail comme assistant-cuisinier (!) dans un petit restaurant où il rencontre celle qui prétend être sa mère (Mme Spool) ainsi que Mary Samuels, et qui assure la cohérence imaginaire de cette image qu'on a de la jeune femme, effrayée lors de sa première nuit dans la maison de Norman, lisant un ouvrage dont le titre — *In the Belly of the Beast* — suggère encore la dimension digestive, voire cannibalique, de la figure. Cette topique est d'ailleurs renforcée plus loin par le spectacle de la cuvette de la salle de bains « vomissant » le sang d'une des victimes de Mme Spool, alors que se poursuivent dans l'imaginaire spectatoriel les rapports entre tuer et manger d'une part et, d'autre part, entre la tuyauterie de la salle de bains et le corps-tuyau de l'être humain : le sang de la victime se retrouvant dans le système d'égout de la maison comme si cette dernière avait été l'objet d'une déjection et, par conséquent, comme si elle avait d'abord été *dévorée* : la tuyauterie de la maison apparaît une fois de plus comme une simple extension de la tuyauterie du corps.

Ce bref commentaire démontre que la réémergence de la figure ne suppose pas la réactivation de tout son réseau. Quelques traits peuvent suffire amplement pour réactiver, à partir d'un noyau (c'est le rôle joué par la douche de Mary, par exemple), une seule partie du réseau figural et me replonger dans l'univers imaginaire de la figure. Par exemple, on remarque ici que la figure se constelle essentiellement autour de sa dimension culinaire, c'est-à-dire autour des liens qui existent dans ma mémoire et dans mon imaginaire entre la salle de bains et la cuisine, et qui participent à ma *memoria* du célèbre épisode de *Psycho*. C'est pourquoi même en l'absence de tout *meurtre sous la douche* — au sens littéral — il m'est quand même possible de retrouver la *figure du meurtre sous la douche*, cette dernière ne nécessitant pas de tuerie. En effet, malgré la dimension intertextuelle (formelle et iconographique) de ce *remake* partiel, ce n'est pas tant le meurtre sous la douche (à titre de forme, d'argument) que je retrouve ici qu'un ensemble de traits configurés au sein d'une topique, laquelle constitue un aspect de ma *memoria*.

Ma spectature de *Psycho III*, on va voir, utilise des traits relativement différents pour soutenir une variante de la figure dont une partie, néanmoins, se constelle toujours autour de la topique culinaire. Contrairement au film précédent où la figure se déploie à partir d'un centre unique, on peut identifier dans *Psycho III* au moins quatre endroits — quatre centres — d'où la figure émerge avant de s'étoiler çà et là sur d'autres traits répartis sur le reste du film. Dit autrement, le noyau est formé ici de quatre zones de condensation des traits figuraux, chaque zone étant composée d'un ensemble de segments cognitifs.

La première partie de ce noyau prend forme autour de la rencontre initiale entre Norman et Maureen Coyle. L'épisode a lieu dans un restaurant (celui-là même où travaille Norman au début de *Psycho II*). Alors qu'il attend qu'on lui serve son repas, Norman reçoit la visite d'une journaliste qui l'interroge afin de recueillir ses opinions sur le système judiciaire américain et, en particulier, sur cet aspect de la loi qui permet à un meurtrier de plaider non coupable pour cause d'insanité lors de son procès. Une serveuse apporte le repas de Norman qui, visiblement mal à l'aise, regarde par la fenêtre. C'est à ce moment qu'il aperçoit Maureen qui descend d'un camion arrêté devant le petit café. Sur la bande-son, une musique menaçante émerge à la vue de la jeune femme tandis que la conversation avec la journaliste se poursuit de façon à toucher cette fois les événements du film précédent (*Psycho II*), et à évoquer, par association, le meurtre sous la douche de *Psycho* :

> -journaliste (Tracy Venable) : « For twenty-two years you were locked away someplace. Now the state says you're sane ; you paid your debt. Then Lila Loomis starts to persecute you... »
> -Norman : « Because of what happened to her sister... »
> -Tracy : « Yes. Marion Crane, right ? Norman ? »
> -Norman (perturbé à la vue de Maureen) : « Right »

Alors que la conversation se poursuit, Maureen entre dans le restaurant et passe près de Norman et de la journaliste pour se diriger vers le comptoir. La jeune femme traîne une valise plus ou moins identique à celle qu'avait Marion Crane et Norman — comme le spectateur averti — y remarque l'inscription des initiales M.C.. Maureen prend place sur un tabouret sous le regard médusé de Norman. S'ouvre alors, dans l'espace du champ/contre-champ qui relie les deux personnages, une parenthèse visuelle et sonore où l'on reconnaîtra, sous forme de citations, certains extraits du meurtre sous la douche de *Psycho*. Voici le découpage :

1. Plan rapproché (légère plongée). Maureen dépose sa valise et s'assoit au comptoir. La valise tombe au sol.
2. Plan rapproché. Norman regarde Maureen.
3. Très gros plan de la bouche ouverte de Marion Crane (4 [19]).
4. Plan rapproché en contre-plongée. Norman-la mère brandit son couteau et poignarde Marion (5).
5. Plan rapproché. Marion reçoit un coup de couteau. La main de l'assassin apparaît à la droite du cadre (6).
6. Plan rapproché. L'agresseur brandit son couteau et porte un nouveau coup (14).
7. Gros plan. Marion secoue la tête contre les tuiles blanches du mur et disparaît hors-champ du côté gauche du cadre (15).
8. Gros plan. L'agresseur continue de poignarder Marion (16).
9. Gros plan de Marion (17).
10. Gros plan. L'agresseur continue de poignarder Marion (18).
11. Gros plan de Marion (19).
12. Plan rapproché. Norman regarde Maureen — reprise du cadrage du plan 2.

13. Plan rapproché. Maureen se penche (pour récupérer sa valise) et regarde dans la direction de Norman.
14. Plan rapproché. Norman regarde Maureen — reprise du cadrage du plan 12.
15. Plan rapproché. Marion glisse lentement le long du mur de la salle de bains (36 — la durée de ce plan est plus courte que dans la version originale : on ne voit pas Marion étendre le bras vers le rideau de douche).
16. Plan général en plongée. Marion est agenouillée au fond de la baignoire (38).
17. Insert en contre-plongée. Les anneaux du rideau de douche se détachent brusquement (39).
18. Plan rapproché au niveau du sol. Marion tombe à travers le rebord de la baignoire. Son visage vient s'écraser sur le plancher de la salle de bains (40).
19. Ce plan mérite d'être souligné : sa composition constitue un *remake* des premiers photogrammes du plan 45 du meurtre sous la douche de *Psycho* (toujours selon la numérotation proposée au chapitre II) lequel montre, en gros plan, le visage sans vie de Marion contre le plancher de la salle de bains. Toutefois, ce n'est plus le visage de Marion qui occupe cette position mais celui de Maureen. Il faut souligner également que le plan commence en noir et blanc — comme l'ensemble de la citation de *Psycho* — mais se « colorise » par la suite afin de mieux se raccorder à l'action de *Psycho III*.
20. Plan rapproché. Norman regarde toujours en direction de Maureen et amorce, l'air inquiet, sa sortie du restaurant.
21. Plan rapproché. Maureen, qui regarde en direction de Norman, lève la tête (après s'être penchée pour récupérer sa valise).

Sur la bande-son, la voix de la journaliste se fait entendre jusqu'au plan 11, accompagnée — à partir du plan 3 — du son de la douche et des bruits faits par le couteau qui transperce le corps de Marion à quatre reprises. A partir du plan 12, un nouveau bruit s'ajoute, c'est le son fait par un disque endommagé qui reprend sans cesse le même passage musical répétant ainsi, à partir du plan 14 : « Under my skin...Under my skin... ». Cette musique accompagne les plans 14 à 19, alors qu'est repris le son de la douche (plans 15 à 18) et qu'on entend le son fait par le rideau de douche qui se détache (plan 17). Enfin, la musique arrête au plan 19 avec le bruit du dérapage d'une pointe de lecture sur les sillons d'un disque.

En regard de la forme narrative, la citation du meurtre sous la douche constitue ici un flashback grâce auquel Norman associe Maureen Coyle à Marion Crane. Elles ont toutes les deux les mêmes initiales, possèdent une valise similaire, portent des cheveux blonds courts. Norman, en fait, ne manquera pas de confondre les deux femmes et ce, à plusieurs reprises au cours du film. Ainsi, dans un moment de délire psychotique, il mentionnera à sa mère que Marion est de retour ; plus tard, il confondra les prénoms des deux femmes.

Mais malgré cet usage anaphorique du meurtre sous la douche, *je suis frappé quant à moi par le contexte où il intervient, soit à l'intérieur d'un cadre événementiel où se déroulent des actions propres au script $RESTAURANT.* Le montage servant ainsi à relier, par alternance certains plans tirés du meurtre sous la douche de *Psycho avec l'action de prendre un repas* ! Me voilà donc évidemment replongé du côté de la topique culinaire et cannibalique de la figure. Après tout, Norman ne s'apprêtait-il pas encore une fois à dévorer un oiseau (il vient tout juste de recevoir l'assiette de poulet qu'il avait commandé plus tôt) ? C'est également au compte de cette configuration qu'il faut porter la saisie figurale de la boucle musicale qui accompagne les images des plans 14 à 19 : les paroles « Under my skin » trouvant chez moi leur pleine valeur imaginaire lorsqu'elles sont entendues du point de vue des ingestions de Norman !

Enfin, au-delà de ce que peut remarquer Norman, il existe d'autres liens entre Marion et Maureen. A bien y regarder, on verra en effet que ces deux âmes « perdues », aux deux sens — géographique et moral — du terme, s'inversent l'une l'autre sur plusieurs points : l'une arrive au Bates Motel par une nuit pluvieuse et demande à Norman de lui indiquer le chemin d'un restaurant ; l'autre arrive au restaurant par un après-midi ensoleillé et demande à la serveuse de lui indiquer le chemin d'un établissement hôtelier. L'une est « impure », l'autre est toujours vierge mais rongée par des désirs « impurs ». Maureen, en fait, est une novice qui a laissé sa congrégation suite à l'éclosion de ses désirs charnels, lesquels ont mis en cause sa vocation religieuse et sa croyance en Dieu, suite également à la mort accidentelle d'une soeur qui tentait d'empêcher son suicide. Voilà que je m'approche, on le voit déjà, de cette autre topique de ma figure qui touche le péché, la culpabilité. Mais c'est surtout avec la deuxième partie du noyau figural, lorsque Maureen se trouve au Bates Motel, que se développe cette dimension de la figure. Aussi est-ce vers cette deuxième « manifestation » du meurtre sous la douche et de sa figure que je vais maintenant porter mon attention.

Après avoir reconnu — sous forme de citation — le célèbre épisode du film d'Hitchcock, le spectateur de *Psycho III* trouvera un peu plus loin dans le film une espèce de *remake* ou de remodelage partiel de celui-ci. Maureen est seule dans sa chambre — celle-là même qu'avait occupée auparavant Marion. Norman, de son côté, se trouve dans le petit boudoir derrière le bureau de location. La reprise s'amorce lorsque Norman s'approche de la toile de *Suzanne et les vieillards*. Il la regarde longuement puis la retire du mur pour épier Maureen qui se dévêtit de l'autre côté. Une ellipse nous projette ensuite en avant alors que Norman, sous les traits de sa mère et couteau à la main, pénètre dans la chambre de la jeune femme. Une fois à l'intérieur, le montage fait état des lieux au moyen d'un plan d'ensemble et d'une série d'inserts : le rideau de douche fermé vu de l'intérieur de la baignoire, le visage sans expression de Maureen vu de profil de façon à suggérer qu'elle est couchée et non debout, les pieds de Norman-la mère qui approchent du lit, la table de chevet sur laquelle repose une Bible et le lit où se trouvent les vêtements de la jeune femme. Enfin, la caméra s'approche — c'est le point de vue de Norman — de la porte entrouverte de la salle de bains. Suivent alors un nouveau plan du rideau de douche vu de l'intérieur de la baignoire, ainsi qu'un plan de Maureen, identique au premier. C'est à ce moment que s'ouvre brusquement le rideau de douche et que surgit Norman-la mère brandissant son couteau. Jusqu'ici, le spectateur aura reconnu, sur le plan de la forme narrative, un agencement plus ou moins analogue à celui qui règle l'attaque sur Marion Crane dans *Psycho*. Apparaît ensuite un plan du robinet duquel coule un filet d'eau : Maureen prend un bain et la baignoire est déjà pleine de sang. Les plans suivants révèlent une lame de rasoir ensanglantée sur le rebord de la baignoire et les poignets ouverts de la jeune femme. Puis, alors que Maureen regarde en direction de Norman-la mère, celui-ci, par une succession de plans hors-foyer qui représentent le point de vue halluciné de la jeune femme, se transforme en Vierge Marie, le couteau étant à ce moment transformé en crucifix. Maureen demande pardon et le passage se termine par un fondu enchaîné sur la Vierge. On apprendra plus loin que Norman a en fait sauvé la vie de la jeune femme en appelant aussitôt des ambulanciers pour la secourir. Comme on peut voir, l'inversion Marion/Maureen se poursuit jusque dans la salle de bains du motel : tandis que l'une est tuée en prenant une douche, l'autre est sauvée par son présumé assassin alors qu'elle tente de se suicider dans la baignoire.

Pour le spectateur que je suis, ce passage constitue une dérivation attestée (=homologie massive, bien que partielle, assurée entre autres par l'identité des actions de Norman-la mère) du célèbre épisode de *Psycho* alors que sont imités et transformés différents traits iconographiques et événementiels qui s'y rapportent. Mais il y a plus. Il y a aussi la façon dont le passage en question met en jeu ma *memoria* du meurtre sous la douche et, par le fait même, la confirme et la reconduit. En ce sens, on va voir que l'épisode de *Psycho III* permet de mettre en relief des aspects déjà évoqués de la figure.

On se souviendra qu'une des dimensions de la figure concerne l'impureté ; c'est par rapport à cette topique que j'ai fait sens de la « démesure » du sort de Marion. Cette dernière, je le rappelle, m'est apparue doublement « coupable » : par son union avec Sam et par le larcin des 40 000 $ — le délit criminel étant toutefois subsumé au délit moral. Du point de vue de la figure, la mort de Marion s'est alors révélée à moi comme une forme de châtiment divin. Dans *Psycho III*, la salle de bains — où apparaît la Vierge — sert encore une fois de « tribunal divin », à la différence cette fois que Maureen aura droit au pardon qu'elle réclame. Cet aspect de la figure joue, entre autres, sur la présence marquée (gros plans répétés) du tableau de *Suzanne et les vieillards*, dont j'ai montré déjà qu'il renvoie à un imaginaire religieux et moral qui s'élabore autour des notions de justice divine, de faute ou de culpabilité. *L'air de famille que reconnaît le spectateur et sur lequel il élabore ici son musée imaginaire ne se limite donc pas à l'identification d'une forme, mais suppose une saisie imaginale commune — d'un film à l'autre — de traits comme le tableau de Suzanne et les vieillards.* Cela dit, il n'y a pas que les traits communs aux deux films qui participent au rapprochement et assurent la sériation. En effet, bien que le tableau appartienne conjointement à *Psycho* et à *Psycho III*, force est de considérer que l'image matérielle de la Vierge — laquelle, inutile de le souligner, participe également au même imaginaire religieux et moral — n'appartient qu'au deuxième film. Ce qu'il faut retenir, c'est que sa saisie est, du point de vue de la figure, renvoyée à la même topique qui règle la saisie figurale du tableau de *Psycho*. Et c'est ainsi que *Psycho III* met en relief ce que j'ai appelé plus tôt la topique de l'impureté.

Du reste, que dire — toujours par rapport à la figure — de l'étonnante transformation que subit ici Norman-la mère et qui fait de lui *Norman-la mère...de Dieu* ? L'absence de meurtre, la transformation du couteau de cuisine en crucifix, la présence de la Vierge, détournent évidemment la topique de la Grande mère-nourricière-boucher-cannibale vers sa version catholique, passablement moins terrifiante. Mais l'intérêt figural que revêt ici la Vierge a trait surtout à la façon dont elle relie la topique de la Grande mère et celle de l'impureté. Ainsi, selon le dogme de l'immaculée conception, la Vierge Marie, faut-il le rappeler, possède cette particularité d'être le seul être humain entièrement pur. Elle seule ne porte pas la tache du péché originel, ce qui la distingue des deux pécheresses que sont Marion (voleuse et « fornicatrice ») et Maureen (elle est responsable d'un décès, met en doute l'existence de Dieu et tente par deux fois de se suicider), dont la culpabilité n'est que plus fortement attestée par la présence mariale. Or, cet aspect de la figure apporte du même coup une certaine cohérence aux tentatives de suicide de Maureen, lesquelles manifestent un sentiment de culpabilité renvoyant à un remords morbide. Comme le souligne le philosophe Jean Lacroix :

> [le remords] est inutile et bute contre ce qu'il ne peut transformer. La contradiction du remords est de vouloir que la faute n'ait pas eu lieu, d'en souffrir et de ne pouvoir la supprimer. Il est sans doute ce qu'il y a de plus proche de l'angoisse, de l'angoisse morbide, de l'angoisse repliée sur elle-même, d'une sorte d'angoisse *qui se dévore* [20].

De ce point de vue, donc, il semblerait que Maureen se *dévore* déjà elle-même (et donc qu'elle n'a pas besoin de Norman-la mère à cet égard !). En effet, la seule issue d'un tel remords est la mort, le suicide. Maureen est incapable de transformer son remords en un repentir, de relancer le passé vers le futur, vers le changement. Seule l'irruption de Norman-la mère permet à la jeune femme de se repentir et de retrouver le désir de vivre. En ce sens, la transformation de Norman-la mère en Vierge Marie sert à souligner combien, dans cette version de la figure, la faute repose uniquement du côté de la femme au bain. Il ne faut pas oublier qu'aux yeux de la loi, Norman n'est pas coupable, mais malade : sa folie le déculpabilise.

Enfin, deux autres jeunes femmes seront moins fortunées que Maureen lorsqu'elles rencontreront tour à tour Norman-la mère. Il s'agit des troisième et quatrième lieux où se condensent, dans ce film, les traits figuraux. La première est la maîtresse d'un soir de « Duke », un jeune homme engagé par Norman pour l'aider à gérer le motel. Après avoir passé en sa compagnie une partie de la nuit, Duke chasse sommairement la jeune femme qui, plus tôt, avait flirté avec Norman. La jeune femme, qui n'a pas encore eu le temps de se rhabiller correctement, pénètre dans une cabine téléphonique pour appeler un taxi. Elle retire son pull qu'elle a mis de travers et commence à l'enfiler de nouveau. C'est à ce moment, pendant qu'elle est encore à demi-nue, que surgit Norman-la mère. Il s'agit d'un autre *remake* du meurtre sous la douche, à la différence que l'action se déroule cette fois dans une cabine de téléphone. On y reconnaîtra d'emblée un ensemble de traits qui assurent l'intertextualité du passage : nudité de la jeune femme, présence de Norman-la mère dans son costume habituel, attaque au couteau de cuisine, même le rythme accéléré du montage du meurtre sous la douche y est repris. Mais il n'y a pas, encore une fois, que ces traits intertextuels qui participent à ma reconnaissance du meurtre sous la douche et à la reconduction de l'expérience figurale. En fait, contrairement à l'intertexte, la figure profite également de la présence de nouvelles composantes, composantes qui ne participaient pas à la forme originelle du meurtre sous la douche. Je pense en particulier à la cabine de téléphone. Sa cohérence, pourrait-on dire, fait foi de la force imaginale de la figure, grâce à laquelle on peut y voir une autre version de la douche du motel. Ne s'agit-il pas en fait d'un espace vertical, fermé, à la fois privé et public, et réservé à un seul usager à la fois ? Ne connaissons-nous pas tous, par ailleurs, cet appareil qu'on appelle la *douche-téléphone* ? Enfin, la ligne téléphonique n'est-elle pas également une forme de canal qui assure la communication entre deux orifices humains : la bouche et l'oreille ? Comme on peut voir, nous ne sommes pas aussi loin de la douche qu'on pourrait le croire... Or, le film lui-même, il est important de le souligner, permet cette analogie. En effet, à peine plus de six minutes après ce meurtre, on voit la journaliste Tracy Venable inspecter l'appartement d'Emma Spool (on se souviendra qu'il s'agit de la vieille femme tuée par Norman à la fin de *Psycho II*). Elle découvre, inscrit à la main à l'endos d'une revue, le numéro de téléphone du Bates Motel. Or, l'endos du magazine en question (que l'on voit en gros plan) comprend, en pleine page, une image publicitaire : le visage, en gros plan, d'une femme sous la douche — la bouche ouverte à la façon de Marion dans *Psycho*. Il s'agit en fait d'une publicité pour une marque bien connue de savon, dont le slogan — qu'on peut voir en partie à l'écran — est : « *Aren't you glad you used Dial* ». Bien entendu, « *dial* » est non seulement la marque de commerce du savon mais également le nom que porte en anglais le cadran de téléphone et le verbe qui signifie « composer » un numéro de téléphone. Voilà donc réunis, à travers cette publicité, la douche et le téléphone ! Pas étonnant, par conséquent, de retrouver plus loin la jeune femme de la cabine téléphonique au fond du marais derrière le motel, là où Marion s'était également retrouvée, la cabine de téléphone et son réseau de communication servant d'analogue figural à la douche et à sa canalisation. Cet exemple, soulignons-le, montre comment un centre figural (ici le meurtre dans la cabine de téléphone) peut s'étoiler sur des traits (l'endos du magazine) répartis sur d'autres moments du film, lesquels sont alors récupérés par la figure, grâce à quoi ils trouvent une cohérence, un sens.

La tuyauterie est également au coeur de la dernière variation figurale qui se dégage du film. Cette fois, Norman-la mère s'en prend à une locataire du motel qui, en quête des W.-C., entre dans le petit salon derrière le bureau de location. La jeune femme s'installe sur la cuvette et commence à uriner. C'est à ce moment que surgit Norman-la mère. La jeune femme sera poignardée à plusieurs reprises, jusqu'à ce qu'elle s'écroule sur le sol. Encore une fois, donc, le meurtre sous la douche se trouve déplacé : au lieu de la douche, c'est maintenant la cuvette qui sert de théâtre au meurtre. J'ai suffisamment noté l'importance du rôle de la cuvette en ce qui a trait à la figure pour éviter ici d'y revenir dans le détail. On aura compris, néanmoins, que tout le réseau culinaire/digestif de la figure décrit au chapitre précédent est de nouveau mis à profit par l'imagination du spectateur alors que sont juxtaposés le meurtre d'une jeune femme, Norman-la mère, le couteau de cuisine et la cuvette des W.-C.. Encore une fois, c'est l'intimité de la victime qui se trouve transgressée. Aussi, comme Marion, la jeune femme finira au fond du marais fangeux derrière le motel. Or, Marion, tout comme le cannibalisme de Norman-la mère, se trouvent également évoqués par la présence, lors du meurtre, d'un oiseau qui apparaît en insert. On se souviendra en effet que Marion — de par son nom de famille — est identifiée dans *Psycho* aux oiseaux et au sort que leur réserve Norman. Aussi est-ce précisément un des oiseaux empaillés par Norman, lesquels ornent les murs du petit boudoir derrière le bureau de location, qui apparaît ici. Il s'agit cette fois d'une perdrix, un gibier éminemment comestible et dont la chair est même très appréciée...

Le dernier *sequel* en date de *Psycho*, *Psycho IV*, participe également à ma série. Encore une fois, le statut intertextuel du film, lequel mélange comme je l'ai dit *sequel* et *prequel*, est important en ce qui concerne mon expérience figurale, dans la mesure où il aiguille mon attention vers les traits susceptibles de supporter la figure. Nous allons voir que c'est à partir des premières minutes du film qu'émerge ici la figure.

Le générique du film s'ouvre sur une citation musicale de *Psycho*. Il s'agit d'une musique associée à Marion Crane : c'est la musique qui accompagne le générique du film d'Hitchcock, mais c'est aussi celle qui accompagne la fuite de Phoenix et l'arrivée de Marion au Bates Motel. Dans un ouvrage sur Bernard Herrmann, Graham Bruce montre bien comment cette musique annonce le meurtre sous la douche :

> The aggressive impact of the opening chords of the prelude is immediately seconded by the opposing thrust from the top and bottom of the frame of vertical white bars upon black as Saul Bass' credit designs

begin. *The chords hurl us into the center of the film, anticipating mimetically the downward thrusts of Norman's knife, and harmonically the music which accompanies the knife thrusts* [21].

Comme on peut voir, c'est donc à la fois Marion et sa triste fin sous la douche qui sont évoquées par la citation musicale. Aussi est-ce à l'horizon de cette association musicale que se constellent ici les traits visuels de la figure, dans un montage qui fait alterner trois lieux diégétiques différents en plus du générique du film. Voici un compte rendu du montage, depuis le logotype de la Universal qui ouvre le film jusqu'à la fin du générique :

1. Logotype de la MCA/Universal Home Video.
2. Carton : a Hilton Green Production.
3. Carton : Anthony Perkins.
4. Insert. Gros plan d'une main d'homme qui sort un couteau de cuisine d'un bloc de rangement.
5. Carton : *Psycho IV. The Beginning*.
6. Insert. Très gros plan d'une main de femme qui allume une cigarette à l'aide d'un briquet.
7. Carton : Olivia Hussey.
8. Insert. Très gros plan d'un cadran de radio.
9. Carton : C C H Pounder.
10. Carton : Warren Frost.
11. Insert. Très gros plan d'un sac à pâtisserie utilisé pour décorer un gâteau.
12. Carton : Donna Mitchell, Thomas Schuster.
13. Carton : Sharen Camille, Bobbi Evors.
14. Insert. Très gros plan d'une horloge qui affiche 9h50.
15. Carton : and Henry Thomas as young Norman Bates.
16. Insert. Gros plan d'une bonde où se déverse une eau mêlée de sang.
17. Carton : music by Graeme Revell.
18. Carton : original score from *Psycho* by Bernard Herrmann.
19. Carton : edited by Charles Bornstein
20. Insert. Très gros plan d'une main d'homme qui coud avec du fil la peau d'une volaille.
21. Carton : production designer Michael Hanan.
22. Carton : director of photography Rodney Charters.
23. Insert. Très gros plan d'un sac à pâtisserie qui sert à décorer un gâteau.
24. Carton : executive producer Hilton A. Green.
25. Insert. Très gros plan. Une enseigne électrique sur laquelle est inscrit « On Air » s'allume.
26. Carton : produced by George Zaloom and Les Mayfield.
27. Insert. Gros plan des mains d'un homme alors qu'il découpe une tomate au moyen d'un grand couteau de cuisine.
28. Carton : written by Joseph Stefano.
29. Insert. Gros plan de la décoration d'un gâteau. On peut y lire : « Happy birthday Norman ».
30. Carton : directed by Mick Garris.

En ce qui concerne la dimension sonore, les plans 4, 5, 6, 8, 11, 14, 16, 20, 25, 27 et 29 sont accompagnés, en plus de la musique de Bernard Herrmann, de bruits dans une perspective sonore en « gros plan ». Pour l'ensemble, ce sont tantôt des bruits très brusques (plans 4, 5, 6, 14, 25, 27) tantôt des bruits plutôt « visqueux », « aqueux » (plans 11, 16, 20, 29). Le plan 8 est accompagné du bruit fait par une radio qu'on cherche à syntoniser.

A partir de l'évocation musicale mentionnée plus haut, la force de la figure — son tour de force pourrait-on dire — est encore une fois de me permettre de « reconnaître » le meurtre sous la douche là où il est absent. Si la musique, on l'a vu, évoque déjà l'épisode du meurtre de Marion, la figure, de son côté, émerge dès qu'apparaît une correspondance entre l'épisode de *Psycho* et les activités de la cuisine, notamment la préparation d'un repas. En regard du récit, la situation que présente — que découpe — le générique est la suivante : Norman est à la maison et écoute la radio pendant qu'il prépare le dîner. Le montage, je l'ai dit plus haut, fait alterner trois lieux : la cuisine de Norman, un studio de radio où l'on diffuse une émission de type « tribune téléphonique » sur le matricide à laquelle participe Norman, et une pâtisserie où l'on prépare le gâteau d'anniversaire de ce dernier. Bien que l'argument narratif du film s'élabore à partir du matricide et de la relation entre Norman et sa mère (c'est là le principal sujet du flashback qui sert de *prequel* à *Psycho*), du point de vue du processus symbolique c'est plutôt le meurtre sous la douche qui, présent dès le générique d'ouverture, sert de premier noyau à la dimension figurale de ma spectature. Ici, la musique s'amalgame au couteau de cuisine, aux aliments qu'on prépare, à la volaille qu'on coud, au sang et à l'eau que récupère la bonde afin de soutenir l'émergence de la figure dans sa dimension culinaire et cannibalique. Tuer (je pense, entre autres, au meurtre de Marion, puisque cette dernière est ici « présente » grâce à la citation musicale qui accompagne le générique) c'est littéralement manger (manger un oiseau). Or cet axe figural se retrouve en fait sur l'ensemble du film. Voyons ça de plus près.

Alors qu'il prépare le dîner, Norman, donc, participe à une tribune téléphonique radiodiffusée et livre certains souvenirs. Il raconte notamment sa relation avec sa mère, à partir surtout de la mort de son père. On apprend ensuite comment il a tué sa mère et l'amant de celle-ci, comment il a conservé le corps maternel, et comment il a tué — en adoptant pour la première fois la personnalité de sa mère — deux jeunes femmes. On apprend enfin qu'il projette de tuer, le soir même, sa propre épouse, une thérapeute qui travaille à l'institut où il a été interné. Mais du point de vue figural, on retiendra surtout le parallèle qui s'installe entre ce dernier aveu et l'activité culinaire de Norman, qui sert de cadre narratif à sa conversation avec l'animatrice de la tribune téléphonique et au flashback. Norman, donc, *prépare un repas en même temps qu'il prépare un meurtre* ! A cet égard, la figure me permet encore une fois de faire sens du couteau de cuisine avec lequel Norman menace son épouse à la fin du film, en l'intégrant à la topique culinaire/cannibalique. Cela dit, il n'y a pas que le présent diégétique du film qui se soumet au travail de la figure. En fait, il en va également des événements du flashback — notamment les meurtres —, qui sont soumis au cadre culinaire à partir duquel ils sont racontés et qui apparaissent dès lors comme autant de variations figurales du meurtre sous la douche. Ainsi, c'est encore un couteau de cuisine qui servira d'arme dans le premier meurtre. La victime est une jeune fille qui cherche à séduire Norman. Or, pendant la scène de séduction, soit quelques minutes à peine avant le meurtre, un client du motel demande au jeune tenancier d'aller déboucher la cuvette de sa salle de bains. La jeune fille en profite alors pour se diriger vers la maison de Norman, où aura lieu le meurtre. Avec la mention de la cuvette, l'imagination du spectateur, faut-il le souligner, se trouve encore une fois conduit vers la tuyauterie, les égouts, les eaux polluées, l'ingestion et la digestion, la sexualité. Le travail de la figure consiste alors à reconduire cet imaginaire sur le meurtre lui-même, lequel est accompagné d'une citation musicale qui me reporte précisément à l'épisode de la douche : c'est le célèbre mouvement pour violons de Bernard Herrmann, dont on a souvent dit qu'il reproduit ou imite des cris d'oiseaux [22].

La deuxième victime du film est tuée dans son automobile. Elle est étranglée avec une corde puis déposée dans le coffre de la voiture. Norman-la mère pousse ensuite la voiture dans le marais bourbeux derrière le motel. Alors que la voiture s'enlise lentement vers le fond du marais on entend les cris étouffés de la jeune femme qui mourra noyée. Il s'agit, de toute évidence, d'un *remake* de l'« ensevelissement » de Marion. Pour expliquer le fonctionnement figural de cet intertexte — au-delà du simple rapport d'inclusion au récit que rapporte Norman à partir de sa cuisine — il faut, une fois de plus, évoquer la musique de Bernard Herrmann. En effet, alors que Norman-la mère achève d'étrangler la jeune femme, on cite de nouveau le meurtre sous la douche en reprenant les dernières mesures qui ponctuent l'agonie finale de Marion. Puis, alors que le corps est déposé dans le coffre et que la voiture s'engage dans son dernier trajet, c'est au tour de la musique accompagnant à la fois le début et la fin de l'épisode du nettoyage de la salle de bains d'être citée — épisode dont François Truffaut, on s'en souviendra, louait justement la musicalité [23]. Or, ce qui fait figure ici c'est principalement le lien qui existe, à travers la citation musicale, entre le marais et la salle de bains de la chambre du motel. On se souviendra que le marais était apparu au sein de la figure comme l'aboutissement de la tuyauterie de la salle de bains, accueillant le corps-déchet de la victime assassinée-digérée. La figure, en ce sens, est ce qui permet de relier le marais (flashback), la salle de bains (présente par la citation musicale) et la cuisine du début (le temps présent du film), et de retrouver une fois de plus mon imaginaire alimentaire. Ajoutons à cela, par ailleurs, que les deux meurtres présentés ci-dessus — comme ceux des deux jeunes femmes dans *Psycho III* — sont liés à l'*appétit* sexuel de Norman, lequel, on l'a vu au chapitre précédent, participe également à la constellation figurale. Enfin, on retrouve ici le marais, cette eau de la mort qui sert encore une fois l'imaginaire du voyage final, Norman reprenant — à travers un *remake* de l'« ensevelissement » — son rôle de passeur, de nautonier de la mort.

Le jeu des appétits, des ventres, est également central en ce qui concerne les meurtres de Mme Bates et de son amant. Ces deux meurtres résultent de l'Oedipe non résolu de Norman — c'était déjà l'interprétation du psychiatre à la fin de *Psycho*. A cet égard, ils sont, eux aussi, déterminés par l'appétit sexuel de Norman — comme l'est également le meurtre de Marion Crane. Ce qu'il faut souligner, toutefois, c'est que *la mort est ici littéralement produite à travers une préparation alimentaire* : Norman empoisonne sa mère et son amant en leur servant un thé glacé arrosé de strychnine. Voilà donc, une fois de plus, l'oeuvre de Norman-le cuisinier...

Enfin soulignons qu'on trouve encore une fois un noyau figural qui s'étoile sur plusieurs centres : le générique du film, la menace qui pèse sur l'épouse de Norman, les différents meurtres du flashback, etc., chaque instance regroupant tour à tour et selon une plus ou moins grande amplitude un ensemble de traits susceptibles d'assurer l'émergence de la figure sous l'une ou l'autre de ses topiques.

Jusqu'ici, les exemples mentionnés — qu'ils soient tirés de *Psycho II*, *III* ou *IV* — ont quelque chose de *rassurant* pour le spectateur que je suis. Ce sentiment vient en partie du fait que ce corpus de films me permet non seulement de poursuivre l'expérience figurale, mais également de « voir » la figure « thématisée » ni plus ni moins. Cela peut sembler paradoxal pour au moins deux raisons.

Aussi, quelques clarifications s'imposent, ne serait-ce que pour expliquer les guillemets que j'ai jugé bon de mettre ci-dessus à « voir » et à « thématisée ». D'une part, la figure, on l'a vu au premier chapitre, n'est pas un thème. D'autre part, j'ai répété à plusieurs reprises que la figure ne pouvait être vue, qu'elle n'était pas une propriété matérielle du film, qu'elle n'existe pas dans un plan, un aspect du décor ou de la mise en scène. La figure, en ce sens, est la propriété non du film mais du spectateur qui le regarde. Comment comprendre alors le commentaire ci-dessus qui semble contrevenir à ces deux aspects de la figure (aspects non thématique et non matériel) ? Je dirai, pour répondre, que ces films que je viens de commenter ont une double nature : ce sont des films que je regarde et qui me permettent de retrouver, de poursuivre, de complexifier une expérience figurale fondée sur le travail de ma mémoire et de mon imagination ; *mais ce sont aussi, en vertu de leur intertextualité, autant de spectatures*. C'est-à-dire que ces films ont un statut qui n'est pas entièrement différent du présent essai, lequel participe de cette intertextualité qu'on nomme métatextualité [24] et fait état d'un acte de spectature. A leur façon — c'est-à-dire à travers le médium cinématographique — ces films décrivent la figure et rejoignent à certains égards mon acte de spectature. Dit autrement, je peux envisager ici qu'un scénariste, qu'un réalisateur — peu importe qui au fond — aura réussi, du moins en partie, à exprimer par le cinéma ce que je cherche ici à décrire et que j'appelle la *figure du meurtre sous la douche*, laquelle se trouve dès lors « thématisée », « montrée » à l'écran, tout comme elle se trouve décrite *ici* à travers le langage.

Bien entendu, je ne prétends pas que cette présence filmique de la figure procède d'un exercice conscient, réfléchi de la part d'un « auteur ». En effet, elle peut tout aussi bien correspondre à l'expression plus ou moins aveugle d'un fait de culture filmique — loin de moi de vouloir retourner à un quelconque modèle communicationnel du rapport spectateur/film ! Cela dit, il n'en demeure pas moins qu'en produisant une citation ou une variation formelle — i.e. un intertexte — du meurtre sous la douche, on soit arrivé à donner, consciemment ou pas, un corps filmique à la figure : substitution de la cuvette pour la douche, mise en rapport du meurtre sous la douche et d'un restaurant, présence de la Vierge, commutation douche/cuisine, etc. J'insiste toutefois pour souligner que c'est la nature ouvertement intertextuelle des films en question qui est en cause ici. Ce qui me rassure pour l'instant c'est que je ne suis pas aussi halluciné qu'on aurait pu le croire ; je vois bien que la figure qui m'habite en habite d'autres également. Comment expliquer sinon cette fantastique coïncidence, parmi d'autres, selon laquelle le « boucher-cannibale » du Bates Motel devient *assistant-cuisinier* dans un restaurant à sa sortie de l'asile psychiatrique ? *N'est-ce pas justement la figure qui parle* ? Bien entendu, ce qui est vu à l'écran n'est alors pas tant la figure en soi (cette dernière, on l'a vu, ne saurait être saisie, fixée définitivement), qu'un de ses multiples états vu à travers les différents traits qui la soutiennent.

Je vais maintenant envisager l'émergence de la figure à partir de films qui, bien qu'ils entretiennent toujours une relation intertextuelle avec *Psycho* et le meurtre sous la douche, n'appartiennent plus toutefois à son univers diégétique. Nous allons voir, en d'autres mots, que la figure n'est pas liée uniquement à *Psycho* et à son monde.

J'aborderai, pour commencer, quatre films réalisés par Brian DePalma, cinéaste connu entre autres pour ses nombreux « hommages » à Hitchcock : *Phantom of the Paradise* (1974), *Carrie* (1976), *Dressed to Kill* (1980) et *Blow Out* (1981).

Phantom of the Paradise est une mise à jour de deux célèbres récits littéraires : *Faust* et le *Fantôme de l'opéra*. Le film raconte comment Winslow Leach, un jeune compositeur de talent, devient la proie d'un légendaire et mystérieux producteur de disques du nom de Swann, lequel s'empare de la musique du compositeur et le fait incarcérer. Evadé de prison, Winslow cherche à empêcher la commercialisation illégale de sa musique. Mais le malheur s'abat sur lui une fois de plus : il est défiguré et perd la voix lorsque sa tête reste emprisonnée dans une presse à disques. Winslow jure de se venger et se met à « hanter » la salle de spectacle que Swann cherche à inaugurer avec la musique volée. Les deux hommes se rencontrent et Swann offre un marché à Leach : il lui redonnera une voix et lui permettra de réclamer sa musique et de l'orchestrer selon ses voeux, à condition que le compositeur termine son oeuvre. Winslow accepte et impose son choix d'interprète, une jeune femme du nom de Phoenix dont il est amoureux. Un contrat est signé en lettres de sang, qui donne à Swann un pouvoir de vie et de mort sur Winslow. Peu après, Swann engage quelqu'un pour remplacer Phoenix. Le soir de la première, le compositeur réussit à tuer la nouvelle vedette du spectacle et Phoenix prend sa place. Cette dernière montre sa reconnaissance à Swann qu'elle croit être l'artisan de son succès, au grand désespoir de Leach. Enfin, Winslow parviendra à tuer Swann et mourra en même temps.

L'histoire est traitée sur un ton humoristique et fait preuve de cette sensibilité que les anglo-saxons appellent *camp*. Les allusions cinématographiques et littéraires abondent alors que des clins d'oeil sont faits en direction de *Citizen Kane* (Welles, 1941), *Le Cabinet du Docteur Caligari* (Wiene, 1919), *White Heat* (Walsh, 1949), *The Picture of Dorian Gray* (Lewin, 1945), etc. On trouvera également, et c'est ce qui m'intéresse ici, un *remake* — plus ou moins fidèle — du meurtre sous la douche. Il s'agit d'un passage que Robin Wood a déclaré être « the wittiest parody of the *Psycho* shower murder [25] ».

L'épisode en question a lieu peu de temps avant la première du spectacle. Winslow, qui vient d'apprendre que Phoenix n'a pas été retenue pour jouer le rôle principal, s'introduit dans la loge du nouvel interprète alors que ce dernier se trouve sous la douche. La caméra se trouve du côté intérieur de la douche et l'on aperçoit Winslow — vêtu de son costume de « fantôme » et couteau en main — s'approcher du baigneur. Puis, avec son couteau, il découpe une ouverture dans le rideau de douche. Le chanteur, effrayé, crie. C'est alors que Leach lui coupe la parole en lui collant sur la bouche la ventouse d'un débouchoir à cuvette. Le chanteur glisse lentement contre le mur carrelé tandis que Leach profère ses menaces : « Never sing my music again. Not here, not anywhere. Do you understand ? Never again. My music is for Phoenix. Only she can sing it. Anyone else that tries, dies... ». Puis Leach retire le débouchoir et le chanteur glisse hors-cadre.

Cette description, c'est évident, rend assez mal l'effet comique du passage, lequel joue entre autres sur la substitution du débouchoir et du couteau. Mais au-delà du résultat amusant de cet échange, c'est bien la figure qui se trouve une fois de plus mise en jeu. Il s'agit alors de distinguer les traits qui supportent ici l'expérience figurale. Il y a d'abord la douche et la menace que représente pour la personne qui s'y trouve l'intrusion d'un étranger dans la salle de bains. Voilà qui est sans doute suffisant en soi pour assurer le statut intertextuel du passage et évoquer pour le spectateur le meurtre sous la douche de *Psycho*. Cette situation intertextuelle est par ailleurs renforcée par la mise en scène, le jeu de la caméra et l'usage de la musique qui donnent « corps » à la situation. A cet égard, on remarquera l'usage du décor et des accessoires (le rideau de douche plus ou moins transparent, les tuiles blanches du mur, le couteau de l'intrus), de même que le lent mouvement de caméra qui traverse l'espace de la douche et crée une attente, un suspense sur le plan de la construction argumentative (le spectateur sent bien que quelque chose va arriver) tout en cadrant l'entrée en scène de Winslow de façon à mimer celle de Norman (la caméra se trouve à l'intérieur de la douche). De son côté, la musique (accords suspendus) accentue et renforce l'argument de suspense qui se construit autour du mouvement de caméra. Enfin, d'autres points communs se dégagent entre le passage en question de *Phantom* et celui de *Psycho*. Je pense notamment à l'identité dissimulée ou double de l'agresseur qui, comme Norman, porte un costume ; à la nature semi-privée, semi-publique de la salle de bains d'une loge de théâtre pour remplacer un lieu de même nature (la salle de bains du motel) ; et, en dernier lieu, à la sexualité « transgressive » ou « complexe » de la victime, dont la gestuelle et l'élocution me pousse à croire qu'il est homosexuel. Ces éléments réunis, la « présence » formelle — sous le mode de l'intertexte — du meurtre sous la douche de *Psycho* ne fait plus aucun doute. De cette présence et des variations qu'elle apporte à l'« original » se dégageront alors des traits figuraux ; l'intertexte servant une fois de plus à aiguiller la spectature par rapport à la construction figurale. C'est en effet la figure qui s'active lorsque le spectateur considère le remplacement du couteau de cuisine de Norman par le débouchoir à cuvette du « fantôme ». Encore une fois, la figure apparaît « thématisée » à l'écran. Avec l'article de plomberie, c'est évidemment toute la dimension digestive et excrémentielle de la figure qui se manifeste aussitôt et qui met en relation une fois de plus l'orifice supérieur (la bouche) et les orifices inférieurs (méat urinaire, anus) alors que le débouchoir est détourné de son usage habituel et posé sur la bouche du chanteur pour le faire taire. Apparaît alors l'image du corps-tuyau dont j'ai parlé au chapitre précédent. Or, que ce réseau soit celui du *tractus* digestif est mis en évidence de surcroît (et une fois de plus) par le nom de la victime : *Beef* ! De Beef (boeuf) à *carne*/Crane, c'est toujours la viande qui se trouve mise en jeu par l'imagination, tandis que l'autre aspect du nom de Marion, l'oiseau, est présent ici à travers le nom de la chanteuse, Phoenix — ce qui est aussi, on s'en souviendra le nom de la ville d'où vient Marion. Quant à Beef, il sera littéralement « grillé » par Leach qui le tue par électrocution quelques minutes plus tard, lors de l'inauguration de la salle de spectacle de Swann, le Paradise. Peu après le meurtre, Philbin, l'homme de main de Swann, dira justement à son patron qui jubile devant l'émoi créé par le spectacle : « Sure, how often is a rock star *fried* on stage ». Surtout, pourrait-on ajouter, lorsqu'il s'appelle *Beef* !

L'émergence de la figure profite également, dans *Carrie*, d'un lien intertextuel avec *Psycho* et le meurtre sous la douche. Non seulement l'action est-elle située au *Bates High School*, mais on entendra tout au long du film des fragments du mouvement pour violons qui accompagne, dans *Psycho*, le meurtre sous la douche.

Ces motifs règlent donc, sous la forme d'un intertexte, la « présence » du meurtre sous la douche au sein du film de DePalma, présence dont va profiter l'expérience figurale. Film à cheval entre le fantastique et l'horreur, *Carrie* est une fable sur l'adolescence et sur la découverte de la sexualité féminine. Les premières menstruations de la jeune Carrie correspondent à l'émergence, chez elle, de pouvoirs télékinésiques démoniaques et mystérieux et sont la source de conflits familiaux, notamment entre Carrie et sa mère. Voici un bref résumé du récit.

Le film commence au *Bates High School*. Après un cours d'éducation physique, un groupe d'étudiantes se retrouve dans le vestiaire de l'école. Carrie est seule sous la douche. L'usage du ralenti et de la musique, de même que le jeu de Sissy Spacek et la photographie *soft-focus*, concourent à donner à la douche une dimension réparatrice après l'effort physique de la classe de sport. Soudainement, Carrie a ses règles et se met à hurler d'effroi. La jeune fille, dont on apprendra plus loin qu'elle ne connaît absolument rien à la sexualité et à la reproduction, se croit malade ou mourante. Ses compagnes de classe en profitent pour l'humilier en lui lançant des tampons et des serviettes hygiéniques. Seule l'intervention de Miss Collins, le professeur d'éducation physique, mettra un terme à l'hystérie de groupe qui se manifeste chez les étudiantes. L'épisode se clôt avec la première manifestation des pouvoirs paranormaux de Carrie, alors qu'éclate une ampoule électrique au son d'un fragment musical qui évoque la musique du meurtre sous la douche de *Psycho*.

C'est en réaction à ce premier événement du film que se développe le reste du récit. Les étudiantes qui ont participé à l'humiliation de Carrie sont punies. L'une d'entre elles, Chris, cherchera à se venger, tandis qu'une autre, Sue, cherchera plutôt à se racheter en demandant à Tommy, son petit ami, d'inviter Carrie à la soirée de la *prom* (le bal des finissants). Carrie accepte l'invitation contre le voeu de sa mère, une chrétienne fanatique. Le soir de la *prom*, Carrie et Tommy sont élus reine et roi de la soirée et sont couronnés sur une scène. Chris déverse un chaudron rempli de sang de cochon sur Carrie, qui utilise alors ses pouvoirs pour fermer les portes de la salle de danse et y mettre le feu. De retour chez elle, Carrie est poignardée par sa mère. En revanche, la jeune fille poignarde et tue sa mère au son du même fragment musical repris du meurtre sous la douche. Enfin, la maison entière s'écroule et s'engloutit dans les entrailles de la terre.

Dans le contexte intertextuel de ce récit, deux épisodes m'apparaissent particulièrement importants du point de vue de l'expérience figurale : la douche au *Bates High School* et l'attaque au couteau entre la mère et la fille. Le premier épisode se soumet à la topique de l'impureté — au sens à la fois excrémentiel et sexuel/moral ; le deuxième, à la topique de la Grande Mère terrible et dévoratrice.

La douche inaugurale est d'abord le lieu d'apparition des menstruations de l'héroïne du film. Or, le sang menstruel est entendu par la mère de Carrie comme le signe du péché originel et comme la trace du châtiment divin infligé à Eve ainsi qu'à toute sa descendance féminine. Par conséquent, la douche apparaît non plus comme un lieu de purification, mais comme un lieu de souillure, de pollution. Les menstruations, qui sont au nombre des déjections du corps, évoquent cet aspect de l'imaginaire figural qui marie le meurtre sous la douche (présent ici, je le répète, par la reprise musicale qui ponctue la manifestation du pouvoir télékinésique de Carrie) et les déjections corporelles (lesquelles, bien entendu, comprennent également l'urine et les fèces). Elles possèdent également une dimension sexuelle/morale, puisqu'elles sont liées à l'appareil de reproduction du corps. L'arrivée des règles souligne en effet l'éveil de la sexualité de Carrie, ce que redoute sa mère. C'est d'ailleurs à travers la mère de Carrie, et plus particulièrement à travers le cadre de son fanatisme religieux judéo-chrétien, que les menstruations thématisent ici la topique de l'impureté du point de vue moral [26]. La culpabilité mise en jeu ici est par ailleurs plus englobante, plus mythique que celle qu'on trouve dans la version de la figure qui se manifeste à partir de *Psycho* : c'est la tache originelle qui se trouve invoquée, la topique de l'impureté s'enrichissant ici du trait des menstruations.

Cela dit, il faut voir que le sang menstruel participe également d'une autre topique. Il s'agit cette fois de la Grande Mère : les menstruations signalent la fertilité et la maturité génitale de Carrie. Le même trait sert donc à soutenir différents aspects du réseau figural. Ce qu'il faut ajouter toutefois, c'est que des traits différents peuvent également soutenir la même topique. Ainsi, la topique de la Grande Mère émerge-t-elle également autour de la mère de Carrie. Or, nous allons voir que l'une et l'autre des deux femmes supportent une version terrible et dévoratrice de la Grande Mère figurale. Le sang menstruel auquel est identifié Carrie participe, c'est bien connu, à l'imaginaire de la mère dévoratrice. Ainsi, à partir des écrits d'anthropologues — dont certains mythes examinés par Lévi-Strauss dans *Le Cru et le cuit* —, Béatrice Marbeau-Cleirens souligne comment « le sang menstruel et l'appétit dévorateur de la femme sont associés [27] ». Marbeau-Cleirens cite Lévi-Strauss pour qui « les mythes postulent [...] une corrélation implicite entre les règles féminines, les propensions incestueuses et l'appétit cannibale » et Freud qui, dans son article « Le tabou de la virginité » associe le sang menstruel avec la dévoration et la morsure [28]. La femme qui saigne renvoie d'une culture à l'autre — y compris, bien entendu, dans la culture judéo-chrétienne — à des images terrifiantes, « le sang vaginal [étant] ressenti comme puissant, maléfique, semblable aux excréments, une véritable représentation symbolique de la mauvaise mère dévoratrice, castratrice et mortifère [29] ».On comprend mieux le rapport figural qui se tisse entre le personnage de Carrie et le meurtre sous la douche, lequel, je le mentionne de nouveau, profite de l'usage de la bande-sonore : ce n'est pas uniquement à Marion que s'identifie Carrie au sein de la figure, mais également à Norman-la mère. En effet, c'est à ce dernier qu'il faut, en définitive, associer la musique du meurtre sous la douche puisque celle-ci n'apparaît dans *Psycho* qu'avec sa présence à l'écran (la musique est reprise lorsque Norman-la mère réapparaît pour tuer Arbogast et pour menacer Lila Crane) [30]. De son côté, la mère de Carrie poignarde sa fille au moyen du couteau de cuisine dont elle s'est servi plus tôt pour découper des aliments. La mère de Carrie, mère nourricière et meurtrière à la fois, apparaîtra donc comme la mère dévoratrice, cannibale de la figure du meurtre sous la douche à travers la double fonction du couteau de cuisine (fonction culinaire, fonction meurtrière). Or, le même rôle figural — la même valeur de trait — sera tenu par Carrie qui, après avoir encaissé un premier coup de couteau de la part de sa mère, utilise ses habiletés paranormales pour poignarder celle-ci à plusieurs reprises avec l'ensemble de la coutellerie de la cuisine : différents couteaux et outils culinaires s'envolent alors sous l'influence de la jeune fille et viennent se loger dans le corps de sa mère, laquelle meurt littéralement crucifiée. On notera que chaque envolée d'un couteau (ou d'un autre instrument de cuisine) est accompagnée d'un fragment sonore reprenant le thème musical du meurtre sous la douche, lequel retrouve ici, à travers les accessoires utilisés, l'aspect d'un acte culinaire. Enfin, il faut souligner que l'union de Carrie et de sa mère à travers la même image, la même topique (la Grande Mère), la même action (le meurtre avec les instruments de cuisine), reproduit au sein de la figure l'amalgame de Norman et de sa mère ; la figure accueillant ainsi, dans une même topique, la mère et l'enfant.

Plusieurs commentateurs ont déjà remarqué combien le récit de *Dressed to Kill* s'inspire de *Psycho*. On y trouve l'histoire d'un psychiatre, le Dr. Elliott, qui souffre d'un dédoublement de personnalité. Le médecin désire en fait être opéré pour devenir une femme. Face au refoulement de ce désir, Elliott adopte par moments l'identité d'une femme, Bobbi, et — comme la mère de Norman Bates — tue les femmes pour qui le médecin sent une attirance sexuelle. Le récit est encadré par deux fragments oniriques qui s'interpellent mutuellement. Dans le premier, un femme, Kate Miller, se trouve sous la douche pendant qu'un homme (c'est son mari apprendra-t-on plus tard) se tient devant le miroir de la salle de bains et se fait la barbe avec un rasoir à main. La femme regarde l'homme en se caressant les seins et le sexe. Puis, soudainement, un autre homme apparaît derrière elle et la viole. Le segment suivant montre la même femme dans son lit, un matin, alors que son mari lui fait l'amour : c'est la « réalité » de la diégèse qui commence. S'il ne fait aucun doute que le « rêve » du viol appartient à la femme, il sera impossible cependant de déterminer s'il s'agit d'un fantasme éveillé pendant l'acte d'amour ou s'il s'agit plutôt d'un rêve matinal brutalement interrompu par « l'assaut » sexuel du mari, lequel trouverait alors sa représentation onirique dans le viol juste avant le plein réveil. Kate, en effet, se plaindra au Dr. Elliott du peu de plaisir sexuel que lui procure son mari.

Le deuxième fragment onirique a lieu à la fin du film et concerne Elisabeth Blake, une prostituée qui a échappé aux mains de Bobbi et participé à son arrestation. Dans ce rêve, Elisabeth est sous la douche. Elle est observée par le Dr. Elliott, lequel, après avoir tué une infirmière, s'est échappé de l'institut psychiatrique où il a été interné. Il est armé d'un rasoir. La jeune femme détecte la présence de l'intrus, arrête le jet d'eau de la douche et décide de se munir à son tour d'une arme. Elle sort de la baignoire et se dirige vers l'armoire à pharmacie où se trouve un rasoir. Elle ouvre la porte de l'armoire. Une main armée d'un rasoir sort brusquement de l'armoire et lui tranche la gorge. Au plan suivant, Elisabeth se réveille épouvantée par son cauchemar.

Il faut bien reconnaître qu'il est plus difficile ici de parler d'intertextualité par rapport au meurtre sous la douche qu'il ne l'est avec *Phantom of the Paradise* ou *Carrie*. La mise en scène, sauf pour un détail dans le deuxième passage — un gros plan du bec de douche — évite soigneusement d'imiter celle d'Hitchcock. En outre, le rapprochement intertextuel, le *remake*, joue plutôt sur le contenu événementiel du deuxième passage, sur la situation de l'agression d'une jeune femme sous la douche. Cet intertexte repose sur l'*enrichissement cognitif* qui résulte de la forme que prend l'épisode du meurtre sous la douche dans *Psycho*, lequel enrichissement touche à la fois l'action de prendre une douche et celle de tuer quelqu'un. Ainsi, nous savons, depuis *Psycho*, que la douche est un endroit dangereux où il est possible de se faire tuer (en particulier par un psychopathe !). De son côté, le passage qui inaugure le film, (c'est-à-dire le viol fantasmé de Kate), s'il n'est pas en relation intertextuelle avec le meurtre sous la douche (rien dans la forme ne justifie la mention d'intertextualité à son égard), profite néanmoins de l'*enrichissement figural* du niveau cognitif qui résulte de notre acte de spectature sur *Psycho*. En effet, nous savons depuis *Psycho* et ce, grâce à la figure, que la douche est un endroit où il est possible de se faire violer. Sous l'influence de l'intertexte qui clôt le film, ce passage apparaîtra dès lors comme une thématisation du viol que contient la figure.

Mais il y a plus encore, si l'on considère le meurtre de Kate Miller. En fait, Robin Wood a déjà noté l'existence d'un lien entre cet événement et le meurtre sous la douche dans *Psycho*. Il écrit : « the murder of Angie Dickinson [sic] in *Dressed to Kill* closely parallels the murder of Janet Leigh [sic] in *Psycho* (registered in both cases as the most grotesquely excessive punishment in either director's work) [31] ». Mais quelle est la nature de ce parallèle ? Les deux meurtres partagent évidemment certains motifs : les deux femmes sont tuées dans la première partie de l'un et l'autre des films par des psychopathes habillés en femme ; elles sont tuées parce que les personnalités masculines des deux tueurs sont attirées par elles ; elles sont tuées à la suite d'un après-midi d'amour avec un homme qui n'est pas leur époux ; elles sont « impures » (Kate a non seulement trompé son mari, mais qui plus est avec un homme dont on apprend qu'il est atteint d'une maladie transmise sexuellement). Cela dit, c'est à travers le lieu du crime — une cage d'ascenseur — et à travers la façon dont le meurtre est commis — avec un rasoir — que les motifs communs acquièrent le rôle de traits figuraux. Le rasoir est un article de toilette et la salle de bains appartient à son environnement cognitif. Un rasoir est d'ailleurs présent dans les deux passages oniriques du film, lesquels se déroulent précisément dans des salles de bains. Son « déplacement » dans une cage d'ascenseur vient donc « contaminer » l'espace en question en y introduisant la salle de bains, à la façon dont le couteau de cuisine contamine, dans *Psycho*, la salle de bains en y introduisant le lieu où l'on prépare les aliments. Dès lors, la cage d'ascenseur pourra apparaître figuralement comme une cabine de douche : l'ouverture de la porte coulissante qui découvre le meurtrier travesti correspondant à l'ouverture du rideau de douche par Norman-la mère dans *Psycho*. L'ascenseur a également l'avantage d'être — comme le motel qui contient la salle de bains et la douche — un lieu public, un lieu de passage, lié au transport des gens. On sait très bien, de surcroît, que l'ascenseur fonctionne en faisant se communiquer, au moyen d'un long tube, des ouvertures supérieures et inférieures par où transitent les usagers... La topique culinaire est peut-être moins loin qu'on pourrait le croire à première vue ! J'en arrive d'ailleurs à cette conclusion dès que je considère les noms des principaux personnages de cette scène et que je laisse travailler mon imagination : ainsi, ne trouve-t-on pas /ate/ (manger) dans Kate, /bake/ (cuir au four) dans Blake, et, surtout, /toilet/ dans Elliott ? Voilà donc les trois principaux personnages de la scène reliés dans l'imaginaire figural par le réseau alimentaire qui mène de la préparation de la nourriture (*bake*), à sa consommation (*ate*) et à sa digestion/élimination (*toilet*)... !

Blow Out raconte l'histoire de Jack Terry, un preneur de son qui travaille dans l'industrie du cinéma. Un soir qu'il enregistre des bruits près d'une rivière, Jack est témoin d'un accident : une automobile en perte de contrôle dérape de la route, enfonce un garde-fou et se jette dans la rivière. Aussitôt, Jack se précipite dans l'eau et réussit à tirer une jeune femme de la voiture. On apprendra plus loin que le conducteur de l'automobile était un gouverneur américain, candidat pressenti pour la présidence des Etats-Unis. Quant à Sally, la jeune femme repêchée par Jack, elle s'avère être une prostituée. En écoutant l'enregistrement sonore de l'accident, Jack découvre qu'il s'agit en fait d'un assassinat : le son d'une crevaison est précédé par un coup de feu. Dès lors, Jack et Sally seront poursuivis par l'assassin du gouverneur, un tueur psychopathe du nom de Burke.

Ce récit à saveur politique est préfacé ni plus ni moins par un passage tiré du film sur lequel travaille Jack. Il s'agit d'un film d'horreur de piètre qualité intitulé *Co-Ed Frenzy* [32] dont un fragment précède le générique de *Blow Out*, avant d'être repris deux autres fois, dont une à la fin du film. Or, l'intérêt de ce film dans le film vient du fait que le fragment en question constitue un *remake* du meurtre sous la douche. Pastiche du genre, ce film d'horreur commence par nous montrer, en caméra à l'épaule, le point de vue d'un rôdeur. Sur la bande-sonore on peut entendre le battement de son coeur ainsi que sa respiration. Le rôdeur s'approche d'un édifice et poignarde un gardien de sécurité. Le mouvement de la caméra simule les déplacements de l'assassin qui regarde à travers différentes fenêtres et réussit à s'introduire dans l'édifice dont on aura compris qu'il s'agit d'une résidence pour jeunes collégiennes. Une fois à l'intérieur le rôdeur/voyeur regarde une jeune femme se livrer à des plaisirs solitaires avant de s'introduire dans une salle de bains commune. Une collégienne se trouve sous la douche, derrière un rideau transparent. Le rôdeur masqué, dont on a aperçu le reflet dans un miroir, s'approche de la jeune femme, tire lentement le rideau de douche et brandit son couteau alors que la baigneuse émet un cri dérisoire. Le segment suivant nous montre Jack, assis dans une salle de projection, se moquant de la piètre performance vocale de l'actrice. Me voici donc une fois encore en territoire intertextuel. En effet, comment ne pas songer à *Psycho* face à l'éventualité d'une autre attaque au couteau sous la douche ? Mais la figure est-elle pour autant au rendez-vous ?

Contrairement à certains exemples vus précédemment, ce *remake* du meurtre sous la douche n'est pas le lieu d'une thématisation de la figure. On y retrouve certes un dispositif assez précis où s'agglutinent certaines composantes figurales comme le voyeurisme (le rôdeur est un voyeur), la sexualité (la nudité, la collégienne qui se masturbe), la menace du couteau de cuisine, la douche et sa tuyauterie. Mais on peut, il me semble, y voir encore plus. Placé en exergue, ce fragment intertextuel sert en fait à *orienter* ma spectature de *Blow Out*, de façon à permettre la configuration d'autres traits répandus sur l'ensemble du film au sein de la figure. Il s'agit dès lors de considérer comment la figure s'étoile sur le film en traquant les traits qui la soutiennent au-delà de l'intertexte du début.

Au centre du réseau figural on trouve « l'accident » de voiture du gouverneur McRyan, qui lance l'action principale de *Blow Out*. Ce passage introduit d'entrée de jeu une eau imaginaire qui reconduit certaines caractéristiques de l'eau souillée du marais derrière le Bates Motel. Une fois de plus, en effet, l'eau de la mort est présentée comme une eau qui engloutit. Ici, comme pour *Psycho*, une réflexion de Bachelard sur Poe s'applique avec justesse : « l'eau n'est plus une substance qu'on boit ; c'est une substance qui boit [33] ». De surcroît, comment nier, en ce qui concerne uniquement le défilement des segments d'informations filmiques, que nous avons été conduits et ce, en quelques minutes de temps écranique seulement, d'un meurtre sous la douche (le pastiche de *Co-Ed Frenzy*) à une voiture s'engloutissant dans un corps aqueux ? On aura reconnu, bien entendu, le cheminement qui règle la disparition de Marion Crane. Comme cette dernière, le gouverneur est littéralement « liquidé ». Aussi est-ce l'image du dernier voyage, image de la mort comme voyage, qui se constelle ici à travers l'usage de la voiture, du cours d'eau et de la mort, et qui, sous l'influence de l'*intertexte* qui inaugure le film, nous conduit, par le chemin de la figure, vers la mort de Marion et vers son « ensevelissement » dans le marais derrière le motel. Dans *Blow Out*, le responsable de ce voyage est Burke, sur qui se dépose alors l'image du nautonier de la mort. C'est lui qui sera responsable également de la mort de deux jeunes femmes et ce, dans le but de dissimuler à la fois l'assassinat de Sally et celui du gouverneur. Chacune des femmes tuées par Burke sera étranglée puis poignardée. Or, l'arme du meurtre est un pic à glace volé dans un *marché d'alimentation*, alors que Burke traque sa première victime féminine. Pour le spectateur que je suis, ce passage établit clairement un rapport entre le meurtre d'une jeune femme, l'alimentation et la sexualité, ce qui me permet de retrouver sans équivoque les topiques culinaire et sexuelle de la figure. En fait, il ne faut pas perdre de vue l'allure que l'assassin cherche à donner aux meurtres des jeunes femmes. Comme l'indique Burke à son employeur : « I have decided to terminate her [Sally] and make it look like one of a series of sex killings in the area. This would completly secure our operation ». Avec ces paroles, le meurtre des jeunes femmes — dont celui de Sally, à la fin du film — acquiert sans équivoque une dimension sexuelle. En fait, le segment qui suit immédiatement la conversation entre Burke et son employeur reprend pour une seconde fois, dans une situation plus ou moins identique à la première, le meurtre sous la douche de *Co-Ed Frenzy*, ce qui a pour effet de renforcer l'effet figural. Sam, le réalisateur du film, reçoit en audition deux jeunes femmes qui doivent crier lorsque, sur l'écran de cinéma, le rôdeur au couteau s'approche de la collégienne sous la douche. La contiguïté du montage crée ici, de toute évidence, une analogie entre Burke et le rôdeur, laquelle profite à l'émergence de la figure. L'équation figurale est alors la suivante : Burke=le rôdeur de *Co-Ed Frenzy*=Norman Bates.

Le meurtre d'une prostituée dans les W.-C. d'une gare ferroviaire témoigne également de la force configurationnelle de la figure. Burke demande à une prostituée de lui faire une fellation. La jeune femme acquiesce et se dirige vers les W.-C. pour faire sa toilette. Elle entre dans une cabine — laquelle comprend une cuvette ainsi qu'un évier et un miroir — et se brosse les dents. Burke, qui l'a suivie à son insu, s'introduit dans la cabine voisine et monte sur la cuvette. C'est alors qu'il étrangle la jeune femme. Du point de vue de la figure, ce meurtre fait évidemment jouer les orifices supérieur (la bouche) et inférieurs (méat urinaire et anus), ces derniers étant présents d'une part à travers la cuvette — dont on connaît l'usage —, et d'autre part à travers le relâchement des organes (intestins, vessie) pendant la pendaison, ce qui produit, c'est connu, des déjections (ces dernières ne sont pas montrées dans le film, mais elles participent de l'environnement cognitif de la pendaison et, à ce titre, sont mises en jeu par le crime grâce au lieu où se déroule l'action). De son côté, la sexualité orale reconduit la dimension « alimentaire » de l'acte d'amour. Ce que le spectateur découvre, en ce sens, c'est bien tout le territoire imaginaire du corps-tuyau, tel qu'il concerne à la fois l'alimentaire (*tractus* digestif, communication de la bouche et de l'anus) et la sexualité (la bouche et les organes génitaux). De plus, la gare ferroviaire où a lieu le crime se soumet également à la structuration figurale. La gare est un lieu public qui comprend des zones de plus ou moins grande intimité, comme les W.-C. par exemple. Mais c'est aussi, faut-il le souligner, un lieu de passage pour voyageurs et, on le voit bien, un « lieu de passe » — comme le sont également les motels. Or, il s'agit là, il me semble, d'une correspondance topique supplémentaire entre le meurtre sous la douche de *Psycho* et le meurtre de la prostituée, renforçant l'air de famille qui les réunit. En fait, si l'on résume l'ensemble de ce passage à partir des traits qui supportent la figure on trouve : un tueur psychopathe, le meurtre d'une jeune femme dans la partie intime d'un lieu public, une strangulation, un «poignardage » (*stabbing*) (on ne voit pas cette dernière action mais on sait qu'elle aura lieu puisque cela fait partie de la « signature » du criminel), une salle de bains, une cuvette, une activité sexuelle (prostitution, meurtre à caractère sexuel), une ablution (la jeune femme est tuée alors qu'elle se brosse les dents), le voyage ou le déplacement (la gare), et un pic à glace (qu'on ne voit pas, mais dont on sait néanmoins qu'il sera utilisé et également qu'il provient d'un marché d'alimentation). Ce sont ces traits qui supportent ici la figure et qui permettent la reconnaissance d'un air de famille avec ma *memoria* du meurtre sous la douche de *Psycho*.

Enfin, le meurtre de Sally, dans les derniers moments du film, vient consolider l'air de famille qui se dégage de ma spectature du film. Burke, ayant usurpé l'identité d'un reporter, donne rendez-vous à Sally à la gare. Jack, de son côté, a pris soin de faire porter un micro à la jeune femme afin de suivre la situation. Burke réussit néanmoins à échapper à Jack en amenant Sally avec lui dans le métro. Il entraîne ensuite la jeune femme sur une place publique pendant des célébrations patriotiques (c'est le *Liberty Day*) et l'exécute sommairement sur la galerie déserte d'un édifice. Jack arrivera à temps pour tuer Burke avec son propre pic à glace, mais non pour sauver Sally. Tout au long de ce passage, Jack entend et enregistre la voix de Sally, y compris le cri qu'elle pousse lorsque que Burke s'en prend à elle. A la fin du film, Jack utilisera ce cri pour doubler la voix de l'actrice sous la douche dans *Co-Ed Frenzy*. Voici donc les deux trames filmiques réunies à travers le cri de Sally, *le sort de cette dernière étant alors mis en parallèle avec celui de la collégienne sous la douche* ! Ce parallélisme consolide, il me semble, les rapprochements que j'ai pu faire entre le couteau de cuisine (celui du rôdeur et celui de Norman-la mère) et le pic à glace ; entre le rôdeur, Norman et Burke ; entre le sort de la collégienne de *Co-Ed Frenzy*, celui de Marion Crane et celui du gouverneur et des autres victimes de Burke. Enfin, le parallèle sonore profite également à la reconfiguration du meurtre de Sally comme acte sexuel. On n'a, pour s'en assurer, qu'à considérer cette conversation entre Jack et Sam au début du film, alors qu'ils écoutent la bande-sonore de *Co-Ed Frenzy*. L'esprit de l'échange entre les deux hommes repose ici sur la substitution du cri d'horreur et du cri de jouissance sexuelle :

- Sam : « And what about that scream ? We've got to dub that »
- Jack (facétieusement) : « Alright. You know any good screamers ? »
- Sam : « I have a few ideas »
- Jack (en riant) : « I bet you do »
- Sam : « Yeah...yeah... Just worry about the scream, will you...uh... »

C'est ce réseau de sens qui se dépose en définitive sur le cri final de Sally, lequel renforce la dimension sexuelle de l'agression dont elle est victime. Comme la mort de Marion, la mort de Sally est figuralement un viol. Par le fait même, la figure s'enrichit d'une voix. En somme, voilà qu'à l'instar du tableau de *Suzanne et les vieillards* qui servait, dans *Psycho*, de représentation au meurtre de Marion, le passage de *Co-Ed Frenzy* sert de représentation au meurtre de Sally.

La figure s'active également à partir d'un *remake* du meurtre sous la douche dans *Fade to Black* (Zimmerman, 1980). Ce film raconte l'histoire d'un jeune homme mordu de cinéma, Eric Binford, qui finit par perdre la raison. Il s'engage alors à commettre des crimes en imitant ses passages filmiques préférés. Le film regorge de citations et d'allusions à toutes sortes de films, dont *White Heat* (Walsh, 1949), *Kiss of Death* (Hathaway, 1947), *The Creature From the Black Lagoon* (Arnold, 1954), *99 River Street* (Karlson, 1953), *Public Ennemy* (Wellman, 1931), *The Prince and the Showgirl* (Olivier, 1957), *Horror of Dracula* (Fisher, 1958) et plusieurs autres. Aussi est-ce en imitant le geste de Richard Widmark dans *Kiss of Death* qu'Eric tue une femme qu'il croit être sa tante et avec qui il habite en la poussant avec son fauteuil roulant dans un escalier. Il s'agit, à l'insu du jeune homme, d'un matricide : la femme en question, apprend-on plus loin, n'a jamais dévoilé sa véritable identité à son fils. Après ce premier meurtre, Eric sombre dans un état de psychose et adopte différentes identités filmiques : Cody Jarrett (le nom du personnage joué par James Cagney dans *White Heat*), Dracula, The Mommy, Hopalong Cassidy. Il commettra différents actes de violence dans chacun de ces rôles et mourra abattu par les tireurs d'élite de la police sur le toit du célèbre Mann's Chinese Theatre de Hollywood.

Malgré ces événements plus ou moins dramatiques, c'est sous le mode de la parodie que le *remake* du meurtre sous la douche se déroule. La « victime » d'Eric est une jeune femme qu'il a rencontrée dans un restaurant (la topique alimentaire se met déjà en place). La jeune femme en question est un sosie de Marilyn Monroe et porte précisément le prénom de Marilyn. Le *remake* joue à la fois sur les événements et sur la mise en scène : alors que Marilyn se trouve sous la douche, Eric — déguisé en Dracula — entre dans la salle de bains, tire brusquement le rideau de douche et pointe un objet contondant vers la jeune femme qui crie. Le jeune homme laisse tomber l'objet et l'on aperçoit qu'il s'agit tout simplement d'un stylo. Au même moment Eric s'écrie : « I just wanted your autograph... ». L'encre du stylo se déverse alors dans la bonde de la baignoire à la manière du sang de Marion dans *Psycho*. Du côté de la mise en scène et de la bande-sonore, différentes composantes du meurtre sous la douche font l'objet d'un calque : cadrages et mouvements de caméra (insert en plongée des jambes de Marilyn lorsqu'elle retire son peignoir, gros plans du bec de douche en plongée et de profil, très gros plan de la bouche de Marilyn alors qu'elle crie, mouvement de caméra en plongée qui suit l'encre qui se déverse dans la bonde de la baignoire, laquelle est cadrée en gros plan) ; la musique reprend également le motif des violons qui accompagne le meurtre sous la douche. Enfin, on peut noter que l'encre noire qui coule du stylo sur le fond blanc de la baignoire reproduit, dans ce film couleur, le « noir et blanc » du film d'Hitchcock. Voilà en gros pour l'intertexte qui présentifie au yeux du spectateur le meurtre sous la douche de *Psycho*. Mais qu'en est-il de la figure ?

C'est à partir de ce passage intertextuel que s'élabore la figure. D'une part on remarquera que, comme dans *Psycho*, l'épisode de la douche est précédé d'un matricide. Norman, on le sait, a déjà tué sa mère lorsqu'il s'en prend à Marion. Cela dit, le trait central autour duquel émerge la figure concerne plutôt le costume que porte le jeune homme. Il s'agit d'un costume de vampire, celui-là même qui a été popularisé par le *Dracula* de Browning (1931). Or, du vampire je retiens surtout qu'il se nourrit du sang de ses victimes, ce qui fait de lui un cannibale en puissance [34]. La douche devient une fois de plus le lieu d'une incorporation virtuelle. D'ailleurs, je l'ai souligné plus tôt, Eric rencontre sa victime dans un restaurant ! A cet égard, il n'est pas sans intérêt de souligner que le passage qui précède l'épisode de la douche montre Eric, dans son costume de vampire, assistant à une projection de *Night of the Living Dead* (Romero, 1968). Les images montrées sont celles de la dévoration du jeune couple par les morts-vivants et celles du matricide. Or, sous l'effet du *remake* de l'épisode de la douche — lequel, je le répète, suit immédiatement — ces images acquièrent le statut de traits figuraux — ***statut qui ne se révèle pas, il faut le souligner, lors de ma spectature du film de Romero***. En effet, telle que je la connais, la figure du meurtre sous la douche n'est pas activée par *Night of the Living Dead*, ce qui n'empêche pas toutefois certaines images tirées de ce film de servir de traits figuraux dans un autre film, là où la figure émerge. Ce qui semble paradoxal s'explique par le fait que, dans *Fade to Black*, les images tirées du film de Romero sont contiguës avec un *remake* du meurtre sous la douche et que cette contiguïté favorise, une fois l'homologation formelle faite avec le meurtre sous la douche de *Psycho*, l'activation de la figure dans sa dimension culinaire. Les actions des morts-vivants sont ici « contaminées » par le *remake* et capturées par la force structurante de la figure.

Pour conclure la visite de cette première salle de mon musée imaginaire, il sera question de trois films d'horreur réalisés également au plus fort de la vague *slasher* et *gore*, chacun reprenant pour son compte un *remake* du meurtre sous la douche de *Psycho* : *The Funhouse* (Hooper, 1981) *The Prowler* (Zito, 1981) et *Sleepaway Camp* (Hiltzik,1983).

The Funhouse raconte les mésaventures de quatre adolescents qui passent une nuit dans la maison hantée d'un carnaval ambulant. Témoins d'un meurtre, trois des adolescents seront tués à leur tour. Ici encore, l'intertextualité avec le meurtre sous la douche est tout à fait déterminante pour l'émergence de la figure. *The Funhouse* commence par un *remake* du célèbre passage de *Psycho*, *remake* qui pastiche également le début de *Halloween* (Carpenter, 1978), film dont on verra dans la prochaine section qu'il supporte également l'émergence de la figure. Joey, le jeune frère d'Amy Harper — personnage principal et seule survivante de la nuit d'horreur au carnaval — joue un mauvais tour à sa soeur (et au spectateur qui ignore tout de ses intentions) en l'agressant avec un (faux) couteau alors qu'elle se trouve sous la douche. Le passage commence par un montage qui fait alterner le point de vue subjectif (caméra à l'épaule) d'un rôdeur et la vue de Amy qui se prépare à prendre une douche. Puis, alors que la jeune femme se trouve sous la douche, le rôdeur — qui a enfilé un masque et s'est muni d'un couteau — entre dans la salle de bains, se dirige en direction de l'adolescente, tire le rideau de douche, brandit son arme et porte des coups de couteau. Amy crie et saisit le bras armé de son agresseur. La pointe du couteau s'approche de son ventre et plie au contact de la peau au lieu de s'y insérer. La jeune femme démasque alors son frère qui sort de la salle de bains en riant.

Si ce résumé met en évidence la dimension événementielle/formelle de l'intertexte, il faut souligner également que celle-ci est appuyée par la matérialité visuelle et sonore de la mise en scène. Du côté de l'image, par exemple, le spectateur attentif reconnaîtra çà et là une volonté de reproduire certains cadrages, certains mouvements de caméra tirés du meurtre sous la douche de *Psycho*, notamment lorsque Joey tire le rideau de douche (le mouvement de caméra reproduit ici celui qui précède l'attaque contre Marion et qui annonce l'intrusion de l'agresseur) ; lorsque Amy crie (très gros plan de sa bouche ouverte) ; ou lorsque le couteau menace de se loger dans son ventre. Du côté de la bande-sonore, la musique qui accompagne l'attaque au couteau pastiche le mouvement pour violons du meurtre sous la douche de *Psycho*. Une fois de plus, l'intertexte sert à orienter ma spectature et facilite l'activation de la figure dans la suite du film.

C'est autour de la *funhouse*, de la maison hantée, et des événements qui s'y trament que va s'élaborer la figure. Parmi les traits qui la soutiennent on comptera, entre autres, la maison hantée, la dentition du meurtrier de même que sa mort dans un engrenage mécanique. D'emblée, ceux qui connaissent le film pour l'avoir vu se douteront peut-être qu'*en soi* et *telles qu'elles sont mises en scène ici*, c'est-à-dire en l'absence de l'intertexte qui préface le film, aucune de ces composantes n'aurait, pour moi du moins, le rôle de trait figural. Et je n'ai, pour m'en assurer, qu'à me livrer à un petit exercice mental qui consiste à imaginer le film sans l'intertexte du début : ni la mort du monstre meurtrier, ni sa dentition, ni la maison hantée ne suffisent à faire émerger véritablement la figure. En somme, il appert que c'est le contexte intertextuel du début qui préside ici à mon expérience figurale, qui me permet, par un effet de contamination, d'activer la figure et son réseau dans la poursuite du film. Voyons cela de plus près.

L'extérieur de la maison hantée est dominée par un gigantesque mannequin mécanique représentant une immense femme, lequel est suspendu au toit de la *funhouse*. Or, une affiche représentant ce même automate constitue en fait la toute première image de la diégèse, au moment où que s'engage le *remake* du meurtre sous la douche. La présence du mannequin dans la maison des Harper, lorsque le célèbre passage de *Psycho* s'apprête à être rejoué, me permet ainsi de rapprocher le meurtre sous la douche et la maison hantée. Reste toutefois à considérer la nature de ce rapprochement.

Plusieurs raisons peuvent sans doute expliquer l'usage du corps féminin à l'entrée d'une maison hantée, et l'on a souvent vu dans les foires des sorcières qui, suspendues au-dessus de tels manèges, nous défient d'y pénétrer : c'est alors l'horreur qui se trouve thématisée. Ici, toutefois, c'est la corpulence de l'automate féminin, et plus spécialement son immense ventre, qui retiennent mon attention. Le ventre féminin, faut-il le souligner, constitue une composante importante de l'image (ou de l'archétype) de la Grande Mère, dans la mesure surtout où il convoque tout un imaginaire lié à la maternité, à la nourrice, au corps-vaisseau de la mère porteuse. Grâce au mannequin et à son énorme ventre, c'est toute la maison hantée, la *funhouse*, qui soudainement apparaît elle-même comme une espèce de ventre : le ventre maternel n'est-il pas, après tout, une maison (*house*), le premier lieu qu'on « habite » ? Je peux donc donner un sens à l'usage du mannequin comme *effigie* de la *funhouse* : *la maison hantée est un ventre imaginaire*. On le voit déjà, nous touchons au territoire imaginaire du meurtre sous la douche, où apparaissent également la mère et le ventre. Mais si la Grande Mère, on l'a vu au chapitre III, m'est apparue initialement dans sa fonction de nourrice (le couteau de cuisine) et le ventre dans sa fonction digestive (la tuyauterie), c'est la fonction d'habitacle du ventre maternel qui apparaît ici, laquelle enrichit la figure d'un nouveau trait : la maison. Or, je n'ai pas oublié que la maison de Mme Bates est aussi, dans *Psycho*, le théâtre d'un meurtre et d'une tentative de meurtre : le meurtre du détective Arbogast et l'attentat contre Lila Crane, qui sont liés au meurtre sous la douche par la musique, l'identité du meurtrier et le couteau de cuisine. Les rapports imaginaires entre le ventre, la mère et la maison, qui émergent de ma spectature de *The Funhouse*, me permettent donc d'inclure ces événements au catalogue des traits qui supportent la figure. On voit ici comment, au contact de nouveaux traits, la figure se complexifie davantage et que l'expérience figurale n'est pas linéaire : rien ne m'empêche de revenir sur mes pas une fois à l'intérieur du musée imaginaire et de découvrir de nouveaux rapports, d'établir de nouveaux liens et de mieux comprendre, grâce au contact d'un nouvel artefact, un artefact rencontré plus tôt. La figure, je l'ai déjà dit, est une structuration toujours ouverte du sens.

On découvre donc, si je résume, que les adolescents de *The Funhouse* sont prisonniers d'un ventre, comme le sont également Marion Crane, Lila Crane et Arbogast. Cet aspect de la figure est d'ailleurs thématisé lorsqu'on voit les malheureux descendre dans les « entrailles » de la maison hantée par la bouche d'un gigantesque gorille. Cela dit, l'analogie de la maison et du ventre est également reconduite par certains événements qui se déroulent au sein de la *funhouse*. Au début de leur périple, les deux couples d'adolescents se préparent chacun à une nuit d'amour (voilà soudainement la maison hantée transformée en motel : lieu de passage et maison de passe !). C'est alors qu'ils sont témoins d'une transaction à l'étage au-dessous : un jeune homme au visage horriblement déformé propose à la cartomancienne du carnaval un peu d'argent en retour de faveurs sexuelles. Elle accepte et lui demande cent dollars. Pour la payer, le « monstre » doit voler les recettes du carnaval, lesquelles appartiennent à son père qui est aussi le propriétaire de l'établissement. Enfin, le monstre finit par tuer la cartomancienne qui refuse de lui remettre son argent (le monstre souffre d'éjaculation précoce !). Une fois sur les lieux du crime, un des adolescents en profitera pour voler le reste de l'argent, ce qui poussera le père à envoyer son fils à la poursuite des intrus. Or, l'image du ventre est reconduite ici par les deux principaux registres affectifs touchant les protagonistes de ce récit : le désir sexuel et la peur, soit deux émotions qui ont pour foyer le ventre. C'est-à-dire qu'à travers l'action du film ou, plus précisément, à travers la relation qui existe — grâce à l'action — entre les personnages et le lieu où ils agissent, la maison hantée devient littéralement l'espace — le ventre — où se manifestent les émotions en question.

Habitacle originel, foyer de certaines émotions, le ventre est aussi, on le sait, lié à l'alimentation. Deux traits supportent ici cette topique à l'intérieur de la *funhouse*. Il y a d'une part la dentition du monstre : les dents humaines sont remplacées chez lui par des crocs, ce qui a pour effet d'octroyer une dimension cannibalique au danger qui guette les adolescents. Aussi, pour rassurer les jeunes gens, le père du monstre dira de son fils : « Oh... there ain't no reason to be afraid of him, he's harmless », ce à quoi il ajoute en chuchotant pour lui-même : « Once he's been fed... ». La maison hantée apparaît dès lors comme un lieu où règne littéralement la menace d'une incorporation cannibalique. D'autre part, l'alimentaire (le digestif) se trouve également figuré par l'architecture de la *funhouse*. Le dialogue, par exemple, souligne que les adolescents doivent descendre pour sortir (comme des aliments...). Or c'est là, vers le bas, que se trouve l'engrenage qui fait fonctionner les différents automates du manège. A la fin du film, Amy se retrouve au plus profond de l'édifice, dans une véritable salle des machines où elle doit faire face au monstre, lequel sera alors électrocuté (grillé) puis broyé — figuralement dévoré — par les *dents* de l'engrenage mécanique de la maison-ventre.

Dans *The Prowler*, un vétéran de la deuxième guerre mondiale de retour aux Etats-Unis assassine, pendant une soirée de *prom*, la jeune femme qui l'a quitté. Trente-cinq ans plus tard, lors d'une nouvelle *prom* — la première dans la petite ville depuis les événements tragiques de 1945 — le soldat reprend, sans raison aucune, ses activités meurtrières. La trame narrative n'est ici qu'un prétexte pour le spectacle sanglant que présentent les multiples meurtres du film. Parmi ceux-ci, on trouve l'assassinat d'une jeune femme alors qu'elle se trouve sous la douche. Or, le passage en question met en jeu plusieurs traits qui servent à supporter la figure. On notera d'abord le contexte plus ou moins impudique de la situation. En effet, alors qu'elle se trouve sous la douche, la jeune femme attend son petit ami. Sur la plan argumentatif, l'acte d'amour constitue donc un possible narratif et l'ablution acquiert une dimension sexuelle. Le petit ami en question est tué sommairement par le soldat, qui lui perce le crâne avec sa baïonnette, avant de s'engager (caméra subjective à l'épaule) vers la jeune femme qui se trouve sous la douche. Au lieu de voir apparaître son compagnon, alors que glisse la porte vitrée de la douche, la jeune femme découvre le tueur, habillé dans son uniforme de combat et portant une espèce de cagoule qui cache son visage. Voilà donc encore une fois un agresseur costumé dans la position de Norman-la mère. L'accumulation de cette composante dans les *remakes* du meurtre sous la douche — on la retrouve jusqu'ici dans les sequels de *Psycho*, dans *Phantom of the Paradise*, dans *Blow Out*, dans *Fade to Black*, et dans *The Funhouse* — me pousse à considérer qu'il s'agit d'un trait participant à l'air de famille qui relie ces films dans la série. Mais quelle part faut-il faire à ces habits, qui comprennent jusqu'ici les vêtements de Mme Bates (*Psycho* et ses sequels), un uniforme de combat (*The Prowler*), un costume de vampire (*Fade to Black*), un costume de théâtre (*Phantom of the Paradise*) et des masques (*Blow Out*, *The Funhouse*) ? S'ils s'opposent parfois à la nudité des victimes qui se trouvent sous la douche, c'est principalement au vêtement « ordinaire » que s'opposent, dans chacun des cas mentionnés, les costumes des agresseurs. Ces costumes marquent chez les personnages des états « seconds », des identités complexes voire multiples, mais ils donnent aussi à l'action une saveur rituelle. Contrairement au vêtement, le costume scinde le monde en deux et fait s'opposer la réalité quotidienne et profane au monde extraordinaire et sacré des rites, des pratiques cérémonielles et de la mise en scène théâtrale. La filiation certaine qui existe entre les pratiques cultuelles et les pratiques théâtrales font des costumes de théâtre ou de cinéma (*Phantom of the Paradise*, *Fade to Black*), et des masques (*Blow Out*, *The Funhouse*) des objets sacrés rendus profanes par la longue laïcisation de l'art dans notre culture. On trouvera également une filiation entre le sacré et l'uniforme de soldat (*The Prowler*), filiation dont le costume du guerrier est, en partie, un symptôme, dans la mesure où la guerre occupe, comme l'a bien montré Roger Caillois, une fonction fondamentalement religieuse [35]. Dès lors, bien entendu, la *robe* que porte Norman pendant le meurtre acquiert une nouvelle valeur : dans notre imaginaire la robe est aussi le costume de celui qui officie pendant le service religieux, le costume du prêtre. Le meurtre sous la douche prend alors des allures de sacrifice humain. Le cannibalisme n'est, une fois de plus, pas très loin...

Or, le *remake* de *The Prowler* assure également l'émergence de la figure à travers la topique alimentaire. C'est autour de l'arme du meurtre que se constelle cette dimension du réseau figural. La jeune femme sera empalée par une fourche. Comme le couteau de cuisine, la fourche est un trait relativement complexe. Il s'agit d'une arme à *dents* (!), lesquelles pénètrent le corps de la jeune femme. De surcroît, avec la fourche nous ne sommes pas très loin, par l'étymologie, de la *fourchette* et donc, par conséquent, de la cuisine. Du même coup, nous ne sommes pas très loin non plus de l'excrément : sur la ferme, la fourche sert à manipuler le fumier. Voilà donc reconduit mon imaginaire culinaire, celui-là même qui se trouve mis en jeu par ma spectature du meurtre sous la douche : la fourche condensant les réseaux alimentaire (fourchette), digestif (le fumier) et cannibalique (la victime des *dents* est un être humain) de la figure. Enfin, cette intuition figurale se trouve plus ou moins renforcée par le montage de transition qui réunit, à la fin du passage, le cri de la jeune femme (bande-sonore) et le gros plan d'un gâteau qu'on découpe avec un couteau (bande image).

On comptera sans doute *Sleepaway Camp* parmi les plus mauvais films de la série. L'incompétence de la mise en scène n'a ici d'égale que le dialogue lamentable et le jeu affreusement faux des acteurs. Mais voilà, le musée imaginaire n'est pas forcément celui des réussites esthétiques : les mauvais films sont également soumis aux processus de la spectature et participent, par conséquent, à l'élaboration de la *memoria* filmique. Dit autrement, il est des choses qui peuvent être marquantes, qui peuvent nous impressionner même dans les « mauvais » films — on ne le sait que trop bien !

L'argument principal de *Sleepaway Camp* a trait à la question de l'identité sexuelle. Le film débute par un accident sur un lac : un bateau motorisé fauche un père de famille, sa fille et son fils. Seul un enfant — Angela — survivra. Huit ans plus tard, on retrouve Angela dans un camp de vacances où plusieurs meurtres sont commis. Or, il appert rapidement que les victimes sont des gens qui font la vie dure à la jeune personne. Cette dernière a d'ailleurs un comportement assez curieux : elle est taciturne et se garde de participer aux différentes activités des campeurs, ce qui cause la colère de ses consoeurs et de certains garçons. En flashback on apprend que le père d'Angela était homosexuel et, à la fin du film, qu'Angela est en fait un garçon ! Sa tante aurait forcé l'enfant, depuis la mort de son père et de sa soeur, à adopter l'identité d'une fillette. Cette découverte et la révélation qu'Angela est le meurtrier du camp de vacances viennent clore le film.

Bien entendu, la problématisation de l'identité sexuelle constitue un trait propre à la fois à l'argument du meurtre sous la douche de *Psycho* et à *Sleepaway Camp*. L'identité sexuelle de Norman est en crise lors du meurtre de Marion, comme l'est celle d'Angela tout au long de *Sleepaway Camp*. Mais c'est une fois de plus grâce à un intertexte avec le célèbre épisode de *Psycho* que cette composante du film émerge à titre de trait figural. Vers la fin du film, Angela tue une des jeunes monitrices du camp pendant qu'elle se trouve sous la douche. Mis à part quelques plans rapprochés de la victime alors qu'elle se douche, plans où le cadrage et l'orientation du corps de la baigneuse par rapport à la douche assurent une certaine ressemblance iconographique avec la douche de Marion Crane, c'est l'attaque au couteau qui vient justifier la mention d'intertextualité : Angela poignarde la monitrice à travers la cloison plastifiée de la cabine de douche. Or une fois l'intertexte reconnu et le souvenir du meurtre sous la douche évoqué, il devient possible de retrouver la figure à travers différents actes de violence commis par Angela. Le premier acte de cette série vise le cuistot du camp. Ce dernier, qui voit dans les pensionnaires des « *fresh young chickens* », est présenté dès le début du film comme un pédophile. Angela, qui refuse de manger la nourriture qu'on lui sert, est conduite aux cuisines où le cuistot tentera, en vain, de la violer (substitution de l'alimentaire et du sexuel). Angela trouvera à se venger un peu plus loin en ébouillantant gravement le cuisinier alors qu'il prépare le dîner (substitution de l'alimentaire et de la violence). La cuisine est donc présentée d'emblée comme un endroit dangereux où se combinent nourriture et préparation d'aliments, sexualité et agression. Le deuxième acte de violence d'Angela consiste à noyer un garçon qui l'a insultée (on retrouve l'eau qui engloutit). C'est ensuite au tour d'un autre garçon d'être tué alors qu'il utilise les W.-C. — Angela dépose une ruche d'abeilles dans la cabine et le garçon sera piqué à mort par les abeilles (mise en scène du réseau digestif à travers les déjections, les W.-C. et même les abeilles dont on sait qu'elles produisent une substance comestible). Comme on peut voir, on trouve ici, à travers les actes de violence d'Angela, le cheminement figural qui nous mène, encore une fois, de la cuisine à la salle de bains (aux W.-C.) en faisant jouer l'alimentaire, le digestif, le sexuel, le viol, le meurtre, la crise d'identité, la mort par l'eau (brûlure, noyade, douche), le tout dans un cadre — le camp de vacances — qui n'est pas sans parenté avec l'environnement cognitif du motel (lieu de passage pour vacanciers).

Je me suis servi ici de l'intertextualité pour souligner l'importance de la situation cognitive ou de la forme argumentative dans l'expérience sérielle de la figure. Mais il ne faut pas oublier que l'intertextualité — telle que définie par ceux qui en font la « théorie » — n'est pas en soi le principe organisateur de la série. Ce dernier, en effet, demeure l'expérience figurale. Par ailleurs, comme je l'ai déjà annoncé, nous verrons plus loin, à travers un exemple, qu'il est des cas où l'intertextualité ne supporte pas la poursuite de l'expérience figurale. Ce qu'il faut retenir ici, c'est que la reprise formelle du meurtre sous la douche dans un film ne fait que me *prédisposer* à retrouver la figure et à inclure le film en question au sein de la série. C'est, pour reprendre la métaphore de la ressemblance de famille, comme apprendre que deux individus appartiennent à la même famille ; cela risque fort de créer une prédisposition à chercher l'air de famille qui les réunit et à chercher les traits (le nez ? les yeux ? la bouche ? etc.) qui supportent la ressemblance. Mais on ne sait pas toujours d'avance si deux individus qui se ressemblent partagent une génétique commune. Or, en matière de spectature, l'absence de détermination intertextuelle (lorsque le rapprochement formel ou cognitif apparaît plus ou moins ténu ou non attesté) n'entrave pas nécessairement la poursuite ou la reconduction de l'expérience figurale. Pour dire les choses autrement, il m'est apparu que certains films s'apparentaient au meurtre sous la douche sans qu'on puisse toutefois prétendre y trouver une relation intertextuelle (massive ou déclarée) avec l'épisode de *Psycho*. C'est à cette problématique que je consacre la prochaine section.

*

* *

Nous retrouverons dans cette section les films suivants (par ordre de présentation) : *Sisters* (DePalma, 1973), *Halloween* (Carpenter, 1978), *Pacific Heights* (Schlesinger, 1991), *Sleeping With the Ennemy* (Reuben, 1990) et *Throw Momma From the Train* (DeVito, 1991). Encore une fois, cette liste constitue un corpus « type » aucunement exhaustif, dans la mesure où il s'agit uniquement de démontrer certains « résultats » de la démarche sérielle.

Du point de vue de l'argument narratif, le premier film dont il sera question ici, *Sisters*, compte plusieurs points en commun avec *Psycho*. Cela dit, il importe de signaler que, contrairement à plusieurs des films traités dans la section précédente, on ne trouve pas dans ce film de réelle tentative pour offrir un *remake* du meurtre sous la douche. C'est pourquoi l'intertextualité entre ce film et le meurtre sous la douche de *Psycho* apparaît plus diffuse que massive ou, pour reprendre les termes de Riffaterre, (relativement) plus aléatoire qu'obligatoire si on la compare avec *Phantom of the Paradise*, *Blow Out*, ou *The Prowler*.

Sisters raconte l'histoire d'une jeune femme, Danielle Blanchion, qui souffre d'un dédoublement de personnalité à la suite d'une opération chirurgicale qui visait à la séparer de sa soeur siamoise, Dominique, laquelle n'a pas survécu à l'opération. Danielle est sujette à des crises psychotiques où elle adopte l'identité de sa soeur. C'est pendant l'une de ces crises qu'elle tue un jeune homme, Philip Wood, devenu son amant d'un soir. La jeune femme est soignée par son ancien mari, le docteur Emile Breton, lequel cherche à la reconquérir et s'efforce de dissimuler toutes les traces du meurtre. La situation se complique lorsqu'une autre jeune femme, Grace Collier, habitant un appartement voisin, cherche à convaincre la police qu'elle a observé le meurtre de Philip depuis sa fenêtre. Face à l'incompétence des policiers, Grace, qui travaille comme reporter pour un journal de quartier, entreprend une enquête qui la conduit sans le savoir à l'asile où travaille le docteur Breton. Le docteur séquestre la jeune femme et la soumet à un traitement hypnotique qui efface le meurtre de sa mémoire. Enfin, une dernière confrontation entre Emile et Danielle résultera en une nouvelle crise psychotique pour la jeune femme ; cette fois, le docteur sera la victime.

C'est au début du film qu'on trouve les traits qui supportent la figure. Danielle, qui travaille comme actrice, apparaît dans le rôle d'une aveugle lors d'un jeu télévisé (un *game show*) intitulé *Peeping Toms*, lequel repose sur le principe du *candid camera*. Son futur amant, Philip, sert ici de « victime », et se voit soumis sans le savoir au regard indiscret de la caméra. Les deux personnages obtiendront chacun un prix pour leur participation au jeu : Philip reçoit un bon d'achat pour deux personnes dans un restaurant et Danielle un ensemble de couteaux de cuisine. Or, voilà déjà, à l'insu du spectateur qui ne le sait pas encore, le réseau alimentaire et cannibalique de la figure qui se met en marche. Il y a même une douche, laquelle participe de l'environnement cognitif mis en jeu par ce passage et contribue, nous allons le voir, à faire émerger la figure.

La situation présentée par le jeu télévisé est la suivante : un homme se trouve dans un vestiaire lorsqu'une jeune femme aveugle entre et commence à se déshabiller ; Danielle et Philip sont les acteurs de cette petite scène, Philip étant filmé à son insu. Pour les participants en studio et les téléspectateurs, le jeu consiste à deviner ce que sera la réaction de l'homme : profitera-t-il de la situation pour épier la jeune femme qui se déshabille ou non ? Or, les vestiaires publics, c'est bien connu, comprennent la plupart du temps des douches. C'est-à-dire que la douche appartient déjà à la structure de connaissance mise en jeu par le traitement de l'action au plan du processus cognitif. Cela est d'autant plus vrai que Philip porte une serviette de bain autour du cou ! Nous voici en fait devant ce qui apparaîtra plus loin comme une inversion du meurtre sous la douche : c'est l'homme qui se douche (il porte la serviette de bain), et qui se retrouve donc dans la position de Marion. Cette inversion joue sur plusieurs composantes à la fois : Philip ne regardera pas la jeune femme se déshabiller, c'est lui, au contraire, qu'on épie et ce, grâce au concours de Danielle ; il est de surcroît la « victime » d'un « *game show* » — or, le mot *game* a deux acceptions en anglais : l'une signifie le jeu, l'autre signifie un gibier (celui qu'on chasse et qu'on sert à *manger*), ajoutons à cela qu'il est *filmé* à son insu — *shot at*, en anglais — et l'on voit déjà Philip se transformer, d'abord en proie (Danielle aura été l'appât), puis en quartier de viande (ou en gibier) ! Voilà donc Philip identifié triplement — au sein de la figure, bien entendu — à Marion : c'est un doucheur, on l'épie et il est identifié à un quartier de viande !

Ce réseau prend véritablement l'allure d'un réseau alimentaire lorsque, à la sortie des studios de télévision, Danielle fait part à Philip de son grand appétit et lui demande de l'emmener au restaurant avec son bon d'achat. (Elle possède les couteaux, mais il possède la nourriture...). Après le dîner, de retour chez la jeune femme, les deux font l'amour, nourrissant ainsi l'autre appétit par un nouvel acte de chair. Le matin venu, Danielle se dispute avec sa « soeur ». A l'instar de Norman Bates, Danielle entretient des conversations avec une défunte et donne même à cette dernière une voix ; en fait, tout comme la mère de Norman, Dominique s'avère être un personnage acousmatique — une véritable « acousoeur » [36] ! De son côté, Philip se rend dans une pâtisserie pour acheter un gâteau (c'est l'anniversaire de naissance des siamoises). A son retour à l'appartement, Danielle a adopté l'identité de Dominique. Philip déballe le gâteau et prend un des couteaux gagnés la veille par Danielle. Il apporte le gâteau et le couteau à la jeune femme qui s'empare de l'ustensile et poignarde sauvagement Philip à plusieurs reprises.

Reconnaître ici le meurtre sous la douche — ou plutôt, réactiver sa figure — consiste donc essentiellement à reconnaître le réseau mis en jeu par les traits mentionnés plus haut et qui, dès l'épisode du jeu télévisé, mettent en scène Philip dans le rôle de Marion Crane et Danielle dans celui de Norman Bates. On voit ici que la figure fait aisément l'économie d'un *remake* du meurtre sous la douche et joue, plutôt que sur une intertextualité massive et attestée, sur la disposition d'un ensemble de traits, lesquels ne participent qu'à construire un rapport formel ténu avec le meurtre sous la douche de *Psycho* : serviette de bain, jeu télévisé, couteau de cuisine, restaurant, voyeurisme, attaque au couteau, rapports sexuels, double personnalité et troubles mentaux de l'agresseur. C'est la mémoire et l'imagination — l'intégration des traits aux topiques de la figure — qui permettent de « voir » le meurtre sous la douche là où, de toute évidence, il n'apparaît pas.

Voyons maintenant le cas de *Halloween*. Les historiens du cinéma d'horreur n'hésitent pas à y voir un film très important, ne serait-ce qu'en vertu de l'influence qu'il aurait exercé sur ce genre depuis la fin des années soixante-dix. Le film présente en effet une formule à succès qui semble avoir généré un nombre presque incalculable d'imitations et Andrew Tudor — qui a mesuré autant que faire se peut l'impact du film sur la production des films d'horreur jusqu'en 1984 — n'hésite pas à y voir « one of the most important horror movies in the modern genre [37] ». La trame narrative du film est plutôt simple et peut être résumée de la façon suivante : le soir de l'halloween 1963, Michael Myers, un jeune garçon de 5 ou 6 ans, assassine sa soeur. Quinze ans plus tard, il s'échappe d'un institut psychiatrique et retourne dans sa petite ville natale où, le soir de l'halloween, il assassinera trois jeunes gens. Le médecin de Michael l'empêchera de faire une quatrième victime, mais le jeune homme, indestructible, réussira à fuir malgré de multiples blessures et une chute de plusieurs mètres.

Comme je le mentionnais plus haut, certains commentateurs ont senti la nécessité d'évoquer *Psycho* et le meurtre sous la douche dans leur discussion du film de Carpenter. C'est le cas notamment de Vera Dika qui consacre un ouvrage au sous-genre du « *stalker film* » dans lequel on trouve ce qui, à ma connaissance, constitue le rapprochement le plus élaboré entre les deux films [38]. Faisant suite à un compte rendu publié dans le *Village Voice*, dans lequel un critique de cinéma notait que le film de Carpenter applique dans son ensemble les principes filmiques exploités par Hitchcock lors du meurtre sous la douche, Dika s'efforce de comparer l'ouverture de *Halloween* avec le célèbre épisode de *Psycho*.

Le prologue du film se résume comme suit : le meurtrier, Michael, rôde autour de la maison familiale et regarde par la fenêtre sa soeur Judith et son petit ami qui s'embrassent. L'absence des parents de la jeune fille souligne l'aspect « illicite » de leurs ébats amoureux. Le jeune couple monte ensuite à l'étage pour faire l'amour. Michael entre dans la maison par l'arrière. Il pénètre dans la cuisine et se munit d'un couteau. Puis, après le départ du petit ami de Judith, il monte à l'étage, enfile un masque, entre dans la chambre de sa soeur et la poignarde alors qu'elle est encore à demi-nue. Du point de vue de la mise en scène, Dika souligne ici l'usage de la caméra subjective et son effet sur le spectateur, lequel s'apparente selon elle à *Psycho* :

> As in *Psycho*'s peephole scene (where Norman watches Marion undress through a small hole in the wall), we acknowledge our situation as a voyeuristic one, but as in the stabbing sequence in *Psycho*'s shower scene, we do not know the identity who occupies the reverse field of action. Again, because of the camera's placement within the space we figuratively occupy the position of the killer, watching from that vantage point as the action unfolds before us. In this way, only one field of action is articulated, with the reverse field left ambiguous or « open ».
>
> It is important to note that the reuse of these dynamics from *Psycho* is not meant as an intellectual reference to that work but as, rather, a knowing utilization of one of *Psycho*'s most powerful strategies. The

> potentially voyeuristic structure of the cinema is literalized in both films, not only by presenting a sexual context but also by allowing the viewer to share the look of the fictionalized voyeur. [...] By analyzing the remainder of *Halloween*'s opening sequence, Carpenter's extension of the elements and strategies from the shower scene into his work can be studied [39].

Dika souligne tour à tour plusieurs composantes communes aux deux passages : l'identité cachée et le costume du meurtrier (Michael porte un costume de Pierrot et un masque) ; la substitution de la sexualité et de la violence ; la culpabilité de la victime (sexualité illicite) ; le couteau de cuisine (insert, en gros plan, de la main armée de l'assassin) et le bruit fait par son introduction dans le corps de Judith, identique au bruit fait par les coups de couteau dans *Psycho* ; le drame familial. Il s'agit là de ce que j'appelle des traits figuraux, lesquels soutiennent l'expérience figurale : en « voyant » le meurtre sous la douche dans le prologue de *Halloween*, Dika a ainsi identifié, sans le savoir, le fondement formel et cognitif d'une expérience figurale. L'intégration symbolique de l'ouverture de *Halloween* procède donc chez elle d'une mémoire du meurtre sous la douche, la spectature profitant de ce que la spectatrice a retenu dans son musée imaginaire du célèbre épisode du film d'Hitchcock. A la lecture de l'analyse que produit Dika, il appert que seule l'expérience figurale — laquelle, bien sûr, n'est pas considérée en tant que telle — assure véritablement la pertinence d'un rapprochement qui n'a rien de massivement intertextuel [40]. Je citerai, à preuve, un passage qui illustre bien la dimension figurale de l'acte de spectature qui fonde l'analyse de Dika :

> [...] *Halloween* has taken two important dynamics from *Psycho*'s shower scene and extended them over the whole of its opening sequence. *First we watch a woman involved in a sexually charged action*, and then we see her as the victim of a violent attack. Moreover, we watch from a position that is figuratively congruent with that of the killer [41].

On se rappellera qu'au moment où elle se trouve sous la douche Marion n'est aucunement engagée dans une activité sexuelle : elle se lave, c'est tout. La sexualité n'apparaît qu'à travers le travail de la figure : la cuvette nous déporte figuralement vers des zones érogènes, l'irruption d'un deuxième individu dans l'intimité de la salle de bains déporte l'imagination vers l'agression sexuelle telle qu'elle est impliquée par le tableau de *Suzanne et les vieillards* et par le voyeurisme de Norman qui objectifie Marion, la chambre de motel commute avec la chambre d'hôtel du début où Marion fait l'amour avec Sam, etc. Or, c'est bien tout cet imaginaire qui se manifeste lorsque Dika relie, autour de la sexualité, l'ouverture de

Halloween et le meurtre sous la douche de *Psycho, lequel n'a rien de littéralement sexuel.* Enfin, on ajoutera que la substitution du meurtre pour l'acte sexuel profite dans les deux films de l'environnement cognitif du couteau de cuisine, qui, on le sait, comprend la préparation et la consommation d'aliments. Dans *Psycho*, on s'en souviendra, le culinaire et le sexuel sont liés dès l'ouverture du film, alors que Sam et Marion se rencontrent pour faire l'amour pendant l'heure du déjeuner. C'est ce réseau de sens qui se dépose sur le couteau de cuisine pendant l'épisode du meurtre sous la douche et qui favorise la dimension sexuelle de la figure : forts de la substitution des actes alimentaires et sexuels, on peut voir se profiler, derrière le couteau/article de cuisine, la sexualité. Dans *Halloween*, le couteau sert à rapprocher la cuisine (où l'on prépare et consomme la nourriture et où le meurtrier s'approprie son arme) et la chambre à coucher (où ont lieu les rapports sexuels et le meurtre), et donc à reconduire — autour d'un meurtre encore une fois — le lien figural qui unit le culinaire et le sexuel. Apparaît alors le doublet de la consommation charnelle (sexuelle et alimentaire), lequel participe de la ressemblance de famille qui unit l'ouverture de *Halloween* et le meurtre sous la douche de *Psycho* (c'est moins la digestion que la consommation qui est alors mise de l'avant par l'expérience figurale...).

On trouve une autre version de la figure dans *Pacific Heights*. Le film raconte l'histoire d'un jeune couple, Patty Palmer et Drake Goodman, qui se porte acquéreur d'une grande maison de style victorien dans une tentative d'ascension socio-économique. Le couple s'endette pour rénover la maison et doit louer les deux logements du rez-de-chaussée. Un premier appartement est loué à un couple asiatique, le deuxième à un homme célibataire du nom de Carter Hayes (James Danforth de son véritable nom). Ce dernier est un escroc aux tendances psychopathes, dont la combine consiste à faire descendre la valeur des propriétés qu'il loue pour s'en porter acquéreur par la suite. Hayes fait la vie dure au jeune couple et détruit littéralement l'appartement qu'il loue tandis qu'il chasse, par ses actions, les autres locataires de l'immeuble. Il introduit des blattes dans la maison et, en fin manipulateur, réussit même à faire chasser Drake de sa propriété. Patty, qui a découvert le pot aux roses, réussit à mettre Hayes en déroute alors qu'il travaille sur un autre coup. Ce dernier reviendra chez Patty et Drake pour tenter d'assassiner la jeune femme. Mais grâce à l'intervention de Drake, c'est Carter qui, à la dernière minute, trouvera la mort.

C'est à partir d'un passage rêvé par Drake qu'émerge la figure. L'épisode commence avec un plan montrant la maison du jeune couple : la caméra fonce à toute allure vers l'immeuble et s'introduit à l'intérieur en s'enfonçant à travers une fenêtre où brille une intense lumière. Par sa vive allure, le mouvement d'appareil donne l'impression de fracasser la vitre. L'épisode prend fin avec un « décès » dans une douche : à son réveil, Drake découvre Patty, agenouillée sous la douche : elle vient de perdre l'enfant qu'elle portait. Entre ces deux moments, l'épisode est ponctué par une série de mouvements de caméra qui présentent un va-et-vient continuel dans la maison. Ainsi, une fois à l'intérieur, la caméra survole Drake qui est couché sur le divan de la pièce de séjour, puis elle s'approche de la table à dîner où repose une mallette, tandis qu'on aperçoit un manège de chevaux miniatures qui tourne sur un tabouret. La caméra poursuit son chemin et l'on découvre, dans la cuisine du jeune couple, le complice de Carter qui tient le chat des propriétaires. L'animal s'échappe et descend par l'escalier qui mène au sous-sol où se trouve le garage. C'est alors qu'apparaît Patty, qui sort langoureusement de la voiture de Carter. La caméra revient dans l'appartement du couple — cette fois les lieux sont déserts et dans un état d'abandon et de décrépitude. Un travelling avant nous mène jusque dans la salle de bains : des blattes sont dans la baignoire et la douche émet son jet d'eau. C'est à ce moment que Drake se réveille et, après avoir constaté la présence de sang dans les draps du lit conjugal, découvre Patty sous la douche.

C'est autour de la salle de bains que s'active ici la figure. En fait, c'est un détail qui met en marche le travail d'intégration symbolique et de configuration imaginaire : la douche et, plus spécifiquement encore, le bec de douche vu en gros plan à la fin du passage décrit ci-dessus. Par analogie (le bec de douche est pratiquement identique à celui que l'on voit dans *Psycho*), cet élément formel évoque chez moi le souvenir du meurtre sous la douche et préside à la reconduction de l'expérience figurale qui lui est liée m'amenant ainsi à revenir sur les lieux de ma *memoria* de l'agression de Marion Crane. Cela dit, c'est dans la juxtaposition du dispositif de la douche (bec de douche, eau, bonde, baignoire), des insectes (blattes), et de la mort (la fausse couche) que s'élabore ici le réseau figural.

Commençons par les blattes, lesquelles, sorties sans doute de la bonde, traînent au fond de la baignoire. On soulignera d'emblée que dans notre aire culturelle, comme dans celle du film — l'histoire se déroule à San Francisco —, les blattes sont des créatures dont la valorisation a peu d'équivoque. Elles sont le support d'un sentiment de dégoût et d'abjection et sont associées à ce qui est sale, malpropre. Dans un essai consacré à la symbolique de la blatte dans la culture nord-américaine, Jay Mechling souligne qu'elle se présente, entre autres, comme un animal marginal, vivant dans notre imagination à la frontière du centre et de la périphérie, de l'espace intérieur et extérieur et à la frontière du propre et du sale :

> As is often the case with animals, the actual habits of the cockroach establish the basis for folk beliefs about cockroaches. Cockroaches signify powerfully the opposition between CENTER and PERIPHERY in both our real and symbolic landscapes. Cockroaches are creatures of the margins, scurring along the borders of human territory. Cockroaches emerge from cracks and crevices in walls and floors, possessing the ability to squeeze through openings « as thin as a dime », as one source puts it [42].

Or, ces insectes, c'est bien connu, sont susceptibles d'infester surtout les cuisines et les salles de bains et, à ce titre, leur image supportent ici le lien à la fois imaginaire et réel qui existe entre ces deux espaces de la maison. On trouve donc, comme dans *Psycho*, une répartition dans l'espace — une spatialisation — d'une fonction vitale du corps humain, la digestion, dont on sait qu'elle suppose un système d'entrée et de sortie : cuisine/ingestion et salle de bains/excrétion. En fait, les blattes, comme le souligne Mechling mettent au jour un réseau imaginaire qui fait jouer, à travers la tuyauterie et l'égout, la nourriture et les fèces, la bouche et l'anus :

> One sort of crack or margin crossed by the cockroack is the bathroom drain or faucet or even toilet, the border between INSIDE the house and OUTSIDE, and most significantly the border between CLEAN and DIRTY. Scientific treatises on the health menace posed by cockroaches focus on the vector between sewers and homes, between feces and food. « For example », write one team of scientists, « cockroaches indiscriminately eat both the food and feces of man and domestic and other animals. By feeding first on infected feces and later on food, cockroaches may readily effect the transfer of enteric parasite fron animal to animal by the fecal-oral route » [43].

Aussi, dans le film, les blattes entretiennent déjà, soit antérieurement au rêve de Drake, des liens étroits avec la cuisine : on les a vues, plus tôt, infester la cuisine de l'appartement du couple asiatique au rez-de-chaussée. Aussi introduisent-elles, lors du rêve, l'univers de la cuisine dans celui de la salle de bains. Les blattes — comme le système digestif — sont liées à la nourriture (cuisine) et à l'excrément (salle de bains). Or, la digestion, je l'ai mentionné déjà, concerne principalement deux orifices reliés par un tube qui assure l'entrée et l'excrétion de matières organiques. C'est le modèle pour toute tuyauterie, modèle qui s'étend, on le sait, au fonctionnement d'une douche, dont l'eau se déverse dans une bonde. En plaçant les blattes dans la douche, on ne fait donc que consolider certaines associations imaginaires liées à ce système, associations qui concernent, entre autres, la souillure et l'excrétion : on sait combien les blattes sont, chez nous, signe de malpropreté, d'insalubrité. Elles sont liées aux déchets et occupent dans notre imaginaire un espace voisin de l'excrément et des autres immondices. Elles correspondent aussi à une intrusion du monde extérieur et peuvent être assimilées, à cet égard, à la fonction narrative jouée par le personnage de Carter Hayes, à qui elles sont identifiées : c'est lui, en effet, qui les introduit volontairement dans l'immeuble.

Ce qu'il faut remarquer ici, cependant, c'est comment ces associations participent également au réseau de la figure du meurtre sous la douche de *Psycho*. En effet, on se souviendra que le sang de Marion Crane, lequel coule dans la bonde de la baignoire, participe de ces matières organiques qui se déversent soit dans l'organisme (la nourriture) soit à l'extérieur de lui (excrément). Il ne faut pas oublier, non plus, que Marion est assassinée au moyen d'un couteau de *cuisine*. Ces points de contacts entre *Pacific Heights* et *Psycho*, qui mettent en jeu certains aspects du réseau de la figure sont également supportés par le sang et la fausse couche de Patty qui suit immédiatement les sentiments d'horreur et de dégoût liés à l'image des blattes. En fait, il faut voir que la forme (le rêve) sert des associations figurales complexes entre le personnage de Carter, les blattes et le foetus avorté/Patty. D'une part, les blattes — je l'ai mentionné ci-dessus — sont liées à Carter. C'est lui qui est responsable de leur présence et qui s'en sert dans son escroquerie. De même, au sein de la « logique formelle » du rêve de Drake, dans le « travail » du rêve, les blattes peuvent aisément être entendues comme une condensation dont l'objet serait Carter. Ce rapprochement joue d'abord sur la forme des blattes, laquelle ressemble à celle, arrondie, de la voiture noire de Carter. Il y a aussi le terme anglais pour désigner les blattes, « *cockroach* », dont les quatre premières lettres (« *cock* ») signifient également le sexe masculin. Or, on n'oubliera pas, à cet égard, que le rêve de Drake montre Patty sortant langoureusement de la voiture de Carter, comme s'il s'agissait là de la voiture d'un amant rival [44]. D'autre part, les blattes sont également associées à Patty et au foetus avorté : les insectes ayant alors été remplacés sous la douche par Patty, l'enfant mort et le sang utérin. Cette mort n'est pas un meurtre au sens strict, mais il ne fait aucun doute, au sein de l'argument, que la fausse couche de Patty est liée aux angoisses que provoque chez elle la présence — l'intrusion — de Carter (des blattes) dans la maison. Ainsi, au plan de l'expérience figurale (laquelle, pourrait-on dire, reprend ici les principes du travail onirique), les blattes, grâce à leurs associations dans le film et grâce au savoir culturel du spectateur, condensent — ou tiennent lieu — à la fois de l'image de l'intrus meurtrier (blattes=Drake=intrus) et de celle de la victime sanglante en tant qu'impureté (blattes=Patty, l'enfant avorté et le sang utérin=impureté). Sous l'emprise de l'imaginaire, la douche apparaît dès lors comme un lieu d'impureté où la femme impure (le rêve de Drake la présente comme adultère) est punie, et comme le lieu d'une intrusion dangereuse (l'intrusion de Carter dans l'immeuble du couple cause, ne serait-ce qu'indirectement, la mort du foetus).

C'est ainsi qu'à travers une forme nouvelle émerge l'air de famille avec le meurtre sous la douche de *Psycho*, en vertu duquel il est possible d'inclure ce passage tiré de *Pacific Heights* au sein de la série figurale. Comme on peut voir, l'émergence de la figure suppose encore une fois un processus de reconfiguration : les blattes ne sont plus simplement des blattes, elles acquièrent la fonction de trait figural complexe grâce à quoi elles participent au réseau imaginaire de la figure.

Dans *Sleeping With the Ennemy*, la figure est supportée par des traits disséminés à travers le film, mais qui s'agglutinent autour d'un noyau central constitué, en ce qui concerne l'argument narratif, par l'intrusion d'un psychopathe dans la maison d'une jeune femme. En fait, le film raconte l'histoire de Laura Burney, une jeune femme qui feint sa propre mort pour fuir un mari violent. Une fois libre, Laura assume une nouvelle identité, Sarah Waters. Elle sera néanmoins traquée par Martin, son mari, qui découvre qu'elle est toujours vivante et qui finit par s'introduire dans sa maison pour la menacer. Sur le plan de la forme narrative, on remarquera que le film inverse la situation dans laquelle se trouve Marion Crane au début de *Psycho* : ici, la jeune femme feint sa mort pour fuir son mari, tandis que dans *Psycho*, Marion trouve la mort après avoir commis un larcin et fuit Phoenix dans l'espoir de trouver un mari. Mais c'est principalement grâce à des segments et à des analogies segmentales plutôt que formelles avec le meurtre sous la douche de *Psycho* et son environnement, que se constelle ici le réseau figural. A certains moments, donc, l'action filmique, où certaines de ses composantes, permettent au spectateur de découvrir des traits pouvant supporter la figure tout en construisant une forme différente de celle qui supportait initialement l'expérience figurale.

Pour feindre sa mort, Laura profite d'un petit tour de yatch le long de la côte du Cape Cod. Un orage inattendu lui fournit l'occasion de se jeter par dessus bord et de simuler la noyade. De retour chez elle, la jeune femme n'a qu'à se munir de vêtements secs pendant que son mari assure les recherches avec la garde côtière. Avant de quitter la maison, toutefois, Laura retire son anneau de mariage, le jette dans la cuvette des W.-C. et tire la chaîne. Elle prend ensuite un autobus pour l'Iowa où elle adopte sa nouvelle identité. L'action de se débarrasser d'un objet en le jetant dans la cuvette appartient également, on s'en souviendra, à l'environnement événementiel de l'épisode du meurtre sous la douche de *Psycho* : juste avant d'entrer sous la douche, en effet, Marion jette des déchirures de papier dans la cuvette en espérant qu'ils disparaissent à tout jamais. L'analogie est ici cognitive plutôt qu'argumentative : une même action est identifiée par le spectateur. Mais il y a plus. Dans un cas comme dans l'autre, l'action est liée pour son agent à une espèce de renaissance : la douche de Marion, on l'a déjà souligné, a une dimension baptismale ; l'évasion maritime de Laura a pour effet de lui donner un nouveau nom, Sarah Waters — comme s'il s'agissait pour elle d'un deuxième baptême. De surcroît, dans les deux cas, l'évacuation est incomplète : Sam et Lila découvrent un bout de papier qui indique la présence de Marion au Bates Motel ; le mari de Laura découvre la bague au fond de la cuvette, ce qui signale qu'elle est toujours vivante. La découverte de Martin mène ce dernier à retrouver la jeune femme en Iowa, comme s'il fallait passer par la cuvette pour se rendre là-bas ; dans *Psycho*, on le sait, la cuvette conduit Sam, Lila et la police vers le marais derrière le motel où ils trouveront le corps de Marion. Comme on peut voir, l'inversion initiale par rapport à la fuite et au mariage supporte d'autres inversions : le cheminement de Marion à travers la cuvette conduit à la mort et au marais fangeux ; celle de Laura conduit vers une nouvelle vie (pour la jeune femme) et à la terre ferme (l'Iowa est un état reconnu pour ses terres agricoles et ses pâturages). Aussi, le nouveau nom adopté par Laura, Sarah *Waters*, souligne clairement la positivité de la substance hydrante pour l'héroïne de *Sleeping With the Ennemy*. Enfin, contrairement à Marion, Laura n'est pas une voleuse ; cependant, elle se comporte comme telle : fuite, changement d'identité, déguisements... Comme Marion, Laura est une fugitive et, comme Marion toujours, elle a un amant hors mariage : Ben, un jeune professeur de théâtre qu'elle rencontre en Iowa.

Quant à Martin, le mari de Laura, sa présence menaçante dans la maison de la jeune femme est établie par une jonction entre deux espaces : la salle de bains et la cuisine. Martin est un obsessionnel, qui étend son besoin d'ordre et sa tyrannie jusqu'à la disposition des serviettes de la salle de bains et jusqu'aux armoires de cuisine :

dans le premier cas, Martin oblige son épouse à enligner méticuleusement les motifs des différentes serviettes ; dans le deuxième, il l'oblige à ordonner les boîtes de conserves selon leur taille. L'obsession de Martin, laquelle touche particulièrement la cuisine et la salle de bains, indique chez lui un développement libidinal arrêté au stade identifié par Freud comme sadique-anal (rétention et contrôle possessif ou méticulosité) et laisse entrevoir le lien qui existe, à travers lui, entre ces deux espaces : du point de vue de la figure, c'est le *tractus* digestif et la défécation ou l'excrément qui réapparaissent [45]. C'est en effet par rapport aux fèces, comme l'explique Freud, que s'origine la composante érotico-anale du développement sexuel prégénital. Or, que les fèces aient une valeur symbolique pour Martin, voilà qui, par ailleurs, est clairement évoqué par sa découverte de la bague de Laura au fond de la cuvette : non seulement Martin repêche-t-il la bague mais il la conservera comme un objet de valeur jusqu'à la fin du film (il la portera à son auriculaire) [46]. Or c'est ce complexe anal/excrémentiel auquel est associé Martin qui s'active lorsque Laura remarque, alors qu'elle prend son bain, que certaines serviettes de la salle de bains sont enlignées méticuleusement. Affolée, la jeune femme qui craint la présence de son mari descend à la cuisine pour vérifier l'état des armoires de cuisine — lesquelles sont alors en désordre. Ce n'est qu'un peu plus tard, que Laura, affolée une fois de plus par l'état des serviettes, ouvre les armoires et découvre les boîtes de conserves bien ordonnées : elle comprend à ce moment que Martin se trouve dans la maison. L'intrusion de Martin met donc en jeu un réseau spatial qui unit la cuisine et la salle de bains et ce, à partir du bain de Laura dont l'ablution prend soudainement une dimension terrifiante. C'est bien à ce moment que s'active la figure, laquelle profite du détournement de l'action de prendre un bain en une expérience horrifiante fondée sur une transgression de l'intimité et sur l'analité des obsessions de l'intrus. Ici encore, toutefois, l'environnement cognitif sur quoi se fonde l'expérience figurale sert un argument narratif qui inverse celui de *Psycho* : c'est Martin, l'intrus, qui sera tué par Laura, la baigneuse, le film respectant ainsi la logique de la « *happy end* » hollywoodienne.

Voyons maintenant, pour conclure cette section, la comédie *Throw Moma From the Train*. Le film raconte l'histoire d'Owen, un homme d'âge moyen qui habite toujours avec sa mère — une mégère de la pire espèce — et qui propose à Larry, son professeur de littérature, de l'aider à tuer cette dernière. En retour, Owen propose de tuer l'ancienne épouse du professeur. Le dialogue du film mentionne le cinéma d'Hitchcock à plusieurs reprises ; en fait, le projet d'Owen s'inspire directement de *Strangers on a Train* (1952), lequel est cité lorsque Owen assiste à sa projection. Bien entendu, le thème du matricide et la présence d'Hitchcock au sein du récit font de *Throw Moma From the Train* un terrain propice pour penser à *Psycho*. Cela dit, c'est une fois de plus autour de la topique culinaire qu'émerge chez moi la figure.

Je résume la situation à partir de laquelle la figure se manifeste : l'ancienne épouse de Larry ayant disparue, des policiers sont à la recherche du professeur afin de l'interroger. Larry, qui a déjà proféré des menaces de mort à l'endroit de son ancienne épouse et qui n'a pas d'alibi, a peur d'être inculpé et vit plus ou moins en prisonnier chez Owen. Lors d'une visite des policiers, Larry se cache dans le garde-manger qui se trouve dans la cuisine. Ce dernier est coupé de la cuisine par un rideau. Owen, qui croit d'abord que Larry a déjà assassiné sa mère, invite les policiers dans la cuisine pour boire du thé. Il aperçoit Larry dans le garde-manger, et se rend compte, peu après, que sa mère est toujours vivante et se porte même très bien. C'est alors qu'Owen demande à un des deux constables de se rendre dans le garde-manger pour y chercher du thé. Le policier s'approche du rideau et tend le bras pour écarter le rideau. Owen, toutefois, interrompt le geste du constable en s'exclamant qu'il a trouvé le thé. Puis, quelques secondes plus tard, il demande une fois de plus au policier de se rendre dans le garde-manger pour y chercher du sucre. Le policier s'approche une nouvelle fois du rideau. Cette fois, la caméra se trouve à l'intérieur du garde-manger et l'on voit l'ombre du constable s'approcher du rideau et tendre le bras. Larry ferme les yeux. Le suspense de la situation est désamorcé enfin lorsque que la mère d'Owen fait irruption dans la cuisine, au moment même où le policier tire le rideau.

Ce passage est court et a relativement peu d'importance pour l'argument narratif du film, mais ce qu'il présente suffit néanmoins pour faire émerger en moi la figure du meurtre sous la douche. De surcroît, cet exemple a l'avantage de mettre en relief une fois de plus ce qui distingue la série figurale d'une série dont le principe organisateur serait celui du rapprochement intertextuel. Il faut bien reconnaître que la position de la caméra (à l'intérieur du garde-manger), l'action du policier (dont on voit la silhouette contre le rideau alors qu'il s'en s'approche lentement, étend le bras et s'apprête à le tirer), le rôle du rideau, le suspense de la situation et l'irruption de la mère rendent possible l'établissement d'un rapprochement formel et iconographique avec l'épisode du meurtre de

Marion Crane. Malgré tout, il s'agit là d'un rapprochement qui, en l'absence d'une attaque (réalisée ou virtuelle), reste plutôt ténu et je crois bien qu'on hésiterait à y voir un intertexte (*massif* ou *déclaré*) du meurtre sous la douche. Cela dit, je reconnais volontiers que d'autres que moi auraient peut-être classé le film dans la section précédente du musée et ce, sans trop de difficulté [47] ; comme je l'ai mentionné plus tôt, la frontière intertextuelle est poreuse à certains endroits. Mais quoi qu'il en soit quant au statut intertextuel de ce passage, j'imagine mal comment une théorie du rapprochement filmique fondée uniquement sur la ressemblance formelle pourrait faire sens de la substitution du garde-manger pour la douche ! On pourrait certes souligner la transformation du cadre de l'action, mais on pourrait difficilement rendre compte de sa pertinence...figurale ! Or, l'importance de ce nouveau cadre, c'est qu'il me permet de reconduire mon expérience figurale. Il existe ici une sorte de « logique » ou d'économie des traits — une cohérence — qui assure l'air de famille avec le meurtre sous la douche au-delà de la seule ressemblance formelle. Bien entendu, l'air de famille n'assure par l'identité de cet épisode avec celui de *Psycho*. En fait, les différences sont si multiples entre les deux épisodes qu'on ne saurait même essayer de les nommer. Mais il m'est difficile malgré tout de ne pas voir dans cet ensemble constitué par le rideau, le geste du policier, le suspense de la situation, l'irruption de la mère (qu'on croyait morte) au moment où s'ouvre le rideau, le garde-manger et la cuisine, une grande partie du dispositif du meurtre sous la douche. Cette logique est celle de l'interprétance : si le garde-manger se substitue à la douche où Marion est tuée, par exemple, c'est non seulement parce qu'ils partagent tous les deux certaines caractéristiques spatiales (espaces clos réalisés en hauteur plutôt qu'en largeur) mais également parce que l'un et l'autre sont substituables au sein de la topique culinaire : le garde-manger sert à entreposer la nourriture, la douche est l'endroit où Norman-la mère utilise un couteau de cuisine pour découper Crane/*carne*. Ce que je retrouve ici, c'est donc principalement, l'*interprétant* culinaire de la figure — lequel, on le sait, n'est qu'un de ses multiples interprétants. De même, on reconnaîtra également que l'épisode — notamment ce qui a trait à la présence de la police — repose sur la présomption de culpabilité de Larry. A cet égard il est possible d'identifier Larry à Marion Crane à travers le personnage biblique de Suzanne (personnage présent lors du meurtre sous la douche de *Psycho* grâce au tableau qui couvre le trou du mur), dont on présume également la culpabilité jusqu'à ce que Daniel interroge les juges : je touche ici au domaine de l'impureté (Larry est coupable d'avoir souhaité la mort de son ancienne épouse).

Nous avons fait le tour, jusqu'ici, des deux salles les plus importantes de mon musée imaginaire et examiné, du même coup, le principe de sélection des artefacts. Mais l'exposition, si elle tire à sa fin, n'est pas entièrement terminée. A vrai dire, j'ai jugé bon d'inclure en annexe, en périphérie, d'autres atrefacts qui, bien qu'ils ne participent pas à part entière au principe figural de la collection, entretiennent néanmoins quelques liens avec l'épisode fondateur de la série et, de façon plus distante, avec sa figure. Ce nouveau corpus, comme les sélections précédentes, constitue une fois de plus une sélection « type », servant à exemplifier cette fois les frontières de l'élaboration sérielle. Il s'agit, dans un premier temps, et tel qu'annoncé précédemment, de considérer l'exemple d'un pur intertexte du meurtre sous la douche et, dans un deuxième temps, de considérer la possibilité de l'hallucination figurale.

*

* *

Aujourd'hui, le meurtre sous la douche est devenu une sorte de cliché intertextuel et on ne saurait faire la liste des dizaines de films qui l'ont repris. Il importe toutefois de dissocier ces différentes reprises, par rapport auxquelles la figure ne s'active pas, des films qui composent la série figurale présentée ici. Aussi ai-je essayé, tout au long de ce chapitre, de distinguer entre ce qui relève de l'intertextualité et ce qui relève de la sériation figurale. C'est dans le but de rendre plus explicite cette distinction que j'ai jugé bon de commenter ici un des plus célèbres *remakes* parodiques du meurtre sous la douche, tiré de *High Anxiety* (Brooks, 1978).

Réalisé en hommage à Alfred Hitchcock, ce film comique parodie différents passages célèbres tirés des films du cinéaste britannique. Dans le cas du meurtre sous la douche, la reprise, comme l'a déjà souligné François Jost, joue à la fois sur le scénario et la mise en scène [48]. Le héros du film, le docteur Richard H. Thorndyke, un psychiatre en voyage pour un congrès, prend sa douche dans sa chambre d'hôtel. Il a demandé à plusieurs reprises déjà au garçon d'étage de lui apporter un journal. Alors qu'il se trouve sous la douche, le garçon entre dans la salle de bains, tire brusquement le rideau de douche et frappe le psychiatre avec le journal en répétant de vive voix « Here's your paper ! Here's your paper !... Happy now ?

Happy ? Happy now ? ». Le passage compte 26 plans dont plusieurs reproduisent, ne serait-ce que grossièrement, la composition du film d'Hitchcock :

1. Plan rapproché. Thorndyke se dirige vers la baignoire et retire son peignoir.
2. Insert en plongée des jambes de Throndyke. Le peignoir tombe au sol et Thorndyke retire ses pantoufles.
3. Plan rapproché. Thorndyke tire le rideau de douche.
4. Insert de la main de Thorndyke qui actionne le robinet de la douche.
5. Insert en contre-plongée du bec de douche. Le jet d'eau apparaît.
6. Reprise du cadrage au plan 2. Thorndyke pénètre dans la baignoire et ferme le rideau derrière lui.
7. Insert du bec de douche vu de profil et en gros plan.
8. Gros plan de Thorndyke le visage sous le jet d'eau.
9. Insert . Thorndyke se savonne les mains.
10. Insert. Thorndyke se savonne la poitrine.
11. Insert. Thorndyke se savonne la jambe droite.
12. Insert. Thorndyke se savonne le dos.
13. Insert. Thorndyke se savonne l'aisselle.
14. Très gros plan de Thorndyke qui se rince le visage.
15. Insert en plongée des pieds de Thorndyke.
16. Plan rapproché. Thorndyke est sous le jet d'eau. En arrière-plan, on aperçoit, à travers le rideau de douche, la porte de la salle de bains qui s'ouvre. Une ombre apparaît et se dirige vers Thorndyke. C'est le garçon d'étage qui tire brusquement le rideau de douche et brandit un journal. Il assène des coups à Thorndyke avec le journal.
17. Plan rapproché de Thorndyke, contre le mur carrelé de la douche, qui crie et cherche à se protéger.
18. Plan rapproché du garçon d'étage qui donne des coups avec le journal.
19. Insert de la poitrine de Thorndyke.
20. Reprise du cadrage et de l'action au plan 18.
21. Plan rapproché. Contre-champ du plan précédent qui inclut le deux hommes. Thorndyke glisse contre le mur de la douche alors que le garçon poursuit son attaque.
22. Plan américain. Thorndyke disparaît au bas du cadre. Le garçon jette le journal et sort de la salle de bains et de la chambre d'hôtel.
23. Insert de la main de Thorndyke qui s'accroche au rideau de douche.
24. Insert du rideau de douche qui se décroche.
25. Insert du journal au fond de la baignoire et de l'encre noire qui se déverse dans la bonde.
26. Très gros plan de l'oeil de Thorndyke. Mouvement optique arrière qui découvre le plein visage de Thorndyke qui repose contre le rebord de la baignoire. Thorndyke dit : « That kid gets no tip ! ».

Comme l'écrit François Jost, « tout cinéphile repère d'*emblée* la référence à *Psycho* et le parallélisme de la mise en scène. Le gag provient de la substitution d'éléments dérisoires à des objets stéréotypes du policier [sic] : le couteau remplacé par un journal, le sang qui coule par de l'encre [49] ». Or, Jost a tout à fait raison de mentionner que la reconnaissance se fait aussitôt, du premier coup. En effet, pour que soit « réussi » l'effet parodique, il ne doit y avoir aucun doute à l'esprit du spectateur en ce qui concerne l'identification du film parodié. Et c'est bien ce qui se produit ici. Mais ce que reconnaît le spectateur — et cela va de soi — est de nature *formelle* et non figurale. En repiquant l'action et, à certains égards, la mise en scène du meurtre sous la douche, le film de Mel Brooks s'en tient essentiellement à imiter (en les transformant quelque peu) des propriétés filmiques. Grâce à la mise à contribution des processus cognitif et argumentatif, le spectateur identifiera donc sans difficulté des segments d'information et un tissu formel en plusieurs points identique à ceux qu'il a élaborés lors de sa spectature de *Psycho*. Mais cette reconnaissance, et c'est ce qu'il faut souligner, ne met pas en jeu ma *memoria* de *Psycho* et du meurtre sous la douche. Rien ne renvoie ici à la façon dont ma mémoire et mon imagination ont été mobilisées par ma spectature de ce dernier épisode. C'est, au contraire, le simple *souvenir* d'une forme qui se trouve convoqué ici. Ce qui ne signifie pas, bien entendu, que ce passage ne puisse *impressionner* un spectateur et servir l'émergence d'une nouvelle figure. Mais cette dernière, quelle qu'elle soit, n'aurait cependant rien en commun avec la figure du meurtre sous la douche telle que définie ici, à travers ses traits et ses topiques. C'est en quoi la parodie de *High Anxiety* se distingue des autres intertextes identifiés plus haut, lesquels réussissent tous, on l'a vu, à activer ma *memoria* du meurtre sous la douche.

Mais comment se fait-il qu'une forme qui ressemble tant à celle du meurtre sous la douche ne réussisse pas à reconduire chez moi l'expérience figurale, laquelle présuppose toutefois la construction de la forme initiale ? Il va s'en dire, bien entendu, que la forme que dégage le spectateur de l'attaque au journal dans *High Anxiety* n'est identique que dans certaines grandes lignes à celle que prend le meurtre sous la douche dans *Psycho*. Le spectateur notera d'emblée que certains traits sont soit absents, soit différents et que la forme qu'il construit à partir du passage en question participe d'un argument d'ensemble (le récit parodique de *High Anxiety*) somme toute fort différent de celui qu'il élabore par sa spectature de *Psycho*. A cet égard, plusieurs des traits qui supportaient initialement la figure sont disparus : le couteau de cuisine, les noms « Crane » et « Bates », par exemple. Il en est de même également pour le tableau de *Suzanne et les vieillards*, le marais derrière le motel, le larcin des 40 000 $, les oiseaux qui, s'ils n'appartiennent pas tous à la forme que prend, dans *Psycho*, le meurtre sous la douche, se conjuguent avec elle au sein de l'argument d'ensemble du film et sont susceptibles, on l'a vu au chapitre précédent, d'être récupérés par la figure et ses topiques. Or, l'important dans tout cela consiste à reconnaître que l'absence de ces traits ou de traits parents (par exemple, la fourche de *The Prowler*, le débouchoir de cuvette de *Phantom of the Paradise*, etc.) interprétables par les topiques identifiées lors de l'émergence de la figure, empêche la reconduction de l'expérience figurale, mais ne nuit pas d'aucune manière l'identification de l'intertexte parodique et donc, par conséquent, à l'identification ou à la reconnaissance de la forme initiale visée par la parodie. Dit autrement, les composantes du meurtre sous la douche présentes ici suffisent amplement pour assurer d'*emblée* que le cinéphile reconnaisse une forme empruntée à *Psycho*. A la différence de films comme *Psycho II*, *Phantom of the Paradise* ou *The Prowler*, où se conjuguent, à travers un ensemble de traits, la reconnaissance d'une forme intertextuelle et la reconduction de l'expérience figurale, le spectateur ne trouve ici que ce qui supporte la reconnaissance parodique.

Cela dit, il faut reconnaître que tout ce qui renvoie à *Psycho* et, en particulier au meurtre sous la douche, est susceptible d'activer le *souvenir* de la figure chez celui qui l'a construite et pour qui elle hante maintenant tout ce qui a trait au film d'Hitchcock et tout ce qui touche au célèbre épisode sous la douche.

*

* *

Un des paris de ce livre est que ses lecteurs sauront reconnaître pour eux-mêmes, à titre de spectateurs de films, le bien fondé de mon expérience figurale et sérielle. En effet, bien que ce soit mon imaginaire qui s'y déploie, ma conviction est que ce dernier est néanmoins sujet à partage. (Les asiles sont pleins de gens dont l'imaginaire privé ne cadre plus avec l'imaginaire social ou culturel !). Dit autrement, la complexification figurale repose sur un savoir encyclopédique, un trésor social et culturel qui, même s'il est exploité de façon personnelle, n'en demeure pas moins une propriété commune (qui ne connaît pas l'usage d'un couteau de cuisine ?). Subjectivité et solipsisme ne sont pas des synonymes. Mais, à force de travailler sur une figure, de l'interroger, de décrire son réseau, il n'est pas impossible qu'on en vienne à la voir là où d'autres auront plus de difficultés à la reconnaître. Il n'est pas impossible non plus que la figure, née en partie de nos obsessions, en devienne une. Quoi qu'il en soit, on ne saurait se surprendre qu'au sein d'une série, certains artefacts soient plus difficiles à décrire, certains cas de figure plus difficiles à faire accepter et plus difficiles à documenter. Peut-on, en effet, toujours s'entendre sur ce qui constitue un air de famille et documenter le fondement de ce dernier dans le détail ? De surcroît, il n'est pas impossible non plus que la figure apparaisse là où elle ne devrait pas.

C'est ainsi qu'en cherchant — dans ma mémoire filmique — les films que j'allais mettre au compte de ma série, j'en étais arrivé, dans un premier temps, à un corpus plus grand que celui présenté ici. Je pense notamment à des films comme *The Texas Chainsaw Massacre* (Hooper, 1973), *Blue Velvet* (Lynch, 1986), *Single White Female* (Schroeder, 1992), *Still of the Night* (Benton, 1982) et *Track 29* (Roeg, 1987) pour ne nommer que ceux-là. Aussi, puisqu'il fallait documenter mon expérience figurale, je me suis engagé, comme il se doit, à revoir ces films et à confronter, du même coup, mon souvenir avec les résultats d'une spectature fraîche de chacun des films en question. Or, à la re-vision, aucun de ces films, il faut bien le dire, me permettait de reconduire sans équivoque l'air de famille figural. Comment expliquer cette situation ?

A leur façon (à travers un genre, un thème, un argument, etc.) chacun des films mentionnés ci-dessus peuvent être rapprochés de *Psycho* et du meurtre sous la douche. *The Texas Chainsaw Massacre*, par exemple, a souvent été vu comme un héritier plus ou moins direct de *Psycho*. Le film raconte l'histoire de cinq jeunes gens qui tombent entre les mains d'une famille de psychotiques qui pratiquent le cannibalisme. Ils seront tous tués à l'exception d'une jeune femme qui réussit à s'échapper *in extremis* à la fin du film. Or, la voie utilisée pour faire le lien avec *Psycho* est habituellement celle de l'étude de genre : *Psycho* serait l'ancêtre de films comme *The Texas Chainsaw Massacre* ou *Halloween*, c'est-à-dire l'ancêtre des ces sous-genres du film d'horreur que sont le « *slasher film* » ou le « *stalker film* ». C'est la position adoptée, entre autres, par Carol J. Clover lorsqu'elle écrit :

> The appointed ancestor of the slasher film is Hitchcock's *Psycho*. Its elements are familiar : the killer is the psychotic product of a sick family, but still recognizably human ; the victim is a beautiful, sexually active woman ; the location is not home, at a Terrible Place ; the weapon is something other than a gun ; the attack is registered from the victim's point of view and comes with shocking suddenness. None of these features is original, but the unprecedented success of Hitchcock's particular formulation, above all the sexualization of both motive and

> action, prompted a flood of imitations and variations. In 1974, however, a film emerged that revised the *Psycho* template to such a degree and in such a way as to make a new phase : *The Texas Chain Saw Massacre*. Together with *Halloween*, it engendered a new spate of variations and imitations [50].

Dans son étude, Clover met à jour certaines composantes communes au film d'Hitchcock et à celui de Hooper. Ainsi, remarque-t-elle, les deux films mettent en scène des meurtriers infantilisés ; les meurtres ont lieu dans des endroits plus ou moins abandonnés ; les meurtriers vivent dans des milieux familiaux instables ou pathologiques. On peut ajouter, pour plus de précision, que l'architecture intérieure de la maison familiale dans *Texas* ressemble à celle de la maison familiale des Bates ; que le meurtrier à la tronçonneuse porte un masque et même, par moments, une perruque et du maquillage ; et enfin, on notera la présence dans la maison d'une vieille femme défunte et empaillée (c'est la grand-mère de Leatherface et de son frère, l'auto-stoppeur fou). Une vieille maison dans un coin de campagne plus ou moins abandonné, des meurtres, du cannibalisme, la conservation du corps d'une vieille femme morte, un milieu familial pathologique, le travestissement d'un meurtrier, nous ne sommes pas très loin, on le voit bien, de l'univers de *Psycho* et on comprend pourquoi il était facile que la figure — laquelle, je l'ai déjà dit habite pour moi tout l'univers de *Psycho* — vienne *contaminer* mon souvenir du film et participer à la formation d'une *memoria* hallucinée. Cette dernière remarque vaut pour chacun des films mentionnés ci-dessus : qu'on pense à l'épisode, dans *Blue Velvet*, où Dorothy menace Jeffrey avec un couteau de cuisine alors qu'il se cache dans l'espace exigu d'un placard [51] ; à l'épisode, dans *Single White Female*, où Allie fouille dans le placard de Hedra alors que cette dernière se trouve sous la douche et où elle découvre la véritable identité de sa colocataire psychopathe ; à l'intrusion, dans *Still of the Night*, de Brooke dans la salle de lavage où se trouve Sam [52] ; au meurtre de Henry dans *Track 29* (film qui présente une sorte d'inversion du rapport mère/fils de *Psycho* [53]). On trouve donc, dans ces films, des traits susceptibles de participer au différentes topiques de la figure. Mais voilà, ces derniers sont tellements diffus sur la bande filmique qu'il est difficile d'assurer pour chacun d'eux une intégration cohérente au sein de la figure. Au sens strict, ces films, ces épisodes — c'est le cas également pour *High Anxiety* et sa parodie du meurtre sous la douche — n'appartiennent pas à la série. Mais en vertu des liens que le spectateur peut construire entre eux et *Psycho*, ils sont susceptibles d'être contaminés, au sein de la mémoire, par la figure du meurtre sous la douche laquelle habite le spectateur comme un fantôme. Conséquemment, leur place au sein du musée imaginaire est tout à fait périphérique par rapport à la place centrale occupée par *Psycho* et le meurtre sous la douche.

*

* *

Je voulais, avec les différents exemples étudiés ici, montrer comment une figure peut habiter — tel un fantôme — la mémoire et l'imaginaire d'un spectateur et participer à l'élaboration d'une culture filmique fondée sur l'appropriation et l'intégration symbolique d'un groupe de films, sous forme de série, de musée imaginaire. La série rend compte du fait que nos expériences filmiques, celles qui nous impressionnent et conduisent à l'élaboration d'une figure, ne font pas que s'accumuler en nous de façon inerte, mais jouent un rôle actif et deviennent, pour le spectateur, des références fondamentales autour desquelles il peut regrouper et faire sens d'autres expériences filmiques. Pour reprendre les termes de la sémiotique peircéenne, on peut dire que la figure — que le signe figural — sert d'interprétant à la série, tout comme la série, en retour, sert d'interprétant à la figure : dès la mise en chantier du musée imaginaire, le spectateur est libre de se promener à sa guise d'une « salle » à l'autre. Le musée lui appartient et trouve même, d'une certaine façon, à définir ce dernier. On rejoint ici cette idée de Peirce selon laquelle l'être humain est un signe (cf. 5.314) ou, plus précisément, qu'il correspond à la somme totale des signes et des systèmes de signes qu'il utilise pour sémiotiser le monde. Or, la série figurale joue sur le principe de la confirmation sémiotique : elle vient affermir l'imaginaire du spectateur — l'hypothèse figurale — et installe une hiérarchie dans le divers de ses expériences filmiques.

A travers la série, le spectateur élabore et exprime également un état de la culture filmique. Posséder une culture filmique, c'est pouvoir relier ensemble des films, les hiérarchiser, leur donner du sens. L'élaboration sérielle sera différente d'un spectateur à l'autre (tous les spectateurs n'ont pas vu les mêmes films, tous n'effectuent pas les mêmes liens, les mêmes rapprochements), mais cela ne signifie pas pour autant qu'il faille l'écarter du revers de la main, en évoquant les « imprécisions » du subjectivisme ou encore la non-scientificité. Quel cinéphile cultivé, en effet, peut nier avoir reconnu le meurtre sous la douche dans au moins un film ? Un des intérêts du concept de figure consiste alors à faire sens de cette reconnaissance — et donc de la sériation — là où les approches intertextuelles, thématiques, génériques, etc., achoppent.

Notes

1. Ce n'est pas à Wittgenstein — qui l'utilise dans sa définition du langage (cf. Ludwig Wittgenstein, *Investigations philosophiques*, Paris, Gallimard, 1961, §67) — que j'emprunte ici l'expression « ressemblance de famille », mais au travail de Daniel Vaillancourt qui, le premier, a proposé une définition de la série figurale dans sa thèse de doctorat, *Autour de la religieuse : série, figure et sémiotique du lecteur*, Montréal, Université du Québec à Montréal, 1992. Bien que la relation entre « figure » et « série » soit traitée différemment ici, elle se situe, il faut bien le dire, dans la même foulée conceptuelle.

2. André Malraux, *Les Voix du silence*, Paris, Gallimard, 1951.

3. *Ibid.*, p. 13.

4. *Ibid.*, p. 19.

5. Eilean Hooper-Greenhill, *Museums and the Shaping of Knowledge*, New York, Routledge, 1992.

6. A ce sujet, voir les travaux de Pierre Bourdieu, en particulier *La Distinction*, Paris, Minuit, 1979, ainsi que les travaux en sémiotique de la culture par les chercheurs de Tartu, notamment V. V. Ivanov, J. M Lotman et alii, « Thèses pour l'étude sémiotique des cultures », *Recherches internationales à la lumière du marxisme*, n° 81, 1974. Dans la même foulée et dans une perspective sérielle — bien que différente de celle développée ici puisque fondée sur la chronologie des textes — on consultera l'article de Louis Francoeur « La série culturelle : structure, valeur et fonction » dans *Les Stratégies culturelles*, Québec, Institut québécois de recherche sur la culture, 1992.

7. Par ailleurs, et cela va de soi, plus ce processus met en jeu un grand nombre d'individus dont l'imaginaire se recoupe — ne serait-ce que partiellement —, et plus une figure, plus une série, pourra acquérir de valeur sur l'échelle sociale de la culture partagée. C'est alors que sont susceptibles d'apparaître et d'intervenir des notions comme celles de « valeur artistique » ou de « valeur historique » — en soi exclues du processus de sériation — et qui renvoient, dans le cadre du discours social, à l'hégémonie culturelle, politique, sociale, religieuse, etc., des groupes dominants. C'est ici, en outre, que les discours critiques (esthétique, histoire de l'art et de la littérature, etc.) assurent la légitimation des oeuvres au sein de l'échafaudage social de la distinction. Cf. Pierre Bourdieu, *La Distinction, op. cit.,* ainsi que différents ouvrages récents sur la problématique du canon littéraire et artistique : John Guillory, *Cultural Capital. The Problem of Literary Canon Formation*, Chicago, Chicago University Press, 1993 ; Charles Altieri, *Canons and Consequences. Reflections on the Ethical Force of Imaginative Ideals*, Evanston, Northwestern University Press, 1990 ; Robert von Hallberg (dir.), *Canons*, Chicago, Chicago University Press, 1983, 1984 ; Frank Kermode, *The Art of Telling : Essays on Fiction*, Cambridge, Harvard University Press, 1983 ; Janet Wolff, *Aesthetics and the Sociology of Art*, Ann Arbor, University of Michigan Press, 1993.

8. Julia Kristeva, *Semiotike. Pour une sémanalyse*, Paris, Seuil, 1969, p. 85.

9. Marc Angenot, « L'intertextualité : enquête sur l'émergence d'un champ notionnel », *Revue des sciences humaines*, n° 189, 1983, p. 125. Souligné dans le texte.

10. Cf. Gérard Genette, *Palimpsestes. La Littérature au second degré*, Paris, Seuil, 1982.

11. Cf. Jorge Luis Borges, « La Bibliothèque de Babel », *Fictions*, trad. P. Verdevoye Ibarra et Roger Caillois, Paris, Gallimard, 1957.

12. A partir de quel moment peut-on juger qu'une forme en imite ou en transforme une autre et jusqu'où peut-on opérer de telles transformations sans causer préjudice à la relation intertextuelle ? Voyons les commentaires de Gérard Genette qui portent sur ses propres catégories d'intertextualité : « [...] il n'est pas d'oeuvre littéraire qui, à quelque degré et selon les lectures, n'en évoque quelque autre et, en ce sens, toutes les oeuvres sont hypertextuelles. Mais, comme les égaux d'Orwell, certaines le sont plus (ou plus manifestement, massivement et explicites) que d'autres : *Virgile travesti*, disons, plus que les *Confessions* de Rousseau. Moins l'hypertextualité d'une oeuvre est massive et déclarée, plus son analyse dépend d'une décision d'un jugement constitutif, voire d'une décision interprétative du lecteur : je puis décider que les *Confessions* de Rousseau sont un remake actualisé de celles de saint Augustin, et que le titre en est l'indice contractuel — après quoi les confirmations de détail ne manqueront pas, simple affaire d'ingéniosité critique. Je puis également traquer dans n'importe quelle oeuvre les échos partiels, localisés et fugitifs de n'importe quelle autre, antérieure ou postérieure. Une telle attitude aurait pour effet de verser la totalité de la littérature universelle dans le champ de l'hypertextualité, ce qui en rendrait l'étude peu maîtrisable ; mais surtout, elle fait un crédit, et accorde un rôle, pour moi peu supportable, à l'activité herméneutique du lecteur — ou de l'archilecteur ». Gérard Genette, *Palimpsestes*, *op. cit.*, p. 16. Néanmoins, il faut bien le reconnaître, la frontière du « massif » et du « déclaré » reste dans plusieurs cas vague et poreuse...

13. Michael Riffaterre, « La trace de l'intertexte », *La Pensée*, n° 205, 1980.

14. *Ibid.*, p. 5.

15. *Ibid.*, pp. 4-5.

16. Si je mentionne ici la lecture, c'est que le travail de Riffaterre — contrairement à celui des autres chercheurs dans ce domaine — s'évertue à relier le phénomène intertextuel à l'acte de lecture. Malheureusement, en voulant éviter toute intertextualité « subjective », Riffaterre est contraint de donner un rôle accessoire à la lecture et de se réfugier dans l'immanentisme d'une intertextualité « objective », définie comme propriété du texte et renvoyant, en définitive, à la production du texte plutôt qu'à sa lecture. Comme le remarque fort justement Jonathan Culler : « [...] Riffaterre is not undertaking the semiotics he originally proposed, not describing how readers do and must read, but offering, rather, a genetic theory, a method of interpretation based on a theory of origins. To discover the true meaning of a poem, one must interpret it in accordance with the principles by which it was constructed ». Jonathan Culler, *The Pursuit of Signs. Semiotics, Literature, Deconstruction*, Ithaca, Cornell University Press, 1981, p. 98.

17. Noël Carroll, « The Future of an Allusion : Hollywood in the Seventies (and Beyond) », *October* 20, 1982, p. 52. Souligné dans le texte.

18. Il existe également une émission « pilote » pour une série télévisuelle intitulé *Bates Motel*, réalisée en 1987. La série (Dieu merci !) n'a toutefois jamais été produite.

19. Les numéros qui sont entre parenthèses renvoient aux divers plans du découpage de l'épisode du meurtre sous la douche tel que présenté plus tôt, deuxième chapitre, cf. pp. 107-109

20. Jean Lacroix, *Philosophie de la culpabilité*, Paris, PUF., 1977, p. 52. C'est moi qui souligne.

21. Graham Bruce, *Bernard Herrmann. Film Music and Narrative*, Ann Arbor, UMI Research Press, 1985, p. 184. C'est moi qui souligne.

22. William Rothman écrit : « It is above all the sudden high-pitched shriek of violins, so compellingly suggestive of an attacking birdlike creature, that creates the shock that constitutes *Psycho*'s best-known effect », *Hitchcock. The Murderous Gaze, op. cit.*, p. 298 ; Graham Bruce écrit : « This harsh discord spreading its parameters gradually through the whole orchestra has the effect of a scream ; however, particularly in the glissando section, the mimetic point of reference, as Herrmann himself suggested, is the shriek of birds, reinforcing the bird associations previously established in both image track and music », *Bernard Herrmann. Film Music and Narrative, op. cit.*, p. 210 ; enfin, Elisabeth Weis écrit : « In *Psycho* the scoring generally maintains the tension in moments of relative tranquility. During the killings, however, the music picks up the visual motif of birds as predators ; violins are scraped during the three attacks to sound like shrieking birds », *The Silent Scream. Alfred Hitchcock's Sound Track, op. cit.*, pp. 137-138.

23. « Au meurtre lui-même », dira Truffaut, « je préfère, pour sa musicalité, la scène de nettoyage lorsque Perkins manie le balai et la serpillière pour effacer toutes traces », François Truffaut, *Hitchcock/Truffaut, op. cit.*, p. 240.

24. Cf. Gérard Genette, *Palimpsestes, op. cit.*

25. Robin Wood, *Hollywood From Vietnam to Reagan*, New York, Columbia University Press, 1986, p. 140.

26. Le sang de cochon que l'on déverse sur Carrie participe également au réseau d'impureté qui se constelle autour de la jeune fille. D'une part, ce sang reconduit celui des menstruations du début grâce à la reprise de ce qui apparaît ni plus ni moins comme une douche, d'autre part, le cochon est reconnu dans l'imaginaire comme un animal sale, et par la tradition juive comme un animal impur.

27. Béatrice Marbeau-Cleirens, *Les Mères imaginées. Horreur et vénération*, Paris, Les Belles Lettres, 1988, p. 127.

28. *Ibid.*, p. 129.

29. *Ibid.*, p. 145.

30. En fait, Barbara Creed a déjà noté, bien que de façon différente, l'identification de Carrie à Norman-la mère : « Like the monstrous heroine of Brian DePalma's *Sisters* and Norman from *Psycho*, Carrie is also a divided personnality. On the one hand she is a painfully shy, withdrawn, child-like girl who just wants to be 'normal' like every other teenager, while on the other hand she has the power of telekinesis which enables her to transform into an avenging female fury ». Barbara Creed, *The Monstrous Feminine. Film, Feminism, Psychoanalysis*, New York, Routledge, 1993, p. 78.

31. *Ibid.*, p. 143.

32. Ce titre me renvoie évidemment à un autre film réalisé par Hitchcock : *Frenzy* (1972).

33. Gaston Bachelard, *L'Eau et les rêves, op. cit.*, p. 68.

34. On pourrait noter également que l'environnement cognitif qui accompagne l'image du vampire — lequel s'est développé au contact de nombreux films ou récits qui mettent en scène des vampires — contient aussi le fameux pieu qui seul peut causer la mort lorsqu'il est enfoncé dans le coeur du monstre. Or, en anglais, le pieu est un *stake*, mot qui a pour homonyme le mot *steak*... Cette dérive homonymique nous plonge ainsi dans l'univers sémantique de *carne* , lequel, on le sait, se trouve dans Crane...

35. Roger Caillois, *L'Homme et le sacré*, Paris, Gallimard, 1950.

36. Ce terme fait référence ici au travail de Michel Chion sur la bande sonore et en particulier à son analyse de *Psycho*. Chion a élaboré la notion de *voix acousmatique* pour désigner les voix sans corps du cinéma. Les êtres acousmatiques, qu'on entend sans les voir, sont alors des *acousmètres*. Mme Bates en est un bon

exemple et Chion l'affuble précisément du sobriquet d'*acousmère*. L'« acousoeur » ne sert ici qu'à indiquer la filiation formelle... Cf. Michel Chion, *La Voix au cinéma*, Paris, Editions de l'étoile, 1982.

37. Tudor, qui a examiné près de trois cents films d'horreur produits entre 1931 et 1984, propose certaines statistiques prélevées à même son corpus. S'il faut être prudent avec ces dernières — la méthodologie reposant ici sur un coup de force quant à la définition même du genre et de la généricité — elles permettent toutefois d'entrevoir sinon l'effet direct d'une influence, du moins une sorte de *zeitgeist* : « In the year of *Halloween*'s British release, there were only six movies featuring psychotics, 22 per cent of total output. One year later that figure had risen to 42 per cent (14 films), and in 1981 to 51 per cent (17 films). Overall, some 80 per cent of the period's [1961-1984] psychotics appear after *Halloween* [...] ». Andrew Tudor, *Monsters and Mad Scientists : A Cultural History of the Horror Movie*, Oxford, Basil Blackwell, 1989, p. 68.

38. Vera Dika, *Games of Terror. Halloween, Friday the 13th, and the Films of the Stalker Cycle*, Rutherford, Fairleigh Dickinson University Press, 1990, pp. 30-52.

39. *Ibid.*, p. 36-37.

40. Dika, par exemple, ne tire aucun profit intertextuel du fait que le nom du psychiatre de Michael soit le même que celui de l'amant de Marion dans *Psycho* : Sam Loomis.

41. *Ibid.*, p. 40. C'est moi qui souligne.

42. Jay Mechling, « From archy to Archy, Why Cockroaches Are Good to Think », *Southern Folklore*, vol. 48, n° 2, 1991, p. 123.

43. *Ibid.* Souligné dans le texte.

44. Le lexème anglais « *cock* », je tiens à le souligner, se retrouve également dans le nom du réalisateur de *Psycho* !

45. Dans ses *Trois essais sur la théorie sexuelle*, Freud, c'est bien connu, distingue deux organisations prégénitales de la vie sexuelle, l'organisation orale ou cannibalique, et la phase sadique-anale. Prises ensemble, ces deux phases reproduisent la communication bouche-anus et reflètent le processus digestif en reliant, encore une fois, la nourriture et les fèces ou, dans les termes de la figure du meurtre sous la douche : la cuisine et la salle de bains. Cf. Sigmund Freud, *Trois essais sur la théorie sexuelle*, Paris, Gallimard, 1987.

46. Le rapport bague/excrément créé dans le film par l'emplacement du bijou dans la cuvette des W.-C., profite également de l'analyse faite par Freud du stade sadique-anal, laquelle met au jour l'équivalence symbolique entre les fèces, les cadeaux et l'argent. On soulignera, à ce titre, que la bague en or qui se trouve dans la cuvette est à la fois un cadeau de mariage et possède une valeur monétaire. En parlant de l'enfant, Freud écrit : « les excréments étant son premier cadeau, il reporte facilement son intérêt pour ceux-ci sur l'argent, qui lui apparaît comme un cadeau important dans la vie ». Sigmund Freud, « Sur les transformations des pulsions particulièrement dans l'érotisme anal » , *Revue française de psychanalyse*, Tome deuxième, n° 4, 1928, p. 613.

47. Il faut admettre que *Psycho* est bel et bien évoqué dans le film. En effet, dans un autre passage qui se déroule plus tôt, Larry se compare à Norman Bates pour expliquer sa colère face à son ancienne épouse.

48. François Jost, « La parodie audio-visuelle dans quelques une de ses états », dans *Dire la parodie*, Clive Thompson et Alain Pagès (dir.), New York, Peter Lang, 1989.

49. *Ibid.*, p. 318. C'est moi qui souligne.

50. Carol J. Clover, *Men, Women and Chain Saws, op., cit.*, p. 23-24.

51. On trouve ici l'eau (l'édifice où habite Dorothy a pour nom « *Deep River Appartements* ») ; la cuvette (Jeffrey vient tout juste d'uriner et le son fait par la chasse d'eau l'a empêché d'entendre le signal de Sandy pour le prévenir de l'arrivée de

Dorothy) ; la transgression de l'intimité et le voyeurisme (Jeffrey est entré par effraction chez Dorothy et la regarde se déshabiller à partir de sa cachette dans le placard) ; la sexualité et le viol (séduction entre Dorothy et Jeffrey, viol de Dorothy par Frank) ; la cuisine (le couteau de cuisine) ; la violence et la menace de violence ; etc.

52. Après avoir fait sa lessive, Sam, un psychiatre, s'approche de l'ascenseur. Il est surpris et apeuré par l'ouverture soudaine de la porte d'ascenseur — et par le crissement de celle-ci — qui ouvre de gauche à droite (comme un rideau de douche !) et découvre, en gros plan, la silhouette de Brooke, éclairée par derrière, à contre-jour. On trouve ici la femme meurtrière (Brooke est soupçonnée de meurtre), l'eau et la « purification » (la lessive), la nourriture (le nom de famille de Sam est « Rice », mot qui signifie « riz » en français) et un principe de mise en scène (le contre-jour) qui justifient un certain rapprochement avec le meurtre sous la douche.

53. Le film raconte l'histoire d'une femme qui « invente » le fils qu'elle a donné en adoption, lequel tue le mari de cette dernière avec un couteau de cuisine.

Conclusion

Tractus digestif, Grande Mère, cannibalisme, alimentation, canalisation, liquides, impuretés, viol, autant de termes qui servent d'interprétants à la sémiose figurale. La figure du meurtre sous la douche a quelque chose d'organique, lié en partie au ventre et à ses diverses fonctions — on se souviendra, à cet effet du déploiement figural dans *The Funhouse*, décrit au chapitre IV. Or, cette figure est un fantôme. Déjà présente chez le spectateur à titre de pur possible, elle émerge soudainement au contact d'un film et vient le hanter. En cela, elle est la trace de l'appropriation d'un film et de son intégration au sein de l'imaginaire du spectateur. En cela, également, elle est subjective, ouverte, vaporeuse et trouble, insaisissable et indéfinissable, soumise à une fuite continuelle d'interprétants. Aussi, du point de vue conceptuel, la figure s'oppose à l'endo-forme et à la forme, qui sont, on l'a vu, des constructions fondées sur — ou encadrées par — des schématisations. Dit autrement, le spectateur d'un film a des attentes formelles (grâce au « schématisme du raconter » dont parle Ricoeur, lequel s'ancre dans une traditionalité), mais il n'a pas d'attentes figurales, bien qu'il soit tout aussi prédisposé à la construction de l'une (la forme) et de l'autre (la figure). La figure lui « tombe » dessus ou, plutôt, il tombe dans la figure comme il peut lui arriver de tomber en amour, sans trop savoir pourquoi... On comprend que la figure rendra plusieurs structuralistes inconfortables et qu'on ne saurait, à son égard, envisager l'élaboration d'une méthode « scientifique » (déductive) pour en formaliser et en universaliser le contenu (à l'instar de ce que fait la science cognitive ou de la narratologie, par exemple). C'est pourquoi aussi il n'a pas été question de psychanalyse à son sujet et ce, bien que cette dernière ait été invoquée à titre de savoir, parmi d'autres. Privilégier la psychanalyse eut été comme renvoyer l'imaginaire à un contenu déjà formé (l'Oedipe, la castration, etc.). C'est pourquoi, enfin, la figure n'a pas de nom. En effet, parler de la « figure du meurtre sous la douche » n'équivaut pas à nommer la figure, mais simplement à désigner son lieu d'émergence. On a bien vu, grâce au corpus sériel, que cette figure pouvait s'activer là où il n'y a ni meurtre, ni douche. L'absence de nom souligne bien que la figure ne peut être réduite à un concept ou à l'un ou l'autre de ses interprétants. A ce titre, la figure fait penser une fois de plus au *punctum* barthésien, qui lui aussi — contrairement au *studium* — demeure innommable :

> Le *studium* est en définitive toujours codé, le *punctum* ne l'est pas. [...] Nadar, en son temps (1882), a photographié Savorgnan de Brazza entouré de deux jeunes matelots ; l'un des deux mousses, bizarrement, a posé sa main sur la cuisse de Brazza ; ce geste incongru a tout pour fixer mon regard, constituer un *punctum*. Et pourtant, ce n'en est pas un ; car je code immédiatement, que je le veuille ou non, la posture comme « farfelue » (le *punctum*, pour moi, se sont les bras croisés du second mousse). Ce que je peux nommer ne peux réellement me poindre. L'impuissance à nommer est un bon symptôme de trouble. Mapplethorpe a photographié Bob Wilson et Phil Glass. Bob Wilson me retient, mais je n'arrive pas à dire pourquoi, c'est-à-dire *où* : est-ce le regard, la peau, les chaussures de basket ? L'effet est sûr, mais il est irrepérable, il ne trouve pas son signe, son nom ; il est coupant et atterrit cependant dans une zone vague de moi-même ; il est aigu et étouffé, il crie en silence. Bizarre contradiction : c'est un éclair qui flotte [1].

Barthes, on le voit bien, s'en tient à la dimension affective de l'acte de spectature ; le *punctum* étant peut-être, à cet égard, le *support affectif* de l'expérience figurale, c'est-à-dire la passerelle par quoi un trait vient toucher le spectateur et s'inscrire en lui de façon à faire émerger la figure. On pourrait dès lors admettre la caractérisation encore plus « personnelle » et plus « intime » du *punctum* et la réticence que semble avoir Barthes à intégrer pleinement son effet à l'imaginaire du spectateur et à l'inscrire dans des topiques sans pour autant en faire un objet fermé. Mais quoi qu'il en soit, on remarque néanmoins, chez ce Barthes plus « tardif » (ou « post-structuraliste » comme on dit souvent aujourd'hui), la même réticence face à la réduction conceptuelle qui caractérise également la figure. La figure, en outre, n'émerge pas au moyen de l'application « mécanique » d'une théorie ou d'un modèle. Au contraire, le spectateur doit se laisser empreindre par le film, il doit laisser sa mémoire et son imagination faire leur travail et lui offrir les pistes à suivre pour décrire le réseau figural.

La figure a aussi en commun avec le *punctum* de ne pas se trouver partout, ce qui l'oppose, encore une fois, au thème. S'il est difficile d'imaginer un long métrage de fiction qu'on ne saurait thématiser (pour reprendre l'expression de G. Prince [2]), ce ne sont pas, au contraire, tous les actes de spectature (et donc, tous les films) qui produisent une figure. Il y a des films qui ne me touchent pas, ne m'impressionnent pas. Aussi, si le spectateur est susceptible d'être habité (ou hanté) par un nombre indéfini de figures, ce nombre ne saurait être infini. Aucun spectateur ne retient tout, n'est impressionné par tout ; le spectateur possède une culture filmique dans la mesure où a lieu une sélection et sont établies des hiérarchies.

Ce principe, il me semble, fonctionne également à l'échelle de la société, à travers les spectateurs individuels qui participent de l'institution cinématographique et qui inscrivent dans leurs cours de cinéma, dans leurs ouvrages d'histoire du cinéma ce qu'ils ont conservé (à force d'imagination) du septième art. Bien entendu, chez eux — comme chez les autres spectateurs — chaque figure, chaque série n'a pas la même rentabilité institutionnelle, la même force ou la même valeur culturelle. On peut toutefois se demander quel visage prendrait l'institution cinématographique si on l'examinait du point de vue de la *memoria*, d'une *memoria* qui pour l'instant s'ignore, qui veut à tout prix — en tant que discours du savoir moderne — ignorer sa dette envers l'imaginaire et cherche constamment à se rationaliser à travers ses catégories et ses construction théoriques (généricité, esthétisme, etc.) [3]. Or, les concepts de figure et de série fournissent précisément les outils conceptuels pour revoir et repenser l'écriture de l'histoire du cinéma à partir de l'acte de spectature qui fonde une telle pratique. Quelle est l'économie imaginaire de l'histoire du cinéma ? Quelles figures gomme-t-elle à travers ses propres séries déjà faites, à travers ses déductions ? Peut-on concevoir de nouvelles séries fondées sur des figures, de façon à envisager une sorte d'*histoire imaginaire du cinéma* ? Il faudra attendre pour avoir la réponse à ces questions, mais — et c'est déjà beaucoup — la figure et la série nous donnent les moyens intellectuels pour les poser. En y répondant on ajoutera ainsi des sections entières à notre musée imaginaire.

De tels projets, et cela vaut aussi pour l'essai qui prend fin ici, reposent sur la conviction que la sémiotique, si elle veut se renouveler, se doit de considérer les processus de *sémiotisation*. L'étude de la spectature, en ce sens, s'inscrit dans la perspective d'une *sémiotique de l'expérience*, définie comme une approche *empirique* (abductive et inductive) de la sémiosis et fondée sur l'examen de l'usage effectif, en situation, des signes. Cet usage n'est pas prédéterminé, comme le montre l'élaboration de la figure. Il n'y a pas de parcours à suivre ; le spectateur est libre de mettre en signe tel ou tel élément du film (qui devient alors un trait) et de voir émerger sa figure. C'est par cet acte d'appropriation que le spectateur donne un sens au film qu'il regarde, en l'intégrant — grâce à son imagination et à sa mémoire — à la texture de son humanité comme être à la fois privé et social.

Notes

1. Barthes, Roland, *La Chambre claire*, *op. cit.*, pp. 86-87. Souligné dans le texte.
2. Cf. la comparaison du thème et de la figure au chapitre I.
3. Sur les rapports entre la théorie et l'imaginaire, on consultera l'article de Gilles Thérien, « Le theôros et l'image », *Texte* 17-18, 1995.

Bibliographie

Bibliographie

ALTIERI, Charles, *Canons and Consequences. Reflections on the Ethical Force of Imaginative Ideals*, Evanston, Northwestern University Press, 1990.

ANGENOT, Marc, « Présupposé, topos, idéologème », *Etudes françaises*, vol. 13, n°s 1-2, 1977.

——— « L'intertextualité: enquête sur l'émergence d'un champ notionnel », *Revue des sciences humaines*, n° 189, 1983.

ARISTOTE, *De memoria et reminiscentia*, trad. René Mugnier, Paris, Les Belles Lettres, 1953.

——— *Topiques*, tomes I et II, texte établi et traduit par Jacques Brunschwig, Paris, Les Belles Lettres, 1967.

——— *La Rhétorique*, tome II, texte établi et traduit par Médéric Dufour, Paris, Les Belles Lettres, 1967.

ARNHEIM, Rudolph, *Film as Art*, Los Angeles, University of California Press, 1957.

AUERBACH, Erich, *Scenes from the Drama of European Literature*, Minneapolis, University of Minnesota Press, 1984.

AUMONT, Jacques, *Montage Eisenstein*, Paris, Albatros, 1979.

AUMONT, Jacques et Michel Marie, *L'Analyse des films*, Paris, Nathan, 1988.

BACHELARD, Gaston, *L'Eau et les rêves. Essai sur l'imagination de la matière*, Paris, José Corti, 1942.

BARTHES, Roland, « Introduction à l'analyse structurale des récits », *Communications* 8, 1966.

——— « L'ancienne rhétorique », *Communications* 16, 1970.

——— *La Chambre claire*, Paris, Editions de l'Etoile, Gallimard, Seuil, 1980.

——— *Le Bruissement de la langue. Essais critiques IV*, Paris, Seuil, 1984.

BARTLETT, F.C., *Remembering. A Study in Experimental and Social Psychology*, Cambridge, Cambridge University Press, 1932.

BATAILLE, Georges, *L'Erotisme*, Paris, Minuit, 1957.

BAUDRY, Jean-Louis, *L'Effet cinéma*, Paris, Albatros, 1978.

BELLOUR, Raymond, *L'Analyse du film*, Paris, Albatros, 1979.

BETTETINI, Gianfranco, *The Language and Technique of the Film*, The Hague, Mouton, 1973.

BLACK, John B. et Gordon H. Bower, « La compréhension des récits considérée comme une activité de résolution de problèmes », dans Guy Denhière (dir.), *Il était une fois...*, Lille, Presses Universitaires de Lille, 1984.

BORDWELL, David, *Narration in the Fiction Film*, Madison, University of Wisconsin Press, 1985.

——— *Making Meaning: Inference and Rhetoric in the Interpretation of Cinema*, Cambridge, Harvard University Press, 1989.

——— *The Cinema of Eisenstein*, Cambridge, Harvard University Press, 1993.

BORGES, Jorge Luis, *Fictions*, trad. P. Verdevoye Ibarra et Roger Caillois, Paris, Gallimard, 1957.

BOUCHINDHOMME, Christian et Rainer Rochlitz (dir.), *Temps et récit de Paul Ricoeur en débat*, Paris, Editions du Cerf, 1990.

BOURDIEU, Pierre, *La Distinction*, Paris, Minuit, 1979.

BRANIGAN, Edward, *Narrative Comprehension and Film*, New York, Routledge, 1993.

BRANN, Eva T. H., *The World of the Imagination. Sum and Substance*, Lanham, Rowan and Littlefield, 1991.

BREMOND, Claude, *Logique du récit*, Paris, Seuil, 1973.

——— «Le rôle, l'intrigue et le récit », dans *Temps et récit de Paul Ricoeur en débat*, Christian Bouchindhomme et Rainer Rochlitz (dir.), Paris, Editions du Cerf, 1990.

BRILL, Lesley, *The Hitchcock Romance. Love and Irony in Hitchcock's Films*, Princeton, Princeton University Press, 1988.

BRUCE, Graham, *Bernard Herrmann. Film Music and Narrative*, Ann Arbor, UMI Research Press, 1985.

CAILLOIS, Roger, *L'Homme et le sacré*, Paris, Gallimard, 1950.

CARROLL, Noël, « The Future of an Allusion: Hollywood in the Seventies (and Beyond) », *October*, 20, 1982.

CARRUTHERS, Mary, *The Book of Memory. A Study of Memory in Medieval Culture*, Cambridge, Cambridge University Press, 1990.

CASETTI, Francesco, *D'un Regard l'autre: le film et son spectateur*, trad. Jean Châteauvert et Martine Joly, Lyon, Presses Universitaires de Lyon, 1990.

CHABROL, Claude et Eric Rohmer, *Hitchcock*, Paris, Editions Universitaires, 1957.

CHÂTELET, Noëlle, *Le Corps à corps culinaire*, Paris, Seuil, 1977.

CHION, Michel, *La Voix au cinéma*, Paris, Editions de l'étoile, 1982.

CICÉRON, *De l'Orateur*, texte établi et traduit par Edmond Courbaud, Paris, Les Belles Lettres, 1950.

——— *Topiques*, texte établi et traduit par Henri Bornecque, Paris, Les Belles Lettres, 1960.

COLIN, Michel, *Cinéma, télévision, cognition*, Nancy, Presses Universitaires de Nancy, 1992.

CLOVER, Carol J., *Men, Women, and Chain Saws*, Princeton, Princeton University Press.

COLLOT, Michel, « Le thème selon la critique thématique », *Communications* 47, 1988.

——— « Thématique et psychanalyse », dans *Territoires de l'imaginaire. Pour Jean-Pierre Richard*, Jean-Claude Mathieu (dir.), Paris, Seuil, 1986.

COMPAGNON, Antoine, *La Seconde main ou le travail de la citation*, Paris, Seuil, 1979.

CREED, Barbara, *The Monstrous Feminine. Film, Feminism, Psychoanalysis*, New York, Routledge, 1993.

CULLER, Jonathan, *The Pursuit of Signs. Semiotics, Literature, Deconstruction*, Ithaca, Cornell University Press, 1981.

CURTIUS, Ernst-Robert, *European Literature and the Middle Ages*, New York, Pantheon Books, 1953.

DELEDALLE, Gérard, *Théorie et pratique du signe. Introduction à la sémiotique de Charles S. Peirce*, Paris, Payot, 1979.

——— *Lire Peirce aujourd'hui,* Bruxelles, Editions Universitaires et De Boeck Université,1990.

DIKA, Vera, *Games of Terror. Halloween, Friday the 13th, and the Films of the Stalker Cycle*, Rutherford, Fairleigh Dickinson University Press, 1990.

DOUBROVSKY, Serge, *Pourquoi la nouvelle critique*, Paris, Denoël/Gontier, 1966.

DOUCHET, Jean, « Hitch et son public », *Cahiers du cinéma*, n° 113, 1960.

DOUGLAS, Mary, *Purity and Danger. An Anslysis of the Concepts of Pollution and Taboo*, New York, Routledge, 1994.

DURAND, Gilbert, *Les Structures anthropologiques de l'imaginaire*, Paris, PUF, 1963.

DURGNAT, Raymond, *The Strange Case of Alfred Hitchcock*, London, Faber and Faber, 1974.

ECO, Umberto, *A Theory of Semiotics*, Bloomington, Indiana University Press, 1976.

——— *Lector in fabula*, Paris, Grasset, 1985.

——— *Sémiotique et philosophie du langage*, Paris, PUF, 1988.

——— *Le Signe*, Bruxelles, Labor, 1988.

——— *The Limits of Interpretation*, Bloomington, Indiana University Press, 1990.

——— *Les Limites de l'interprétation*, Paris, Grasset, 1992.

——— *Interpretation and Overinterpretation*, Stefan Collini (dir.), Cambridge, Cambridge University Press, 1992.

EISENSTEIN, Segei. M., *Selected Works,* vol. I, trad. et dirigé par Richard Taylor; vol. II, trad. Michael Glenny, et dirigé par Michael Glenny et Richard Taylor, London, British Film Institute, 1988 et 1991.

——— *Oeuvres*, tomes I-VI, Jacques Aumont (dir.), Paris, UGE, 1974, 1976, 1978, 1978, 1980. 1985.

FOUCAULT, Michel, *Les Mots et les choses*, Paris, Gallimard, 1966.

FRANCOEUR, Louis « La série culturelle: structure, valeur et fonction », *Les Stratégies culturelles*, Québec, Institut québécois de recherche sur la culture, 1992.

FREEDBERG, David, *The Power of Images*, University of Chicago Press, 1989.

FREUD, Sigmund, « Sur les transformations des pulsions particulièrement dans l'érotisme anal » *Revue française de psychanalyse*, Tome deuxième, n° 4, 1928.

——— *Trois essais sur la théorie sexuelle*, Paris, Gallimard, 1987.

FRIEDMAN, Norman, *Form and Meaning in Fiction*, Athens, University of Georgia Press, 1975.

GARRARD, Mary D., « Artemisia and Susanna », dans *Feminism and Art History: Questioning the Litany*, Norma Broude et Mary D. Garrard (dir.)., New York, Harper and Row Publishers, 1980.

GAUDREAULT, André, *Du Littéraire au filmique: système du récit*, Québec et Paris, Presses de l'Université Laval et Méridiens Klincksieck, 1988.

GENETTE, Gérard, *Palimpsestes. La Littérature au second degré*, Paris, Seuil, 1982.

GERVAIS, Bertrand. *Récits et action. Pour une théorie de la lecture*, Longueuil, Le Préambule, 1990.

GRIMAL, Pierre, *Dictionnaire de la mythologie grecque et romaine*, Paris, PUF, 1969.

GRODDECK, Georg, « Du ventre humain et de son âme », dans *Nouvelle revue de psychanalyse*, n° 3, 1971.

GUILLORY, John, *Cultural Capital. The Problem of Literary Canon Formation*, Chicago, Chicago University Press, 1993.

HJELMSLEV, Louis, *Prolégomènes à une théorie du langage*, Paris, Minuit, 1968.

HOOPER-GREENHILL, Eilean, *Museums and the Shaping of Knowledge*, New York, Routledge, 1992.

ISER, Wolfgang, *The Act of Reading. A Theory of Aesthetic Response*, Baltimore, Johns Hopkins University Press, 1978.

——— « Interaction Between Text and Reader », dans *The Reader in the Text, Essays on Audience and Interpretation*, Susan R. Suleiman et Inge Crosman (dir.), Princeton, Princeton University Press, 1980.

IVANOV, V.V., LOTMAN, J.M., et alii, « Thèses pour l'étude sémiotique des cultures », *Recherches internationales à la lumière du marxisme*, n° 81, 1974.

JENNY, Laurent, « La stratégie de la forme », *Poétique* 27, 1976.

JOHANSEN, Jørgen Dines, *Dialogic Semiosis. An Essay on Signs and Meaning*, Bloomington, Indiana University Press, 1993.

JOST, François, *L'Oeil caméra: entre film et roman*, 2ème édition revue et augmentée, Lyon, Presses Universitaires de Lyon, 1987.

——— « La parodie audio-visuelle dans quelques une de ses états », dans *Dire la parodie*, Clive Thompson et Alain Pagès (dir.), New York, Peter Lang, 1989.

——— *Un monde à notre image: énonciation, cinéma, télévision*, Paris, Klincksieck, 1992.

KANT, Emmanuel, *Critique de la raison pure*, trad. A. Trémesaygues et B. Pacaud, Paris, PUF, 3e éd. 1963.

KAPSIS, Robert, A., *Hitchcock. The Making of a Reputation*, Chicago, University of Chicago Press, 1992.

KERMODE, Frank, *The Art of Telling: Essays on Fiction*, Cambridge, Harvard University Press, 1983.

KLEIMAN, Naum, « On the Story of 'Montage 1937' », dans Eisenstein, Sergei, *Selected Works*, vol. II, trad. Michael Glenny, Michael Glenny et Richard Taylor (dir.), London, British Film Institute, 1991.

KOULECHOV, Lev, *Selected Works: Fifty Years in Film*, trad. Dimitri Agrachev et Nina Belenkaya, Moscou, Raduga, 1987.

KRELL, David Farrell, *Of Memory, Reminiscence, and Writing*, Bloomington, Indiana University Press, 1990.

KRISTEVA, Julia, *Semiotike. Pour une sémanalyse*, Paris, Seuil, 1969.

LACROIX, Jean, *Philosophie de la culpabilité*, Paris, PUF, 1977.

LAROUCHE, Michel, et alli (dir.), *Le cinéma : acte et présence*, Québec, Nuit Blanche, à paraître.

LEIGH, Janet et Christopher Nickens, *Psycho. Behind the Scenes of the Classic Thriller*, New York, Harmony Books, 1995.

LEROUX, Georges, « Du topos au thème », *Poétique* 64, 1985.

LÉVI-STRAUSS, Claude, *Le Cru et le Cuit*, Paris, Plon, 1964.

LYOTARD, Jean-François, *Discours, figure*, Paris, Klincksieck, 1971.

MALMBERG, Bertil, *Signes et symboles. Les Bases du langage humain*, Pari, Edition Picard, 1977

MALRAUX, André, *Les Voix du silence*, Paris, Gallimard, 1951.

MANDLER, Jean M. et Nancy S. Johnson, « A la recherche du conte perdu: structure de récit et rappel », dans Guy Denhière (dir.), *Il était une fois...*, Lille, Presses Universitaires de Lille, 1984.

MANDLER, Jean Matter, *Stories, Scripts, and Scenes: Aspects of Schema Theory*, Hillsdale, Lawrence Erlbaum Associates, 1984.

MARBEAU-CLEIRENS, Béatrice, *Les Mères imaginées. Horreur et vénération*, Paris, Les Belles Lettres, 1988.

MAYNE, Judith, *Cinema and Spectatorship*, New York, Routledge, 1993.

MECHLING, Jay, « From archy to Archy, Why Cockroaches Are Good to Think », *Southern Folklore*, vol. 48, n° 2, 1991.

METZ, Christian, *Essais sur la signification au cinéma*, tomes I et II, Paris, Klincksieck, 1968 et 1972.

——— *Langage et cinéma*, Paris, Larousse, 1971.

——— *Le Signifiant imaginaire*, Paris, UGE, 1977.

MINSKY, Marvin, « A Framework for Representing Knowledge », dans *The Psychology of Computer Vision*, P. H. Winston (dir.), New York, McGraw-Hill, 1975.

MITRY, Jean, *La Sémiologie en question*, Paris, Cerf, 1987.

MORIN, Edgar, *L'Homme et la mort*, Paris, Seuil, 1970.

MULVEY, Laura, *Visual and Other Pleasures*, Bloomington, Indiana University Press, 1990.

MÜNSTERBERG, Hugo, *The Photoplay. A Psychological Study*, New York, Dutton, 1971.

NEUMAN, Erich, *The Great Mother. An Analysis of the Archetype*, Princeton, Princeton University Press, 1955.

NICHOLS, Bill, *Ideology and the Image*, Bloomington, Indiana University Press, 1981.

PEIRCE, Charles Sanders, *Collected Papers*, 8 vols., Cambridge, Harvard University Press, 1931-1958.

PERELMAN, Chaïm et Lucie Olbrechts-Tyteca, *Traité de l'argumetation*, Bruxelles, Editions de l'Université de Bruxelles, 1988.

PLATON, *Théétète*, dans *Oeuvres complètes*, vol. VIII, trad. Auguste Diès, Paris, Les Belles Lettres, 1965.

POUILLON, Jean, « Manières de table, manières de lit », *Nouvelle revue de psychanalyse*, n° 6, 1972.

POULET, Georges, « Une critique d'identification », dans *Les chemins actuels de la critique*, Georges Poulet (dir.), Paris, UGE, 1968.

PRINCE, Gerald, « Thématiser », *Poétique* 64, 1985.

PROPP, Vladimir, *Morphologie du conte*, Paris, Seuil, 1965.

PROTOPOPOFF, Daniel, « Qu'est-ce qu'un remake », *CinémAction* n° 53, 1989

QUINTILIEN, *Institution oratoire*, texte étable et traduit par Jean Cousin, Paris, Les Belles Lettres, 1979.

RÉAU, Louis, *L'Iconographie de l'art chrétien*, tome II, Paris, PUF, 1957.

REBELLO, Stephen, *Alfred Hitchcock and the Making of Psycho*, New York, Dembner Books, 1990.

Rhétorique à Herenius, texte établi et traduit par Guy Achard, Paris, Les Belles Lettres, 1989.

RICHARD, Jean-Pierre, *L'Univers imaginaire de Mallarmé*, Paris, Seuil, 1961.

——— *Proust et le monde sensible*, Paris, Seuil, 1974.

RICOEUR, Paul, *Le Conflit des interprétations*, Paris, Seuil, 1969.

——— *Temps et récit*, tomes I, II, III, Paris, Seuil, 1983, 1984, 1985.

RIFFATERRE, Michael, *Semiotics of Poetry*, Bloomington, Indiana University Press, 1978.

——— *La Production du texte*, Paris, Seuil, 1979.

——— « La syllepse intertextuelle », *Poétique* 40, 1979.

——— « Sémiotique intertextuelle: l'interprétant », *Revue d'esthétique* n°s 1/2, Paris, UGE, 10/18, 1979.

——— « La trace de l'intertexte », *La Pensée* n° 215, 1980.

——— « L'intertexte inconnu », *Littérature* n° 41, 1981.

——— « Interpretation and Undecidability », *New Literary History*, vol. 12, n° 4, 1981.

——— « Intertextual Representation: On Mimesis as Interpretive Discourse », *Critical Inquiry*, vol.11, n° 1, 1984.

ROTHMAN, William, *Hitchcock. The Murderous Gaze*, Cambridge, Harvard University Press, 1982.

SARTRE, Jean-Paul, *L'Imaginaire*, Paris, Gallimard, 1940.

SAVAN, David, *An Introduction to C.S. Peirce's Full System of Semeiotic*, Toronto, Toronto Semiotic Circle Monograph Series, 1987-1988.

——— « Peirce and Idealism », dans *Peirce and Contemporary Thought*, Kenneth Laine Ketner (dir.), New York, Fordham University Press, 1995.

SCHANK, Roger C. et Robert P. Ableson, *Scripts, Plans Goals and Understanding. An Inquiry into Human Knowledge Structures*, Hillsdale, Lawrence Erlbaum Associates, 1977.

SCHANK, Roger C., *Dynamic Memory*, Cambridge, Cambridge University Press, 1982.

——— *The Connoisseur's Guide to the Mind*, New York, Summit Books, 1991.

SOLER, Jean, « Sémiotique de la nourriture dans la Bible », *Annales*, vol. 28, n° 4, 1973.

STAIGER, Janet, « Reception Studies : The Death of the Reader », dans *The Cinematic Text: Methods and Approaches*, R. Barton Palmer (dir.), New York, AMS Press, 1979.

SULEIMAN, Susan R., et Inge Crosman (dir.), *The Reader in the Text. Essays on Audience and Interpretation*, Princeton, Princeton University Press, 1980.

SPOTO, Donald, *L'Art d'Alfred Hitchcock*, Paris, Edilig, 1976.

——— *La Face cachée d'un génie. La vrai vie d'Alfred Hitchcock*, trad. François Lasquin et Paule Pagliano, Paris, Albin Michel, 1989, p. 451.

STERITT, David, *The Films of Alfred Hitchcock*, Cambridge, Cambridge University Press, 1993.

THÉRIEN, Gilles, *Sémiologie*, Montréal, UQAM (Les Cahiers du département d'études littéraires, n° 4), 1985.

——— « Pour une sémiotique de la lecture », *Protée*, vol. 18, no 2, 1990.

——— « La sémiotique, les objets singuliers et la complexité », *Horizons philosophiques*, vol. 1, n°2, 1991.

——— « La construction de l'objet-cinéma », *Hors-cadre* 10, 1992.

——— « Le theôros et l'image », *Texte* 17-18, 1995.

——— *Les Images et les mots*, Montréal, UQAM Cahiers du GREL Recherches et documents (Département d'études littéraires, Cahiers du GREL, n° 11), 1996.

THORNDYKE, P.W. « Cognitive Structures in Comprehension and Memory of Narrative Discourse », *Cognitive Psychology*, n°9, 1977.

TIERCELIN, Claudine, *La Pensé signe. Etudes sur C.S. Peirce*, Nîmes, Jacqueline Chambon, 1993.

TODOROV, Tzvetan, « Typologie du roman policier », dans *Poétique de la prose*, Paris, Seuil, 1971.

TROUSSON, Raymond, *Thème et mythe*, Bruxelles, Editions de l'Université de Bruxelles, 1981.

TRUFFAUT, François, *Hitchcock/Truffaut*, Paris, Ramsay, 1983.

TUDOR, Andrew, *Monsters and Mad Scientists: A Cultural History of the Horror Movie*, Oxford, Basil Blackwell, 1989.

VAILLANCOURT, Daniel, *Autour de la religieuse: série, figure et sémiotique du lecteur*, Thèse de doctorat, Montréal, Université du Québec à Montréal, 1992.

VIGARELLO, Georges, *Le Propre et le sale. L'hygiène du corps depuis le Moyen Age*, Paris, Seuil, 1985.

VON HALLBERG, Robert (dir.), *Canons*, Chicago, Chicago University Press, 1983, 1984.

WEIS, Elisabeth, *The Silent Scream. Alfred Hitchcock's Sound Track*, Toronto, Associated University Press, 1982.

WIMMERS, Inge Crosman, « Thématique et poétique de la lecture romanesque », *Communications* 47, 1988.

WITTGENSTEIN, Ludwig, *Investigations philosophiques*, Paris, Gallimard, 1961.

WOLFF, Janet, *Aesthetics and the Sociology of Art*, Ann Arbor, University of Michigan Press, 1993.

WOOD, Robin, *Hitchcock's Films Revisited*, New York, Columbia University Press, 1989.

——— *Hollywood From Vietnam to Reagan*, New York, Columbia University Press, 1986.

YATES, Frances A., *The Art of Memory*, Chicago, University of Chicago Press, 1966.

ZIZEK, Slavoj (dir.), *Everything You Always Wanted To Know About Lacan (But Were Afraid To Ask Hitchcock)*, London, Verso, 1992.

ZUMTHOR, Paul, *Essai de poétique médiévale*, Paris, Seuil, 1972.

579163 - Septembre 2014
Achevé d'imprimer par
1livre.com
du rêve à la réalité !

www.ingramcontent.com/pod-product-compliance
Lightning Source LLC
LaVergne TN
LVHW011123300926
849160LV00008B/497